社会图像丛书

传统与现代的互动
——以沧源佤族艺术为中心的研究

樊 华 著

2011年·北京

图书在版编目(CIP)数据

传统与现代的互动:以沧源佤族艺术为中心的研究/樊华著.—北京:商务印书馆,2011(社会图像)
ISBN 978-7-100-07635-7

Ⅰ.①传… Ⅱ.①樊… Ⅲ.①少数民族—民族文化—沧源佤族自治县 Ⅳ.①K280.744

中国版本图书馆 CIP 数据核字(2011)第 016472 号

所有权利保留。
未经许可,不得以任何方式使用。

社会图像丛书
传统与现代的互动
——以沧源佤族艺术为中心的研究
樊 华 著

商 务 印 书 馆 出 版
(北京王府井大街36号 邮政编码100710)
商 务 印 书 馆 发 行
北京市白帆印务有限公司印刷
ISBN 978-7-100-07635-7

2011年7月第1版　　开本 880×1230 1/32
2011年7月北京第1次印刷　印张 9⅝
定价:20.00元

序

民族文化，更准确地说是少数民族传统文化，既是作为文化持有者的少数民族群体的宝贵资源，也是整个人类社会的宝贵资源。人类的资源开始是自然的，如自然物产、土地、水、猎取物等等，后来加上社会的，如技术、工具、语言、符号系统、知识、思想、社会组织等等。社会资源从大项来说又可分为政治资源、经济资源、文化资源。对不断发展着的人类社会来说，资源并非恒定不变。从资源自身的性质来说，就有消耗性资源，也有非消耗性资源；有不可再生资源，也有可再生资源。同时资源的价值也会因时因地因利用者而异。总之，人类社会的资源是一个变数。随着人类社会的发展，自然资源所占的比重在逐渐减小，社会资源所占的比重在逐渐增大——虽然人类永远都不可能摆脱对自然资源的依赖。

由于资源的非恒定性，少数民族传统文化作为一种资源在社会现代化的进程中，其存在和价值遭遇到种种的忽视、质疑甚或排拒，然而它们未必就此消歇。现代化在以其经济的力量消弭地域和族群的界限时，也催生着主体意识的觉醒。而现代化也并未带来必然的公平和权益，更没有能夷平历史和区域的差异，于是传统文化也有了新的生长空间。当社会并没有能达到普泛的现代化或同质化的时候（这或许永远只是一种想像），各民族的传统文化因子会发挥其不可忽视的作用，比如它在民族身份认同中的作用，比如它在民族价值信仰和心理调适中的作用。民族文化与民族群体相伴相生,民族群体正是以其独特的文化区别于其他的群体而存在的,只要这个民族群体尚在,他们就一定要以自己独特的文化创造来标示自己,这既是他们存在的证明,也是他们存在的依托。这就是民族文化传承的最终动力。不仅如此,厌倦了现代文化的单调与沉闷,苦恼于现代意识形态的冲突与空白,现代人又会在那些边远的少数民族传统文化中发现新的意义。民族文化旅游的悄然兴起赋予了民族传统文化在现代社会中新的经济价值。

民族文化的传承是民族文化传统的延续,但不是简单延续,它会因内外环境的变化而有所创新,其创新的程度也会因环境变化的程度而不同。人类的文化史,就是世界各民族对自己的文化传承与创新的生生不息的历史。离开了各民族的文化传承与创新,人类文化将失去生机与活力。在人类历史的发展阶段中,现代化是一个根本性的转变,在这样一个历史性的转变过程中,民族文化的传承与创新也遭遇到前所未有的"挑战"(借用历史学家汤因比的概念),其内外部的环境更富于变化、介入的力量更加复杂。在一个文化变迁异常繁富的时代,关注我们的民族文化,追踪、把握其历史性传承与创新的脉络,是每个相关领域研究者的职责。

樊华君此前的专业是文艺学,她力图运用自己专业所长,来研究现代化进程中的民族艺术,特别想在方兴未艾的大众审美文化与传统的民族艺术中找到某种结合的契机。由此她一方面研习全球化与中国特色的审美文化,一方面深入云南的佤族山乡去实地考察、体验民族文化与艺术的现代走向。数年下来,她积累了丰富的资料,提出了若干问题,并寻求到部分的解答,于是有了这样一部著作。

本书以云南沧源佤族文化艺术的变迁、发展为例,以文化转型、文化现代性、现代重组等核心概念为支点,剖析在少数民族众多的云南,民族传统文化与现代化的遭遇并由此产生的不同分化,如依附性表达、表演化编排、民间传统嬗变等等。云南的少数民族社会长期以来处于自给自足或半自给自足的农耕或游耕经济,其传统文化也是与这种经济模式吻合的。中华人民共和国成立后虽然发生了很大变化,但传统的经济模式并未发生根本性的改变。在交通便利的平坝区,传统文化艺术由于政治文化的强势进入而处于消沉或被征用以表达新的内容;而在交通比较闭塞的边远山区,民族的传统文化得以相对完整地保留。改革开放带来的根本性变化就是商品随着公路的不断延伸而深入到穷乡僻壤,少数民族社会也或快或慢地从自然或半自然经济转向了市场经济,从封闭或半封闭状态转向了开放状态。与此相一致,各种新观念和新文化因子也大量渗入,给民族传统文化的传承带来了前所未有的变异。但这种变异并没有完全割裂传统,在云南许多富于民族特色的地区,民族传统文化成为挖掘、保护、弘扬的对象。作者力图清楚地描述在云南的这些地方,在佤山,传统与现代、内部与外部的种种力量如何交织作用,并形成诸多既有乡土味又加入了许多现代因素的文化事象。正如经济的全球化并没有带来统一的现代化经济模式,它也没有带来统一的现代化文化模式。另一方面,市场虽然是扼杀传统文化的巨大力量,同时它也给文化的自由发展带来契机。多区域、多民族文化竞生发展,全球文化呈现出的多样化潮流于此可见一斑。而在这多样化的潮流中,传统的力量不可小觑。书名为《传统与现代的互动》,我想,作者或许是强调在传统与现代的遭遇中,其作用并非单向的罢。

研究并非算命,也非预言,研究的目的是希望揭示民族文化表层的现实景况及深层的复杂因素或构成,勾勒可能的走向及发展趋势。毋庸讳言,这同样是非常不容易做到的。几年前,我在鼓励樊华君坚持学术之路时写过这样几句话:"崎岖寻幽路,师棣相扶持。但在此山中,云深不知处。"现在,我为樊华君的学术探寻有了阶段性的成果而高兴,于是欣然写下了这篇小文。

是为序。

施惟达
2011年春节于云南大学东二院寓所

目 录

第一章 导论 ··· 1
  第一节 关键词考辨 ······························ 2
  第二节 研究路径与框架 ·························· 12
第二章 中国少数民族艺术发展的现代文化背景 ········· 15
  第一节 现代化与西方文化艺术的发展态势 ·········· 16
    一、工业化与世俗化的基本趋向 ················· 17
    二、大众文化与精英文化的对峙 ················· 25
    三、消费主义时代的文化景观 ··················· 38
    四、对生态文明的向往和探寻 ··················· 43
  第二节 全球化与中国特色的审美文化建设 ·········· 54
    一、中西文化的冲突与对话 ····················· 54
    二、中国当代文化多元发展的格局 ··············· 65
    三、审美文化的困窘和憧憬 ····················· 74
第三章 云南沧源佤族的传统文化与艺术 ··············· 89
  第一节 佤族传统文化的形成与变迁 ················ 89
    一、佤族：一个独特的文化共同体 ··············· 90
    二、佤族文化的自我调适 ······················· 97
  第二节 佤族传统艺术类型与特征 ·················· 107
    一、宗教情感与审美体验交织 ··················· 107
    二、日常生活与审美创造融合 ··················· 132

第四章　中国少数民族文化的现代转型与艺术的分化 ……… 150
第一节　佤族文化的跨越式转型 ……………………………… 150
一、建国三十年：国家力量对佤族文化的介入 ………… 151
二、改革开放后：市场对佤族文化资源的调控 ………… 158
第二节　多元力量作用下佤族艺术的分化 …………………… 176
一、主旋律引领下艺术的依附性表达 …………………… 177
二、佤族文化在民间的传承和嬗变 ……………………… 184
三、佤族歌舞在市场的表演化倾向 ……………………… 188
四、佤族文化精英主体意识的觉醒 ……………………… 194

第五章　对中国少数民族文化与艺术发展问题的探讨 ……… 206
第一节　由巫术文化走向现代审美文化 ……………………… 206
一、佤族文化符号意义的嬗变 …………………………… 207
二、走向以艺术为内核的审美文化 ……………………… 216
第二节　对佤族文化艺术发展路径的讨论 …………………… 228
一、经济搭台，文化唱戏：一种文化市场化发展的方式 ……… 229
二、翁丁"原始部落"：少数民族文化的活态保护与开发 …… 237
三、"司岗里"狂欢节：少数民族文化空间的现代重组 ……… 249

第六章　传统与现代的互动 …………………………………… 271
第一节　对文化现代性的生态美学批判 ……………………… 271
第二节　中国少数民族艺术发展的愿景 ……………………… 277

附录一　云南沧源佤族传统文化传承人名录 ………………… 291
附录二　云南沧源佤族传统文化保护名录 …………………… 293
后记 ……………………………………………………………… 298

第一章 导　　论

　　由传统走向现代是人类最重大的一次文化转型,"在整个人类历史上,能够同现代化运动相提并论的社会变革只有两次,一次是人类的诞生,另一次是文明的出现,而工业革命以来的全球现代化是人类第三次伟大的变革。"①在这场变革中,西方列强凭借工业文明积蓄的力量和在科技发展上领先的优势,把不同国家、不同地区都卷入了现代化的浪潮。"资产阶级由于开拓了世界市场,使一切国家的生产和消费都成为世界性的了……过去那种地方的和民族的自给自足和闭关自守状态,被各民族的各方面的互相往来和各方面的互相依赖所代替了。物质的生产是如此,精神的生产也是如此。"②当然,在这种"相互往来"中,既有不同文化的交流,也有文化之间的较量,而在较量中居于弱势的一方必然面临被同质化的危险,正是在这个意义上,全球现代化也被看做西方强势文化不断扩张,而其他国家文化不得不向西方"归附"的过程。

　　面对西方文化之强势,"冲击"、"危机"是中国现今使用频率很高的词汇,这种冲击借由市场和高科技的力量,已经波及最边远的少数民族地区,民族传统文化的衰减之势愈演愈烈。具体看,现代

---

① 布莱克著、段小光译:《现代化的动力》,四川人民出版社1988年版,第3页。
② 《马克思恩格斯选集》(第1卷),人民出版社1995年版,第276页。

化对中国少数民族来说表现为来自西方、来自国家两种强大力量的冲击和裹挟,在不得不面对这个具有中国特色的现代性问题时,应该强调的是:一个民族的文化发展在历时态上固然要遵循文化演进的一般规律,并且在共时态上还要受到其他民族文化的影响,但同样重要的是,少数民族文化有其自身的构成、特性和运作机制,要应对文化转型过程中的各种挑战,必须进行民族文化自身内在结构上的调适。本书的目的,就是通过对作为过程的少数民族文化和作为符号的少数民族艺术发展状况的具体解析,努力在全球现代化之动态、开放的语境中,对少数民族文化艺术的状况进行理论分析和价值评估,找寻少数民族文化艺术转型过程中传统与现代的契合点,为少数民族文化艺术的发展做一点有益的探索。

第一节 关键词考辨

文化是人类学的一个核心概念,文化的英文写做 culture,其拉丁文词根 cult 含有"耕作"、"培育"之意,而从中文"文化"一词的字面上看,"有文明和教化两层意思。'文'是其体,'化'是其用,合而言之,就是文明教化的作用。文之社会功能正在于化。这就是'察人文以成化'的中心思想。"[①]自人类学学科诞生起,人与文化的关系一直是其研究的出发点和纽结点:人既是文化的主体,是文化的物化形态——"文明"的"耕作"者,或者说物质文明与精神文明的创造者,同时人自身又是经由文化培育、教化的产物,这些要素在人类社会发展进程中相互依存、交互作用,使文化成为一种

---

① 张文勋主编:《民族文化学论集》,云南大学出版社 1993 年版,第 6 页。

动态的、复杂的结构性存在。

与此同时,人类学对人与文化关系的研究通常又是以民族为单位的。对民族概念的认识,中国民族学界因审视角度不同而莫衷一是,一种有代表性的观点认为:"民族是在历史上形成的一种人类生活的共同体",这句话强调的是,"第一,民族并不是人类社会中的天然群体,而是人类社会发展到一定阶段的产物。第二,在人类社会中,人们因不同的社会联系或自然联系而形成不同的群体,社会越发展、越复杂,社会的共同体越多、越丰富。"① 若具体从与民族形成有密切关联的文化发展进程上看,人类社会已处在一个全球文化相互交流、互相渗透的阶段。1492年哥伦布发现美洲大陆被认为是全球化的开端,人类文化的发展至此逐渐由"民族的历史"转向"世界的历史"。之后,工业革命在欧洲渐次兴起,现代科学技术一路高歌猛进,市场经由血腥的资本原始积累不断壮大。在这个时期,由于民主思想勃兴、理性精神觉醒,但理性在被工具化之后,对内索求无度,致使社会矛盾不断激化,对外张狂进取,凭借工业革命的成果不断进行军事、经济、政治、文化上的扩张,挤压一切非西方的文化,打破了传统社会多元文明相对平衡的状态,也为人类不断追求进步的历程留下了深深的烙印。在全球化阶段,经济一体化、政治多极化、文化多元化正成为新的发展趋向。

人类学学科在西方兴起时的一个重要目的,就是研究非西方民族的文化,特别研究以往被认为是处于"历史的边界之外"(黑格

---

① 张文勋、施惟达、张胜冰、黄泽:《民族文化学》,中国社会科学出版社1998年版,第4页。

尔)的"原始部族"文化,为资本主义在全球的扩张充当先导。而随着人类学复归其学术的本位,学界逐渐用"小型社会"(small-scale society)的表述取代了"原始"之类带有贬义的字眼,这一方面是因为不同民族的文化都有自身的独特性,原始与落后之间并不能绝对地画等号;另一方面,没有任何一个民族的文化会永远"静止"地停留在原始状态,博厄斯在1926年出版《原始艺术》时已经意识到,"往往有人认为,许多文化现象可以经久不衰,有些远古的东西可以至今犹存,这种观点使人感到原始文化几乎是一成不变的,经过多少世纪之后仍保持原貌,这并不符合事实。"[①]

有关民族的概念,学界引用较多的是斯大林的说法:"民族是人们在历史上形成的有共同语言、共同地域、共同经济生活以及表现于共同的民族文化特点上的共同心理素质这四个基本特征的稳定的共同体。"[②]但这个定义在实际应用时,似乎其根本的共同点尚未突出出来,再者,民族又是在社会历史进程中不断发展变化着的,随着各民族之间的交流、影响的加大,在斯大林的"四共"中,一个民族在共同语言、共同地域、共同经济生活等方面的特征越来越淡化,真正最显著、最持久、最稳定的联系是文化,或者说最具本质特征的是文化要素。"民族是文化的共同体。……文化是民族的标志,是此一民族区别于彼一民族的特征,一个民族可以散居于不同地域,也可以彼此之间完全没有经济上的联系,或被卷入不同模式的经济活动中,但绝不可丧失自己独特的文化。如果丧失了自己独特的文化,那么一个民族也就消失了。这种消失倒不一定是作为民族成员的生理个体的消失,而是作为民族群体

---

① 博厄斯著、金辉译:《原始艺术》,上海文艺出版社1989年版,前言。
② 《斯大林全集》第11卷,人民出版社1955年版,第286页。

的消失。"①正因如此,民族不论其大小,也不论其发展的快慢,是否能保有自身的文化独特性是一个民族屹立于世界民族之林的基本前提。

从文化的功用上看,特定民族的文化既承载着这个民族的历史传统,同时又是一个价值系统,其意义在于从根本上维系民族的生存。在长期的历史演进过程中,一个民族在民族性格、价值观念、伦理习俗等方面会形成自己的特点,并为本民族成员共同接受或遵循,它既影响着民族外在的行为方式,又在民族的深层心理上起到支配作用。本尼迪克特就认为文化在本质上是趋于整合的,各种文化特质形成一种具有内在统一精神和价值取向的文化模式,这种文化模式把每一个体的行为包容于文化整体之中,赋予它们以意义,"一种文化就如一个人,是一种或多或少一贯的思想和行动的模式。各种文化都形成了各自的特征目的,它们并不必然为其他类型的社会所共有"。②但事实上,文化又不是一个常量而是一个变量,文化的整一性和稳定性是相对的,每一种文化都是在社会发展过程中经过不断选择、调适和整合的结果,因而文化变迁是文化发展的常态:一方面,为了维系自身的可持续发展,本民族成员在批判继承民族文化遗产的同时要不断地革新创造;另一方面,在与其他民族文化横向的传播、交流与碰撞中,民族文化亦会发生或大或小的变迁。特别地,当量变累积到一定的程度就会发生质的飞跃,这种建立在文化变迁基础上的文化模式的重组和转换被称作文化转型。

---

① 张文勋、施惟达、张胜冰、黄泽:《民族文化学》,中国社会科学出版社1998年版,第5~7页。

② 本尼迪克特著、张燕等译:《文化模式》,浙江人民出版社1987年版,第45页。

当然，上述文化模式强调的是民族文化在内在构成上的特性，或者说是一个民族内在精神及其行为方式上的特性，除此之外，文化模式的概念还经常被用来指称人类创造的不同文明形态。依照文化进化论者的观点，人类文化发展必然经历一个由蒙昧到文明、由低级到高级的演进过程，随着人类社会的发展从"民族历史"阶段向"世界历史"阶段的提升，越来越多的学者站在人类文化发展的高度研究社会发展和运作的规律，并通常将迄今为止的人类历史划分为三大文明形态和与之相应的三种主导性的文化模式：原始社会的文化模式、传统农业社会的文化模式和现代工业社会的文化模式。"在原始文明时期，占主导地位的是由神话、图腾、巫术等构成的，物我不分的表象化、直觉化的文化模式；在农业文明时期，占主导地位的是由经验、常识、习俗、天然情感等构成的自然主义、经验主义的文化模式；在工业文明时期，占主导地位的是以科学、知识、信息等为主要内涵的理性主义的文化模式。"①世界各民族在不断发展的过程中，已经经历或正在经历着向高一级文明形态的转换，这种转换也被称作文化转型。

虽然历史上各民族在空间上的分布不同、文化特征不同、发展路径不同，民族文化之间并没有绝对的高低之分，但从人类历史发展在总体上所遵循的由低级到高级、由简单到复杂、由单一到多样的一般规律上看，不同民族的发展还是有快慢之分的。在西方，发达国家历经文艺复兴以来几百年的探索和发展，已经率先完成了由传统农业社会向现代工业社会的转型，而这个转型的过程更多地被表述为现代化。现代化带来的巨大变革表现在经济形态上，

---

① 衣俊卿：《文化哲学十五讲》，北京大学出版社2004年版，第66～67页。

就是以工业化为基础,由封建自然经济向现代商品经济转变。在全球经济一体化的潮流中,中国于1978年开始改革开放,逐步实施由计划经济体制向市场经济体制的改革,努力经由市场的交换来调配各种资源,通过生产的社会化和经济的现代化,促进社会生产力发展。与之相应,现代社会经济力量也不断向文化艺术领域渗透,文化市场日趋繁荣,少数民族文化包括少数民族艺术在使用价值之外,经济上的效用或者说交换价值也凸显出来,而笔者对文化转型与中国少数民族艺术发展这个问题的关注,最早就是由文化市场上的原生态热触发的。

原生态原本是个冷僻的词汇,自2004年云南大型民族舞集《云南映象》将原生态概念推出,原生态一词的使用频率越来越高,在互联网上"百度一下",竟有上千万个查询结果。这其中有两点表现突出:其一,原生态成为文化市场的卖点,有原生态旅游网、原生态购物网,具体有原生态装修、原生态餐饮、原生态服饰甚至原生态美女,大有炒作、滥用概念的嫌疑;其二,原生态艺术是原生态热中的亮点:从《云南映象》到2007年举办中国原生民歌大赛,特别是2006年和2008年央视"青歌赛"两次设立原生态唱法组,这种具有浓郁乡土气息和民族特色的艺术形态受到文化市场的热捧。

但与此相悖,原生态艺术的提法却在学界遭到质疑,如青歌赛后不少学者就什么才是真正的原生态民歌展开了热烈的讨论:田青认为,原生态民歌是对传统的民族民间音乐的一种约定俗成的称谓。[①] 在原生态民歌的生境上,黄允箴强调,"原生态民歌是音

---

① 贾舒颖:《"原生态"冲击青歌赛——大赛评委田青评析第12届青年歌手大奖赛》,《艺术评论》2006年第6期。

乐与生活的复合体,是生成于我国久远的农业社会,与其自然环境相依、与民俗事像相融,与各种生活需求相应的传统民间歌曲。"①在原生态民歌的创作与传播上,李国文、李松指出,"原生性民歌是非创作作品,是劳动人民集体智慧的结晶,是用地方方言进行演唱的,靠的是人民生活中的口口相传。"②正是基于以上认识,冯光钰等学者认为舞台上的原生态艺术在观念、行为上都发生了改变,只部分保留了形态上的一些特征,已不是真正的原生态艺术。总的看来,学界尤为关心原生态艺术的原真性,并由此将少数民族艺术的保护传承问题推到了理论研讨的前沿。

笔者认为,原生态艺术的提法之所以遭质疑,是因为艺术是一个历史的范畴,仅仅局限在对少数民族艺术文本本身的讨论或对存续形态的静态分析是不够的。其实,不单只是少数民族艺术,人类早期的艺术实践都曾具有"原生态"的特性,只不过随着时代的发展,这种艺术形态产生的重要条件——具有高度自在性、自然性和整合性的社会已不复存在。在社会学家看来,社会的发展在一定意义上就是一个不断分化的过程,在传统社会,已存在着社会人类学家罗伯特·雷德菲尔德提出的一种文化分层模式:在某些社会的内部,并存着两种文化传统,一种是受过教育的少数人的"大传统",另一种则是其余大多数人的"小传统",具体看,这种分化表现为上层贵族的雅文化与民间俗文化的逐渐分离。在这里,文化分化与文化变迁一样,通常被视为文化发展的常态,只不过各少数民族由于社会分化、文化分化的程度低、速度慢而与其他民族的差

---

① 黄允箴:《撞击与转型——论原生态民歌传播主体的萎缩》,《音乐艺术》(上海音乐学院学报)2006 年第 2 期。

② 李国文、李松:《原生态的守望者》,《今日中国》(中文版)2006 年第 10 期。

距日益增大,无论在地域上还是社会发展、文化发展水平上都越来越居于"边缘"的位置。

具体看,在全球现代化的浪潮中,不同国家不同地区演进的样态是不同的,有学者将现代化分为三种类型:第一种是西方的现代化,第二种是非西方国家的现代化,第三种是非西方国家中处于文化边缘的少数民族的现代化。① 与此相应,中国作为非西方国家,其现代化进程有自己的特点。如果说1840年以后的洋务运动、戊戌变法和辛亥革命是要学习西方的科学或政治,高举民主大旗的五四运动则强调要学习西方的文化,因此学界通常把中国文化转型进程区分为五四新文化运动阶段、新中国成立后的社会主义文化阶段以及改革开放以来的新时期,而事实上在改革开放之前,中国社会基本上还是一个整混不分的总体性或中心化社会。② 特别在新中国成立后,由于国家对社会和经济的各种资源高度垄断,使政治、经济和文化高度一体化,社会尚处于低分化状态。③ 但在改革开放之后,外来异质文化在全球化浪潮中不断介入和渗透,政治中心化的体制逐渐削弱。虽然中国13亿人口中的绝大部分都居住在乡村,从总体上看大众社会尚未形成,但由于人口基数大并且东南沿海与西部发展不平衡,在东部和南部人口密集、经济文化发达地区已形成庞大的城市消费群体,对大众文化产品包括以"原生态"为卖点的大众文化产品的需求越来越旺盛。与此同时,借助日

---

① 纳日碧力戈:《现代背景下的族群建构》,云南教育出版社2000年版,第271页。
② 周宪:《文化表征与文化研究》,北京大学出版社2007年版,第11页。
③ 邓正来、景跃进:《建构中国的市民社会》,《中国社会科学辑刊》1992年第4期。孙立平:《总体性社会研究》,《中国社会科学辑刊》1993年第1期。

渐开放的市场和大众传媒的作用,以美国为代表的西方大众文化产品甚至日韩的大众文化产品潮水般涌入中国,与本土的大众文化产品合流,甚至已侵袭到中国最边远的民族山寨,潜移默化地影响着民族文化主体的观念和行为。面对这样的境况,中国现代的知识精英深感忧虑,无论在理论研讨上还是文艺创作实践上都体现出文化批判的精神。与之相应,中国现今形成了官方文化、大众文化、精英文化、民间文化多元发展的基本格局。

与欧美发达国家历时态的发展进程不尽相同,现代化对于进入21世纪的中国而言,既是一项在历时态上从传统走向现代的尚未完成的艰巨任务,又须在共时态上以民族自身的"传统"应对西方的"现代",是中西文化不断对话、交流同时也是较量的过程。在中国当代文化的基本格局中,大众文化、精英文化是全球化时代西方文化叠压的产物,官方文化是中国政治意识形态长期渗透的结果。在官方文化的主导和大众文化的侵蚀下,精英文化和传统文化(包括各少数民族的传统文化)受到了极大的冲击。相对于中国社会整体上源自外部力量的现代转型,中国各少数民族承受着双重的外在压力,社会文化的转型更带有被动性,是一种典型的"引导型变迁"。[①] 在外部力量的裹挟下,一直处于相对落后状态的民族社会、一直居于"边缘"的少数民族文化呈跨越式发展。在现代性的矛盾和悖论中,少数民族文化艺术既被动地传染上了外来的病症,又患上了强烈的文化不适应症,不得不面对文化的自组织系统被破坏,民族文化身份丧失的危机。

---

① 张胜冰、肖青:《中国西南少数民族艺术哲学探究》,民族出版社2004年版,第188页。

总的看来,在全球现代化浪潮中,少数民族文化艺术的发展受到外来文化的冲击越来越大,我们面临的严峻现实是不断有流逝了的文化和消失了的民族,源自民族生活的民族艺术当然也就无以为继,但面对冲击,对民族文化艺术进行封存式的保护显然也是行不通的。特别地,除了外力的作用,在改革开放以后民族文化艺术自身也有明显的分化,以往局限在对民族民间的、日常的文化艺术存续状况的分析也是不够的。由传统迈进现代必定要由封闭走向开放,故而必须在民族文化艺术存续的动态更是开放的现代语境中,对少数民族艺术发展进行分析论证。

本书之所以选取云南沧源佤族为研究对象,并将少数民族艺术的发展作为关注的重点,是因为:中国大陆佤族人口据 2000 年全国第五次人口普查有 42 万多,相对聚居在中缅边境的阿佤山区,而佤族又是一个典型的跨越式进入现代社会的"直过"民族,1949 年中华人民共和国成立时,阿佤山的中心区还处在原始社会末期,文化的原生性保留相对完好;沧源是中国仅有的两个佤族自治县之一,也是人口最多的佤族聚居县,佤族先民创造的沧源崖画是史前艺术的代表,《阿佤人民唱新歌》曾走出佤山,风靡全国。进入新世纪,佤族的《甩发舞》《木鼓舞》更是一路跳到了海外,成为不同文化之间交流的纽带;在文化市场上,以大型原生态歌舞乐《重彩·佤山》为代表的佤族歌舞演艺业正备受瞩目,2004 年以来每年 5 月初沧源的"中国佤族司岗里摸你黑狂欢节"人气旺盛,并在第五届"中国国际会展文化节"上获得中国会展界最高奖"金海豚奖",成为 2008 至 2009 年度中国十大魅力节庆活动之一。在"十五"期末,沧源以"边地原生态民族文化旅游"为特色的旅游业收入占全县 GDP 的比重就已高达 14.2%,故而在云南省"十一五"规划中,沧源被列为旅游经济强县建设和云南省十个特色文化产业试点县之一,这都为选题的研究打下了良好的现实基础。

艺术是文化的重要表征,对少数民族艺术发展问题的研究,具有重要的现实意义:从文化存续的实际状况看,少数民族艺术与民族文化传承一直具有极为密切的关联;在现代社会,艺术作为各民族精神与情感的象征符号,无论是在增强民族自身凝聚力还是在与其他民族的文化交流上都更具有共通性;在市场经济条件下,"越是民族的,就越是赚钱的"这种利益上的诉求,不仅只是以获取交换价值为首要目标的商家才有,特别在中国面向21世纪的审美文化建设和文化产业发展中,艺术是其最重要的内核。本书的目的,就是立足于云南沧源佤族文化艺术之原初发生和现代演进的实际,将西方和具有中国特色的现代化进程作为少数民族文化转型的现实场域,解析佤族文化在现代转型进程中外在和内在的动力机制,并对中国少数民族文化艺术发展的方向和路径做一点探索。

第二节 研究路径与框架

人类学在研究人类文化的客观实际的过程中,形成了两种基本的思路:一种关注文化历时态的演进过程,目的在于从发生学的视角梳理文化进化的一般规律,这以文化进化论学派为代表;一种研究着眼于特定文化的内在结构,目的是从系统论与结构主义的视角解析其文化特性。较之前一种研究思路,文化构成理论涉及的问题更为复杂,文化传播论学派、历史特殊论学派、结构主义学派等都是这方面的代表。其主要内容包括:"文化系统与自然环境之间的相互作用,各文化圈之间的相互作用,同一结构中各文化层面之间和各文化要素之间的相互作用。这类理论也很重视相互作用中的互补、互渗和撞击、互动的关系。"①以上两种研究思路各有所长,将两者融会贯通,既关注其动态的一面,又不忽视对文化静态结构的解析,正成为不少学者的共识。相应的,本选题的研究中也有纵横两条或显或隐交织在一起的理路:在总体思路上更突出纵向的、显性的一面,同时又蕴含着横向的比较,或者对文化艺术内在构成的静态解析。

具体看,本书共有六个部分:

第一部分旨在说明选题的缘由、学术价值和现实意义。通过对研究关键词的考辨,解析论文的研究对象和研究的基本构架,呈现研究的主要内容、框架结构。

第二部分从理论层面梳理西方与中国文化之现代转型的进程和总体趋向,揭示由此引发的文化现代性特别是审美现代性问题,厘清中国少数民族文化艺术发展的背景,亦为少数民族文化现代转型进程中面临的一系列相应问题的展开和论证打下理论基础。

第三部分对佤族文化的形成和变迁进行解析,对以佤族为代表的少数民族传统艺术的特征进行概括:强调民族是一个独特的文化共同体,是文化引领民族的发展,同时,民族文化又是一个动态的、开放的存在,民族文化需要不断地调适,以维系其特性和运作机制;通过对佤族传统艺术的原型分析和价值探讨,凸显传统艺术混融性的特点,并为对其现代价值的论证打下基础。

---

① 赵仲牧:《一种文化构造理论及其研究方法的模型》,载《民族文化学论集》,云南大学出版社1993年版,第27页。

第四部分探讨佤族文化在外来力量作用下整个文化模式的重组和转换,分析佤族艺术在现代转型过程中多元分化的状况:新中国成立后的头三十年,国家对少数民族文化进行了较大力度的改造,改革开放后的三十年,市场对少数民族文化资源的调控作用不断增强,民族文化传统面临消解的危险。相应地,在多元力量的作用下,少数民族艺术形态多元分化,少数民族文化同样必须面对文化现代性、审美现代性的矛盾和悖论。

第五部分对现代化进程中少数民族文化的存续状况进行理论分析和价值评估,展望少数民族文化的发展方向,并通过对个案的解析探寻少数民族文化的发展路径:指出具有中国特色的、以和谐为价值取向的生态文化建设,是面向21世纪的发展主题;在市场经济条件下,文化市场是实现少数民族艺术现代价值的一个重要平台;通过中国最后的佤族原始部落翁丁村和"中国佤族司岗里摸你黑狂欢节"的个案研究,分别探讨了少数民族乡村文化活态传承场的营构和在现代节庆活动中少数民族审美文化空间的现代重组问题,对文化多元融合趋势下不同文化力量的契合互动进行具体的分析论证。

第六部分指出,由传统走向现代是中国各少数民族的必然选择,少数民族文化转型从总体上是在传统与现代的张力中演进,而具体则是在民族民间文化、官方文化、大众文化、精英文化的交互作用中展开的。现代化进程中的少数民族文化应该是以艺术为内核,充分彰显民族在精神文化上的特性,能够引领民族发展的文化,应该努力让少数民族文化艺术在多元文化融聚的合力作用下,在少数民族社区生活的"水"中存续,在现代社会日趋多元的"用"中发展。

第二章　中国少数民族艺术发展的现代文化背景

站在人类文化发展的高度上看,文化发展的一般规律,是由简单到复杂、由单一到多元、由低级到高级的,若按达尔文"物竞天择,适者生存"的生物进化论观点推演,文化的现代转型是所有民族的必然选择。但与此同时,"每个文化集团(族体)都有自己独一无二的历史,这种历史一部分取决于该社会集团特殊的内部发展,一部分取决于它所受到的外部影响。"①因此,博厄斯认为必须研究各个民族特有的"动态变化"。具体看,西方发达国家文化转型的动因主要源自文化的内部,是文化自身不断批判继承、革新创造的产物,中国正在经历的文化转型则更多源自外部力量的作用,并由外在冲击引发内在文化结构的调适,最终实现文化模式的重组和转换。

相对于整个中国社会源自外部力量的现代转型,"中华民族多元一体"格局中的各少数民族承受着双重的外在压力,既要应对文化全球化的侵袭,又受国家力量的主导,文化的发展更带有被动性,而在强大外力冲击下的当务之急,就是要以保有自身文化独特

---

① 博厄斯:《语言与文化》,转引自黄淑娉、龚佩华:《文化人类学理论方法研究》,广东高等教育出版社1998年版,第160页。

性为前提,通过不断的调节策应文化发展进程中面临的挑战。在此,就很有必要从整体上把握西方现代文化发展的基本态势,凸显中国在全球现代化进程中的诉求和特征,厘清少数民族文化转型的动因和趋向。

第一节　现代化与西方文化艺术的发展态势

现代化是指人类自工业革命以来所经历的社会文化转型,这一变革以理性精神为内核,以世俗化为导向,以现代科技为推动力,由传统农业社会向现代工业社会、信息社会转化。具体看,18世纪后半叶,英国爆发了第一次工业革命;19世纪60年代,科学技术的飞速发展促生了第二次工业革命;20世纪60年代起,西方又兴起了以信息革命为特征的"第三次浪潮"。据此,学界一般把16～19世纪上半叶,也就是第二次工业革命以前称作现代前期,把19世纪60年代～20世纪60年代称作现代时期。争议较大的是20世纪60年代后被称作"后现代"的这个时期,有学者认为这是一个全新的阶段,但更多的学者还是将之纳入现代化进程。如弗·杰姆逊就将资本主义的发展划分为三个阶段:第一是国家资本主义阶段,形成了国家的市场;第二阶段是垄断资本或帝国主义阶段,在这个阶段形成了不列颠帝国、德意志帝国等;第三阶段则是二次大战之后的资本主义。第三阶段的主要特征可概述为晚期资本主义,或多国化的资本主义。[①] 总的看来,现代化在改变社会

---

① 弗·杰姆逊著、唐小兵译:《后现代主义与文化理论》,北京大学出版社2005年第2版,第6页。

物质生产面貌的同时,也导致了整个社会文化结构、社会关系、生活方式和思维方式的深刻改变。

一、工业化与世俗化的基本趋向

根据西方学者的研究,在西方思想史上,"现代"作为表述当下时代社会性质的观念可以追溯到 6 世纪晚期的拉丁语。而在人类历史上,"现代"作为与"古代"相对应的特定历史阶段,虽然事实上可以说是自 16 世纪即已开启,但直到 17 世纪,欧洲历史学家才逐渐放弃了基督教的静止观念,开始使用古代、中世纪和现代的分期法。① 与西方历史的三个时代相对应,以古希腊为代表的古典时代与灿烂的光明联系在一起,中世纪是浑如长夜的"黑暗时代",现代则被想像为从黑暗中脱身而出的时代,一个觉醒与"复兴"、预示着光明未来的时代。人们通常以"走出中世纪"来概括西方社会自十三四世纪以后的不断发展与变革,这一从传统向现代的转型是以 13 世纪最先在意大利兴起的文艺复兴运动作为历史起点的。

早在古希腊的柏拉图时代,西方哲学就奠定了主体与客体二分,追求主观符合客观的理性主义取向,从而形成了发展延续两千多年的模仿论传统。秉承这一传统,文艺复兴运动高举人文主义的大旗,倡导复兴古典文化,努力把古希腊文化的理性主义传统与人类历史发展积淀的丰富内涵相结合,以寻求人的解放和文化的"再生"。人文主义者认为,基督教的全部罪恶在于鄙视人这个主

---

① 马泰·卡林内斯库著,顾爱彬、李瑞华译:《现代性的五副面孔》,商务印书馆 2002 年版。

体的存在,扼杀人的本性,因而与之针锋相对地称颂人的尊严、价值和伟大。在这里,既包含着对人与自然关系的自觉,也包含着对个体与群体(社会、整体)关系的觉醒。在人与自然的关系问题上,人文主义者重视理性和知识,反对盲目信仰,力主把理性的目光从天国拉到尘世、从彼岸转回此岸、从上帝转向自然,从而开始了人凭借科学和技术征服自然、统治自然的时代;在个体与群体的关系问题上,以个体本位取代社会本位、以自由取代专制,从而开始了自由主义和个人主义的历史进程。① 由此,西方文明拉开了走向现代的帷幕,宗教改革、启蒙运动、社会变革的浪潮一浪高过一浪。

新时代的到来催生了现代性这个重大的理论话题,也引发了学界对现代性问题的不同认识,在启蒙思想家的理想中,现代性首先是一场价值观念上的变革,就是要用文艺复兴以来的启蒙理性消解长期以来占统治地位的神性,取代以基督教为代表的宗教的中心与主导位置。"启蒙"在英语(enlightenment)、法语(lumière)和德语(Aufklarung)中都与"光明"、"照亮"有关,18世纪的学者往往把当时的启蒙运动称作"光明观念"运动,欲借心智之光照亮人们的思想,建立一个"理性王国"。从笛卡尔开始,所有关于现代性的理论都推崇理性,把理性视为社会进步的源泉,视为真理性和系统性知识的基础。无论是个体还是群体,均对大自然采取了一种积极进取的姿态和充满自信的乐观主义态度。提倡理性、追求知识和技术、重视实验科学、探索自然,已成为新时代人类精神的基本特征。从西方各国的历史看,现代化给人类历史所带来的巨大变革主要有两个方面:

---

① 衣俊卿:《文化哲学》,云南人民出版社2001年版,第184页。

第一,在经济形态上,以工业化为基础,由封建自然经济向现代商品经济转变。

在以中世纪为代表的前现代社会,西方占主导地位的生产方式是自给自足的自然经济。以自然经济为基础的农业生产,依据一年四季,自发地进行重复性实践活动。16～18 世纪是西欧由封建主义向资本主义过渡的一个特定历史阶段,英国最早采取"圈地运动"的方式剥夺农民土地,进行大规模的资本原始积累。圈地运动使旧的耕作方法得以改进,农牧产品产量大幅提高。农业的发展为城市工业的发展奠定了基础,以毛织业和冶铁业为代表的手工业得到较大发展,立式织机普遍改成卧式织机,除人力畜力外,水能和风能也被开发利用起来,自动纺车取代了手摇纺车。随着生产力的发展与手工业农业的分离,生产的商品化程度越来越高,生产要满足地方市场甚至更为广阔的国内外市场的需求,一些工业中心开始形成。特别是 18 世纪英国工业革命后,自然经济在西方社会中逐渐解体,取而代之的是将整个社会的经济生活乃至社会生活连为一体的商品经济。从以自然经济为主导向以商品经济为主导的变革是人类生产方式的一个根本变革,它的出现不仅为根本打破封建时代自然经济条件下一部分社会成员对另一部分社会成员的人身依附状态提供了前提条件,而且有力地调动了更多社会成员的生产积极性,促进了社会生产力的发展,它具有与自然经济不可同日而语的开放性,为世界性的资本主义生产体系的出现奠定了坚实的基础。

工业化是现代化的基础和前提,高度发达的工业社会是现代化的重要标志。什么是工业化? 有的是从生产手段的变化来定义的,认为工业化就是用机器体系取代手工劳动的过程;有的是从产业结构的变化来定义的,认为工业化就是工业在国民收入和就业中的份额不断上升的过程;也有的如钱纳里,把工业化定义为制造业产值在国民生产总值中不断上升的过程。较为通行的看法是,工业化指社会经济的发展由以传统农业经济为主过渡到以现代工业经济为主的一个特定的历史阶段和发展过程,它推动整个国民经济的技术改造,使生产日益社会化,人口日趋集中,城市迅速发展。

  英国的工业革命从18世纪70年代开始,到19世纪70年代完成,大约用了100年时间,而其他欧洲大陆主要国家和美国从18世纪末到20世纪初实现工业化,也用了一个多世纪的时间。早在17世纪中期,英国已建立了君主立宪制,当政的资产阶级着力扶持资本主义的发展。资本的原始积累、发达的国内市场、地区间的劳动分工、商品生产上的自由竞争、对海外殖民市场的大肆掠夺,成为英国率先爆发工业革命的重要条件。工业革命首先从棉纺业开展起来,工业化的标志是蒸汽机的使用,棉纺业的机械化必须解决动力问题。蒸汽机的出现和广泛使用,是人类认识和利用自然的一个巨大进步,它引起了工程技术上的全面改革,导致了机器制造业、钢铁工业、运输工业的蓬勃兴起,初步形成了完整的工业技术体系,使资本主义的商品生产从早期的简单协作和工场手工业,最终发展为机器大工业,即社会化大生产。由机器大工业占主导地位的资本主义经济形态取代由手工劳作占主导的封建小农经济的一个最为直接的社会性后果,就是交通运输、农业、商业都被带动起来,社会生产力得到了前所未有的飞速发展。

  如果说在现代前期,资本主义的发展以英国为代表,进入现代时期以后,迅速崛起的美国和英国、法国、德国等老牌的资本主义国家一道，领导了19世纪中后期到20世纪50年代的第二次工业革命。这一时代的特点是将科学知识大量运用到生产当中，将科学与技术结合起来推动生产力的飞速发展。如果说在现代前期，第一次工业革命迎来的是一个"蒸汽机时代"，进入现代时期以后，第二次工业革命以电力的广泛应用为标志，开启了一个全新的"电力时代"。1866年西门子发明电机，电力逐渐取代蒸汽成为新的能源。内燃机的发明使许多国家建立起庞大的汽车工业，同时石油开采业和化学工业兴起，并借助新技术革命推动钢铁工业等老的生产部门的发展。

  从20世纪四五十年代开始，在世界范围内又发生了一场深刻影响了人类生产与生活形态的新科学技术革命。这场革命的主要标志是原子和电子技术的广泛发展与运用，在电子技术、通讯技术、生物工程技术、新型材料技术、空间工程技术、海洋工程技术等方面取得了巨大的突破，并被广泛地运用于生产生活领域，从而引起了生产方式与生活方式的巨大变化。20世纪90年代以来，一场以电子—材料—通讯科学为基础，以电脑—电视—电话为主导，以光缆—卫星为侧翼的信息革命，在人类历史上首次实现了"地球村"的联网，借助电信网络技术，世界范围内的交流大大增强，一种新的全球的文化正在形成。对于这个新时代，有的西方学者根据这一次新技术革命的主体内容是"信息革命"而将之命名为"信息社会"，杰姆逊就认为与这一阶段对应的是晚期资本主义或多国资本主义阶段。美国学者丹尼尔·贝尔则在1973年出版了《后工业社会的来临》一书，将之命名为"后工业社会"。根据产业结构的状况，贝尔把人类社会划分为农业社会、工业社会和后工业社会。"后工业社会第一个最简单的特点，是大多数劳动力不再从事农业或制造业,而是从事服务业,如贸易、金融、运输、保健、医疗、研究、教育和管理。"[①]在职业分布和政策制定上,专业技术人员处于社会的主导地位,理论知识处于中心地位。科学家和专业技术人员将取代工业社会中的资本家(企业主),专业技术成为取得权利的基础,教育成为取得权利的前提。无论在物质财富的创造还是科学技术的发展上,这一时期以第二次工业革命为基础,正努力迈向一个新的高度。

第二,在社会形态上,以世俗化为主导,从封建制度向资本主义制度转变。

如前所述,现代社会的最主要特征是:文艺复兴以来的启蒙理性在相当程度上消解了长期以来占统治地位的神性,取代了以基督教为代表的宗教的中心与主导位置。人文主义者高度肯定人的智慧和创造力,提倡一种乐观向上的人生态度。他们讴歌世俗生活,轻视关于来世的神话,强调人应在尘世获得幸福,追求物质享受和肉欲的满足。世俗化与理性化一起,构成了西方工业社会或现代社会的本质精神,为西方冲破封建神学统治,在世界历史进程中处于遥遥领先的位置奠定了基础。正是在这个意义上,世俗化成为西方文化现代化的核心内容,西方走出中世纪、走向现代的过程,就是一个世俗化的过程。

文艺复兴时期的世俗化倾向对后来的宗教改革产生了重大影响。欧洲16世纪的教会极度腐败,严重脱离普通人的生活,1517年,马丁·路德发表《九十五条论纲》,控诉教皇的贪污腐朽,引发

[①] 丹尼尔·贝尔著、高铭等译:《后工业社会的来临》,商务印书馆1984年版,第20、143~144、33~35页。

了遍及西欧各国的宗教改革。这次改革的目标是改革宗教使之与现代社会相适应,与个体自由和技术理性发展所造成的理性化进程相并行。韦伯在《新教伦理与资本主义精神》与《经济和社会》等著作中,对基督教的世俗化做了令人信服的分析。在他看来,资本主义的时代精神就是欧洲宗教改革之后的新教伦理,"在构成近代资本主义精神乃至整个近代文化精神的诸基本要素之中,以职业概念为基础的理性行为这一要素,正是从基督教禁欲主义中产生出来的。"①宗教改革运动中的新教伦理以路德教派的"天职"思想和加尔文教派的"预定论"为代表,"天职观"和"预定论"为后来宗教的日益世俗化提供了丰富的精神给养,为资本主义的发展提供了内在的动力支撑。

救赎是宗教的永恒主题,无论是天主教还是基督教新教,都关心如何使置身于充斥着各种罪恶和诱惑的尘世生活中的灵魂得到拯救,都强调人必须自我克制,必须禁欲,但在救赎方式上,却有"出世"和"入世"之分。天主教要求人漠视尘世,摆脱物欲,完全从尘世中退隐,以苦身修行为宗旨,以隐居独处为特征,这是一种出世禁欲主义。宗教改革后基督教新教的"天职观"与天主教出世禁欲主义的价值观根本不同,它成功地做到既不否定原有的神学立场,又不同理性化的历史进程相左,从而成功地把救赎与世俗生活、天国与尘世紧密结合起来、统一起来,确立了一种新的禁欲观,一种入世禁欲主义。"天职观"引导教徒把世俗职业上的成功、谋利活动及参与世界作为根本的救赎之路。这样一来,"职业思想便

---

① 马克斯·韦伯著,于晓、陈维纲等译:《新教伦理与资本主义精神》,生活·读书·新知三联书店1987年版,第141页。

引出了所有新教教派的核心教理:上帝允许的唯一生存方式,不是要人们以苦修的禁欲主义超越世俗道德。而是要人完成个人在现世里所处地位赋予他的责任和义务。这是他的天职。"①总之,是"天职"思想使人们生活和信仰的中心由虚无缥缈走向了现实。

在现实中,"预定论"又告诫人们:人在"整个尘世的存在就是为了上帝的荣耀而服务"。被选中的基督徒在俗世的最大任务就是为增加上帝的荣耀而努力工作,一个人无论从事什么职业,只要可以积累财富,就可以得到宗教伦理的认可,甚至扩大财富就是扩大神的荣耀,而人在尘世生活中的成败,决定了人死后是否能够升入天堂。这种注重在尘世奋斗的生活方式,摆脱了长期以来传统伦理观念的束缚,摧毁了传统宗教对赢利的蔑视态度,不仅使追求财富合法化,而且还使人们深信这种行为是合乎神的意愿的,是自己将来成为上帝选民的一个重要条件。当然,凡是信奉新教的人都自愿采取一种十分严格、合理的生活方式和经营方式,不像王公贵族那样挥霍,而是把赚得的利润再投资以帮助自己的事业成长。这种提倡个人奋斗、勤奋敬业、勤俭节约、积聚财富的理性化精神,最终成为资本主义发展的精神动力,确保了资本的积累,提高了生产率,成为资本主义发展的强大推动力量。

新教伦理革命推进了以个人自由和技术理性为主要内涵的世俗化和理性化进程。在这一过程中,具有根本性意义的变化一个是政教合一的社会形态向政教分离,以世俗政权为主体的社会形态转变,中世纪的神权观念和封建的等级制度逐步瓦解,社会经济

---

① 马克斯·韦伯著,于晓、陈维纲等译:《新教伦理与资本主义精神》,生活·读书·新知三联书店 1987 年版,第 59 页。

结构由封闭的自给自足的自然经济向资本主义的商品经济转化。另一个是以卢梭为代表的启蒙思想家倡导"天赋人权"、"人生而平等"、"人生而自由"等理念,并力图通过确立不同于专制体制的民主制度,来建立新的社会秩序,在人与人之间建立一种立足于平等基础之上的"社会契约"关系。

与之相应,在一些政治学家和社会学家看来,传统社会向现代社会发展的一个重要标志是市民社会的出现。具体看,市民社会是资本主义商品经济的产物,在工业化和世俗化进程的推动下,传统的人与土地的紧密联系不复存在,以农业劳动为基础的土地所有制消除,乡村社群瓦解,大量人口涌向城市,人与人之间没有了前工业社会那种以血缘、地缘、伦理为纽带的天然联系,成为都市中庞大、松散、流动的集合体。在一定意义上,正是面对这种人与人之间、人与社会之间的疏离状态,市场资本主义制度以保障社会成员的人身自由与精神自由为追求,倡导在社会成员之间建立一种立足于相互平等协商基础之上的"契约"关系,以保障市场经济环境中竞争者的利益,维系现代社会市民化的、独立的、自由的个人状态。

二、大众文化与精英文化的对峙

当然,在西方社会从传统向现代的转型的进程中,既蕴涵着极大的丰富性和无尽的可能性,又充斥着矛盾和论争、危机与困惑。启蒙运动在以科学、理性推动社会发展的同时,理性又因日益工具化而成为宗教衰微之后打着科学主义旗号的新"信仰";另一方面,由于社会不断分化,形成了政治、经济、文化等不同领域,经济现代性、政治现代性、文化现代性之间的冲突呈激化之势。丹尼尔·贝尔指出,在经济领域,全部活动都严格遵循"效益原则",以获取最大限度的利润为目的,在这种非人化的经济活动中,人的丰满个性受到严重的压抑。在政治领域,核心原则是"合法性",这种合法统治的潜在条件是平等观念,然而政治体系的管理方式带有技术官僚倾向,伴随着技术性问题的增多,技术官僚趋势将日益明显;在文化领域,中心原则是自我表现和自我实现,坚持个性化、自由化和反体制化精神,这一方面与经济、政治非人化和类型化模式不断发生冲突。文化现代性自身也出现矛盾,在基督教世俗化之后西方文化面临终极意义的缺失,出现了"信仰危机"。[1] 总的看来,现代性的贬义同它相反的褒义在一种不稳定的关系中并存,这种关系反映了两种现代性之间更大的冲突:以工具理性为核心的启蒙现代性与以价值理性为追求的文化现代性的冲突。[2] 在社会分化的同时,文化的分化也明显加剧,表现在审美领域,就是大众文化和精英文化的分化和对立。

在16~19世纪上半叶的欧洲,尽管17世纪英国已爆发了工业革命,但大多数人仍然生活在农村,与现代城市相关的生活方式对人们来说还十分遥远。据统计,农民占当时欧洲人口的80%~90%,直到1848年,世界人口甚至欧洲人口中的绝大部分都还居住在农村。即使在第一个完成工业化的英国,城市人口在1850年以前仍然未超过农村人口,直到1851年也只刚刚超过51%。[3]

---

[1] 丹尼尔·贝尔著、赵一凡等译:《资本主义文化矛盾》,生活·读书·新知三联书店1989年版,第74页。

[2] 马泰·卡林内斯库著,顾爱彬、李瑞华译:《现代性的五副面孔》,商务印书馆2002年版,第50页。

[3] 艾瑞克·霍布斯鲍姆著、张晓华等译:《资本的年代》,江苏人民出版社1999年版,第230页。

"1851年的英国大部分劳动力还从事旧式的工业、建筑业、缝纫制鞋和各种各样的非熟练劳动。成千上万台手工织机仍然在农村家庭中。"①

在欧洲现代前期,存在着社会人类学家罗伯特·雷德菲尔提出的一种文化分层模式:在某些社会的内部,并存着两种文化传统,一种是受过教育的少数人的"大传统",另一种则是其余大多数人的"小传统"。大传统包含学校和大学里传承下来的古典传统,在十六七世纪还远未消亡的中世纪的经院哲学和神学的传统,以及文艺复兴、启蒙运动、17世纪的工业革命等可能只对受过教育的少数人产生影响的思想运动。当时的欧洲文化去掉这一切之后,剩下的是民歌和民间故事、神像和雕饰梳妆柜、神秘剧和滑稽戏、宽幅书和小歌谣集,以及对民众来说极为重要的节日——圣诞节、元旦、狂欢节、五朔节、仲夏日,这是一种非学者的、非文人和非精英的文化或传统。②

从实质上看,这种分化表现为上层贵族的高雅文化与民间通俗文化的分离。英国学者彼得·贝克在《欧洲近代早期的大众文化》一书中为我们展现了这一时期的乡村文化生活图景:冬天的晚上,农夫们坐在火堆旁边,说书人(如果有的话)坐在椅子上,或者一群妇女聚集在一间房子(谷仓)里,一边纺纱,一边讲述传统故事、传唱民间歌谣。有的村庄有自己的俱乐部,通常由当地的教师或职业歌手组织,在集市日或周日晚上演出。除此之外,山地的牧

---

① 丹尼尔·贝尔著、高铭等译:《后工业社会的来临》,商务印书馆1984年版,第138页。

② 彼得·贝克著,杨豫、王海良等译:《欧洲近代早期的大众文化》,上海人民出版社2005年版,第29~30页。

羊人吹奏自己制作的风笛,哥萨克人有自己的持枪舞蹈和歌曲,中欧的矿工通常跳反映劳动场面的舞蹈、讲述山神或侏儒神的传说……城镇里的工匠有自己的行会,行会安排成员的劳动生活和闲暇生活,有自己的保护神、自己的传统和自己的礼仪,识字的工匠阅读小故事书和小歌谣集。工匠们加入行会、联谊会或俱乐部,表演戏剧,参加各种节日活动特别是狂欢节的活动。这一时期的教堂常常被用来达到世俗的目的,神秘剧在教堂里上演,教堂前的空地被负责组织节日活动的长官以及他手下一班快乐的人们用来跳舞和娱乐。在教区守护神节日的前夜,教区居民可能会在教堂过夜,用餐饮酒,唱歌跳舞。由此看来,贝克所言这一时期的所谓大众文化严格说来应该是民间文化(folk culture)。因为这一时期"大众"、"人民"的主体是生活在乡村的农民、牧民,生活在集镇的工匠、艺人,他们的文化更多的是不以商业利润为目的的、自娱自乐的文化。

在法国大革命和英国工业革命后,城镇不断扩展,人口大幅增长,土地上留下的空间越来越小,农村居民被迫迁徙到城市寻找工作。在1500年,欧洲超过十万人口的城市只有伊斯坦布尔、那不勒斯、巴黎和威尼斯四个,到1800年增加到23个,伦敦居民超过了100万。一般认为,衡量城市化的基本标准是有超过50%的人口生活在城市当中,1850年以前,世界上还没有一个国家达到这个标准。城市化与工业化是紧密相关的,都市是工业化阶段人口大规模聚集的产物,正是在工业革命的推动下,英国成为城市化速度最快的国家,1851年英国的城市人口达到51%,1900年达到75%。因此,在这以前只有英国可以称作城市社会,其他欧美国家的人口都没有超过51%,直到20世纪中期,欧美发达国家才全部实现城市化。

在城市化进程的挤压下,乡土文化步步退却,被平原和城镇的工业赶进了孤独的山区,而与此相应,有别于传统乡土文化的现代都市文化,或者说真正的大众文化(mass culture;popular culture)才得以形成。大众(mass)的出现和大众传媒(mass media)的发展是大众文化产生的两个重要前提。英国文化学家雷蒙德·威廉斯在《文化与社会》中,认为 mass 这个词是伴随着资本主义城市发展一起产生出来的。这个词的第一个含义是指由城市化派生出来的"大众聚会",第二个含义是由工厂派生出来的,那就是指"大量生产"。规模不断扩大的资本主义大生产需要大量自由劳动者聚集在都市进行生产,伴随着与土地相联系的、以劳动为基础的土地所有制的消除,紧密结合的乡村社群瓦解,迫于人口增长带来的生存压力,人们从乡村流向城市,又从一个城市流向另一个城市,在资本的世界中出售自己的劳动力。

19世纪的城市庞大而杂乱,人群沉默地蠕动着,仿佛黑夜一样,他们在机械、单调、异化的工厂劳动,然后回到肮脏的贫民窟短暂休憩,加布里埃·布努尔由此把都市的人群与黑暗联系在一起——在那丑陋骇人的梦中,双双来到的夜晚和人群都愈见浓密,没有目光能测出它的疆域,黑暗正随着人群的增多而越来越深。与这种人群的大量聚集相背离的是,人与人之间漠不关心、相互隔绝——现代社会动摇和侵蚀了从前把人们结合在一起的社会结构和价值结构,传统社群和道德崩溃了,个体变成了孤独、疏远和失范的存在,他们可接受的唯一关系就是经济关系和契约关系。"大众是平均的人(the average man)……毫无疑问,这种有可能对人性最激进的划分,使人性分裂成两种类型:一方面是对自己有更多要求承载着艰难和责任的人,另一方面是对自己没有任何特殊要求就这么活着的人,后者无需努力趋向完美,他们不过是随波逐流的浮标而已。"①正因如此,大众文化(mass culture)被后来的一些学者视为"群氓"或"乌合之众"的文化,在文化精英眼里,大众(mass)包含有无知、庸俗、偏见、冲动、非理性的内涵,大众文化与高雅文化(high culture)相对,成为对社会下层粗俗文化状态的贬称。

当然,城市文化本身是一个多元复杂的存在,是一个处在工业化和世俗化进程中的不断发展变化的存在,而由于所处时代不同、研究角度不同,学界对大众文化的认识也不同。从积极方面看,西方文化从乡土文化走向都市文化的过程,是人的现代化过程,是一个不断"祛魅"的过程。在这一过程中,现代人的精神世界由封闭走向开放,人与人之间的物质交流和精神交流日益广泛,由大众组建的自由和自愿的领域甚至是强制性的国家权力的对立面,推进了社会的民主化进程。所以,一种站在平民主义而非精英主义立场上的观点认为,大众不等于劳动阶级或下层阶级。1958年,雷蒙·威廉斯在《文化与社会》一书中,回顾了工业革命以来"文化"一词含义的变化,不同意将文化理解为上层的专利,同工人阶级的文化对立起来,从此 popular culture 开始替代 mass culture,在此层面上,大众文化成了一个中性词,甚至有了某种褒义色彩。

在总体特征上,大众文化是一种商业文化,以商品的交换价值为内在逻辑。大众文化不是大众自己创造的文化,产品是由商家

---

① 奥尔特加:《大众的反叛》,转引自周宪:《20世纪西方美学》,高等教育出版社2004年版,第38~39页。

或文化商人生产出来供大众消费的文化商品。在资本主义商品制度之下,大众文化产品的生产和接受也纳入了根据市场价值规律进行交换的商品运行轨道,文化艺术沦为商品,大众文化产品的生产同普通商品一样,不仅包括策划者的策划、产品的物化生产流程、社会化流通和消费过程,而且讲求计算成本和收益的生产理念也与普通商品别无二致。为了赢利的目的,商家一方面以顾客为上帝,竭力迎合大众需求;另一方面通过策划、包装、炒作制造流行时尚,牵着大众的鼻子走。因此,大众文化又被称为市场的文化、快餐文化。具体看,大众文化的特征还表现在以下方面:

第一,在传播的方式上,大众文化是一种媒介文化,具有利用现代传播媒介成批制作和传输大量信息的特点。现代传媒特别是电子传媒的出现极大地促进了大众文化的发展。现代传播媒介出现在19世纪后期到20世纪20年代前后,"大众传播媒介是在20年代广播电台出现后才有的一个名词,指的是在传播途径上有用以复制和传播信息符号的机械和有编辑人员的报刊、电台之类的传播组织居间的传播渠道,具体分为印刷媒介(报纸、杂志和书籍)和电子媒介(电影、广播和战后才出现的电视)。"[①]美国学者丹尼尔·杰·切特罗姆在分析早期电影对美国人的影响时指出,由于电影奇妙地将技术、商业性娱乐、艺术和景观融为一体,创造了一种新型的文化:"到二次大战末,电影媒介已建立起一种新的大众文化,即继印刷文化之后的艺术、娱乐、大商业和现代技术的汇合,它符合大众的口味,又从大众中获得力量。这种新的大众文化把

---

① 威尔伯·施拉姆、威廉·波特著,陈亮等译:《传播学概论》,北京新华出版社1984年版,第2页。

作品和制作过程联系在一起,这二者都不符合旧的文化学说的模式……对于大众来说,看电影已成为社会生活的重要内容,成为一种体验和解释同代人或家庭的共同价值观的新方法。"①

第二,在文化产品的生产上,大众文化是一种复制文化,具有标准化生产和大量制造的特点。在这一时期,高度分工与分化的劳动工序制度,越来越成为城市文明的基本规则。1910 年到 1916 年,福特率先在美国的底特律工厂和停车场的 T 型车的生产中开始了大规模的生产方式,将一个单元的 18 道操作工序分解成高度标准化的 7882 种专业化工作。与此相配套,泰勒对劳动过程进行研究,创造出旨在提高效率的管理规则,使流水线上每一个人都像机器上的一个部件一样,在规定的时间内完成规定的动作。福特主义和泰勒制的出现标志着大规模、标准化生产工业体系的形成,在这种工业体系中,每一个公司都由许多不同的专业部门组成,并且每一项产品的组建都由流水线最终装配完成。文化产品同一般的商品生产一样,是用批量生产、重复模拟、标准化、程式化的方式"制造"出来的:影视剧中的故事、情感、意蕴和场景基本按通用的框架、固定的套路,形成了武打、言情、警匪、伦理、体育等众多类型片、类型剧;电影胶片、录像带、录音带、光盘源源不断地从自动化的生产线上生产出来……文化产品大规模复制的必然结果是文化艺术的创造精神和自由本质被破坏,文化产品具有无深度性、单一性和类型化的特征。

第三,在消费的需求上,大众文化是一种娱乐文化,是满足现

---

① 丹尼尔·杰·切特罗姆著、黄静生等译:《传播媒介与美国人的思想》,中国广播电视出版社 1991 年版,第 64 页。

代都市大众感性愉悦的日常文化形态。由于生产规模的扩大标准化程度的提高,劳动者在劳动强度加大的同时闲暇时间相应增加,获得了更多的人身独立性,拥有了一定的私人领域。随着大众受教育程度的普遍提高和宗教的衰微,大众以追求感官的娱乐为目的,需要用以填补私人生活空缺的文化产品。商家在经济利益的驱动下,大量开发生产这一类文化产品,充分迎合、满足大众的感受,引导大众消遣和娱乐。由于世界上的第一家电视台1936年才在英国成立,电影20世纪30年代才进入有声电影时期(当时主要是战争片、警匪片、娱乐片、动画片、广告片),这一时期的主流媒介是报刊。在内容上,各大报刊除了专门增设的娱乐版,政治新闻与言论日益减少,取而代之的是大量充斥着犯罪、丑闻和灾祸的社会新闻、犯罪新闻,"通过骇人听闻、华而不实的新闻内容把新闻变成最适合报童大声叫卖的东西",①新闻娱乐化了。在形式上,一些报纸争先使用新闻图片、幽默画、插图、彩色连环画、连载小说等方式来吸引读者,标题常冠以红色或黑色的特大字号,以强化刺激性和煽情性。与世俗生活紧密相关的大众文化产品渗透进日常生活,使人们在符号与影像世界中沉溺于感官的享乐和满足,受制于媒体的掌控和左右,淡化了官方主导文化的意识形态色彩,摈弃了精英文化的神圣性和对理性的思考探寻。

面对现代都市大众感性的沉沦,面对物质文化对精神文化的压制,面对"小传统"对"大传统"的冲击,现代知识精英由现代之初的启蒙转向与大众文化的对峙,力图在宗教衰微之后,将艺术推举

---

① 迈克尔·埃默里、埃德里·埃默里著,展江、殷文主译:《美国新闻史》,新华出版社2001年版,第223页。

到现代信仰的高度,对现代人实施审美"救赎"(韦伯)。在理论上,文化精英一是为艺术划定"疆域",强调艺术自律;二是持文化批判的立场,反抗和颠覆资本主义的日常现实。在创作实践上,现代艺术以反叛的姿态出现,表现出反传统、非人化的激烈倾向。

在西方美学史上,康德是现代美学的奠基者,他第一个从理论高度对艺术的自律性做了系统阐述。在康德的理想中,美是想象力的"游戏",与善的判断不同,美的判断是一种情感判断,这种判断以"自由"为特性,既不受对象的束缚又与对象的概念无直接联系,是一种超功利的审美愉悦,因而美的本质在于"无目的的合目的性"。虽然在康德之前,鲍姆加登已创立了美学学科,并将之界定为"感性学",但他是站在理性主义的立场看待审美和艺术活动,将美学的对象规定在人类认识中的感性认识。是在康德之后,真正纯审美、纯艺术的疆域才分划出来。席勒进一步发展了康德的"游戏说",指出人身上存在着感性和理性两种对立因素,感性冲动和理性冲动与之相对应:感性冲动是人力图将内在理性变为感性现实的欲求;理性冲动则是竭力使感性内容获得某种和谐的理性形式的欲求。理想的人性应该是感性与理性、自由与生存的和谐统一,由于艺术形象是感性与理性和谐统一的"活的形象",在审美的"游戏冲动"中人既得到了感性冲动的满足,又伴随着自由创造的愉悦,所以面对人性的分裂和堕落,可以用审美教育的方式予以拯救。

总的看来,"(整个 19 世纪),艺术之所以重要是因为如下两个原因:探讨人性最深层问题,作为一种重要的人类追求,艺术由此得到了自身的确证和尊严。伟大的诗人或天才在大众面前显出庄严的神态,亦即一种预言家和宗教奠基人的模样,一种对世界负有责任的政治家的威严姿态,这是引人注目的现象。"① 作为启蒙运动的直接产物,这一时期的美学观和文艺观虽然关注人的异化,强调艺术是感性与理性的统一体,重视艺术在人性解放中的作用,但这些观念一是还停留在精神领域,二则还未完全背离理性主义的传统。

真正与传统决裂,最早高举非理性主义旗帜的是叔本华和尼采。现代人本主义美学的前驱叔本华极度贬低理性,认为意志是世界的本源,也是人的精神活动和行为的本源,他秉承康德审美判断无利害的观念,探索生命的内在意义,重视直觉和悟性,把否定和超越意志作为艺术的最高境界和艺术的价值所在。但叔本华是一个悲观论者,指出"欲求和挣扎是人的全部本质",意志是盲目的,人的欲求永无休止,"人的存在和生存本身就会成为他不可忍受的重负。所以人生是在痛苦和无聊之间像钟摆一样来回摆动着;事实上痛苦和无聊就是人生的两种最后成分"。② 深受叔本华影响的尼采则认为应该热爱生命,为生命创造出意义来,认为艺术的本质是对苦难人生的慰藉和拯救。尼采探寻希腊神话产生的深层心理根源,赋予古希腊神话中的日神阿波罗和酒神狄俄尼索斯两个形象的象征意义,把日神精神和酒神精神视为人生命本能的体现:日神是光明之神,它将生命审美化,使人在审美的梦幻中忘却人生的苦难;酒神精神则破除幻觉,直面人生的痛苦,在酣醉狂喜的状态中解除人的个体化束缚与世界的本体相融合,把现实的

---

① 奥尔特加·加塞特著、周宪译:《艺术的非人化》,载《激进的美学锋芒》,中国人民大学出版社 2003 年版,第 143 页。
② 叔本华著、石冲白译:《作为意志和表象的世界》,商务印书馆 1982 年版,第 292 页。

苦难化作生命的愉悦。酒神精神作为永恒的本原的艺术力量,①是尼采美学和文艺思想中最为核心的范畴。继叔本华和尼采之后,现代人本主义美学都延续了反传统的倾向,强调审美主体的作用,追求审美的绝对自由和超越,用非理性因素来解释艺术创造和鉴赏的本质。

正是在非理性主义哲学思潮的影响下,现代艺术体现出强烈的反传统趋向。如果说在 19 世纪,现代主义早期的创作中艺术与生活的模仿关系并未完全割断,进入 20 世纪,先锋派艺术相对于大众文化的勃兴,精英特性愈加突显出来,呈现出"非人化"的趋势,现代艺术一方面与生活隔绝开来,另一方面与传统艺术也彻底决裂了。奥尔特加指出:"在分析本世纪新艺术的风格时,我们发现它包含了几个密切相关的倾向。新的风格倾向于:(1)将艺术非人化,(2)避免生动的形式,(3)认为艺术品就是艺术品而不是别的什么,(4)把艺术视为游戏和无价值之物,(5)本质上是反讽的,(6)生怕被复制仿造,因而精心加以完成,(7)把艺术当做无超越性结果的事务。"②这其中,宣告艺术自主的先锋派也陷入对自身的否定中,"自杀性的艺术不断地变成艺术,变成不可思议地导向艺术留存和胜利的自我否定。"③而在这种自我否定中,现代艺术最终成为反艺术的艺术。

这种反艺术的倾向与对大众文化持全盘否定态度的阿多诺等人殊途同归,都表现出对资本主义日常现实的反抗和颠覆。与阿

---

① 尼采著、周国平译:《悲剧的诞生——尼采美学论文选》,生活·读书·新知三联书店 1987 年版。
② 奥尔特加·加塞特著、周宪译:《艺术的非人化》,载《激进的美学锋芒》,中国人民大学出版社 2003 年版,第 137 页。
③ 同上书,第 142 页。

多诺同属法兰克福学派的第一代领军人物的马尔库塞和霍克海默都是文化工业或说大众文化的最激烈的批判者。

从接受者的角度看,大众成了马尔库塞所说的"单向度的人",被技术手段、商家强制与操纵。马尔库塞和霍克海默将这种文化概括为一种"肯定文化",其本质的缺陷在于文化产品"意义"的丧失,具体表现在工具理性完全凌驾于价值理性,文化生产的工厂化、工艺化或制作化,使文化产品可量身定做、机械复制、批量生产,大量生产的标准化文化产品必然使受众丧失自己主体的思维和语言,乃至思想,取而代之的是感性化、同质化和简易化倾向。阿多诺将之称为意义的危机,指出真正的文化应当是具有否定性的文化,否定的艺术应当具有批判功能。

从生产者的角度看,文化产品的创造不仅凝聚了艺术家的智慧和心血,而且作为物态化生产过程的产品,还凝聚了其他劳动者的付出,具有一定的交换价值。但在商品市场,交换价值往往凌驾于使用价值之上。例如文化工业就使使用价值彻底臣服于交换价值,因为任何文化产品的生产者都以实现利润的最大化作为自己的目标,迎合文化产品接受者的需求就成了文化工业的必然选择。对大众的过度迎合使文化产品的提供者只能被动地生产,而不可能实现自由创造,这样必然导致超越性的丧失,导致平庸化、非个性化。

不过,文化精英审美救赎的理想一方面在现实中受到遏制,另一方面其自身也存在难以规避的问题。法兰克福学派的早期学者虽然在文化批判上取得了巨大成绩,他们对启蒙理性的质疑也一直是后人反思历史、对现存文化进行批判的内在动力。但现代艺术一方面"在精神气质上表现出强烈的绝望感和否定性,寓示着现代人成为在时间上与传统断裂、在空间上与万物隔绝的孤独生存者";[1]另一方面,现代艺术虽然向人内心开掘的程度不断加深,但因过于偏重自我审视而抛弃了艺术反映现实的职能,艺术与生活的血脉联系被切断,最终因越来越形式化而缺少鲜活的生命力。正因如此,大众文化和精英文化的发展趋向引发了一些悲观论断,有学者就将这种现象称作"文化悲剧"(齐美尔),将这一阶段称作"文化的秋天"(斯宾格勒)。

三、消费主义时代的文化景观

20世纪中叶,西方资本主义社会迈入了一个新的阶段,第二次工业革命已经完成,世界上有七十多个国家实现了工业化的目标。这些发达国家由于经济和技术的持续发展,大量富余产品的出现、劳动者收入的普遍提高及闲暇时间的不断增多,培育出了一个巨大的城市消费群体,即消费大众。借助先进的大规模复制技术和传播技术,过去只能为少数人享受的精神产品迅速走进千家万户,以个性化和理性选择为特征,以符号化和象征化为表现形式的消费文化在西方形成。消费大众既不同于劳苦大众,又不同于脱离生产活动的贵族阶级,他们摆脱了在温饱线上挣扎的状态,有较好的和稳定的收入,受过教育——其中不少还受过高等教育,享有闲暇时间。与劳苦大众相比,他们的生存状态和生活方式发生了很大的改变:他们既是劳动者,又是有钱者、有闲者和有识者;消费大众也必然有自己的文化诉求和文化表达,他们打破离群索居、

---

[1] 王茜:《现代艺术的生态审美批判》,《云南大学学报(社会科学版)》2006年第5卷第4期。

自我封闭的状态,渴望相互沟通与认同,渴望感受群体的凝聚力与文化向心力所产生的生存氛围和共鸣效应;在物质需求得到一定满足的情况下,他们的精神需求极大地增长起来,文学、艺术、影视、体育、旅游、娱乐、网络等活动,在生活中占据了越来越重要的位置。

消费大众又是一个具有两重性的复杂构成:彰显个性和盲目从众。一方面,传统社会的阶级区分被消解,大众依不同性别、年龄、职业、阶层、经济收入、文化修养、兴趣爱好而分化为若干不同的消费群体,不同的消费群体有不同的消费意识和消费品位,消费个体在众多的消费对象和消费方式中选择符合自己意愿的目标,消费甚至成为主体自我表达和取得身份认同的一种方式;另一方面,由于商家和媒体引导消费甚至"制造"需求,大众个性迷失而从众倾向使之具有一种整体上的相似性。在文化市场上,消费大众一方面为现代媒体所操控,一方面也通过市场之手表达着自己的文化选择,并挤压着官方文化和精英文化。"消费大众普遍的文化需求和共同的文化人格作为构成大众文化形态的市场空间和主体条件,对传统文化形成了巨大的冲击:文化走向了普通大众,消费大众成了社会的消费主体,大众文化成为社会文化的主流,成为多数人的文化,社会结构从以生产为中心转化成以消费为中心,进入了消费主义时代。"①

在消费主义时代,文化呈现出既多元发展又相互融合的趋势,具体看表现在两个方面:一方面,虽然无论何时都需要坚守艺术的纯粹性,但一直以来代表着"大传统"的精英文化的权威性受到挑

---

① 施惟达、樊华:《消费主义时代的精神生产》,《文学评论》2006年第3期。

战,最终不得不沦为多元文化中的一元(当然理应是最重要的一元);另一方面,精英文化与大众文化也呈融合的趋势,"将审美消费置于日常消费的领域的不规范的重新整合,取消了自康德以来一直是高深美学基础的对立:即感官鉴赏与反思鉴赏的对立,以及轻易获得的愉悦与纯粹的愉悦的对立。"①在这样的时代,注重消费的城市大众生活方式已成为整个社会的主导生活方式,并借助大众传媒把乡村生活方式也融合、统一到城市生活方式中。这在经济上,表现为从工业经济转变为服务型经济,"如果工业社会的定义是根据作为生活标准标志的商品数量来确定的话,后工业社会的定义则根据服务和舒适——保健、教育、娱乐和文艺——所计量的生活质量的标准来确定的。"②较之工业型经济,服务型经济高度重视人的因素,产品包含了更多的文化方面的诉求,具有更强的文化和象征性的特征。工业经济向服务型经济转变的结果一方面是文化商品化、经济化,另一方面经济也文化化了。

　　经济结构的转化必然导致产业结构的变化。在各个时代不断变化发展的社会经济系统中,总有一些产业门类独领风骚:封建社会,种植业占绝对统治地位;自由竞争的资本主义初期,棉纺等轻工业显赫一时;垄断资本主义时期,钢铁等重工业占据霸主地位;20世纪60年代以来,科学技术的飞速发展,特别是传媒技术的发展影响推动着整个社会的变革,在知识经济的推动下,信息产业和文化产业迅速崛起,这个时代也被称作信息时代(网络时代)、后工

---

　　① 布迪厄:《区分:鉴赏判断的社会批判》,载罗钢、王中忱主编:《消费文化读本》,中国社会科学出版社2003年版,第49页。
　　② 丹尼尔·贝尔著、高铭等译:《后工业社会的来临》,商务印书馆1984年版,第20、143页。

业时代。在这一时期,文化产业、信息产业与大众文化的紧密联系、相互作用,使文化呈现出不同于以往的特点:

第一,大众文化将商品的逻辑全面渗透到文化领域,文化商品化了。这一时期文化商品化的一个突出表现是,所有文化产品的生产和消费活动,都是通过市场,运用市场化的手段和方式完成的。消费大众的生成和社会消费方式的脱物化、大众化和市场化转向给文化生产带来巨大影响,不同于传统社会中的消费阶级依靠特权来获得消费品,消费社会中的消费大众都是平等的消费主体,不通过市场,不运用市场化的手段和方式,不可能为消费大众提供适应他们消费需求的产品。因此,这一时期的文化生产,包括文学艺术的生产都经历着从属于市场成为一般商品的过程,所有商品都不再只是具有传统意义上的使用价值,交换价值与其他价值的冲突日益显著。如果说上一阶段的突出特点是官方主导文化、高雅文化、民间文化与通俗文化在现实中的分化和学理上的区分,这一时期的特点是"去分化"。在市场的整合下,精英文化与大众文化之间的界限、生活与艺术之间的界限、各门艺术之间的界限被打破了,文化的多元互渗成为这一时代的重要景观。

第二,文化企业将文化产品的大规模生产与大规模的商业运作紧密结合,形成了产业化机制。文化产业以追求利润最大化的企业经营管理为核心,按照工业标准对文化产品和文化服务进行大规模商业运作,通过有效的市场化和产业化组织形态,对可经营性文化资源进行可持续的简单再生产和扩大再生产。由内容创意、生产输入、再生产和交易四个链环相互交融构成的庞大文化生产体系,把不同的参与者连接起来(包括艺术家、经纪人、生产商、销售商等),通过分工协作,把文化价值转化换为商业价值,又以商业价值的实现过程促成文化价值的传播。由于商品日益丰富并趋向同质化,商品中精神性的观念价值所占比重越来越大,如果说在工业社会,经济生产是以交通、矿产资源、能源、技术、金融资本等为核心要素,制造是产品的基本生产方式的话,在后工业社会,产品的基本经济价值源自于它们的文化价值,创意构成了产品的主要内容。文化产业以生产符号性商品与信息为主,通过符号意义的生产,引导着消费趣味与消费时尚,使消费者按其倡导的"理想方式"生活。符号商品供给的不断增长导致从事其生产、服务、市场开发和传播工作的文化媒介人数量大大增加。

第三,信息时代大规模发展的媒体生产既是经济结构、产业结构的组成部分,也成为社会结构的组成部分,全面渗透和影响着大众的日常生活。一方面,大众传媒生产出大量文化(符号)商品,并借助广告和媒介的推波助澜,制造流行与时尚,刺激和引导消费者的消费。大众传媒借助高科技手段,通过图像、声音等模仿出逼真的经过拼贴的"现实",亲临"现实"的大众通过"影像世界"来认识生活,这样制造出的影像空间割裂了和实际生活的真正联系,也消解了符号经由历史积淀蕴含的意味,视觉取代语言成为文化的表述方式,一切都走向表面。另一方面,工业社会强大的群体化传播工具已被非群体化传播工具削弱,打破标准化正成为趋势,以网络为代表的新媒介改变了过去从中心到边缘的传播方式,大众向小众分化:有线电视数字电视进入家庭,使观众非群体化;内容不同的广播电台,吸引了不同专业爱好的听众;大型杂志被小型杂志取代……总之,无中心的、共时性极强的现代传播把一切都空间化了,文化也处于一种无中心的状态中。

第四,文化生产从以往的以生产为本位转向以消费为本位,竭力迎合市场和消费大众的需要。传统文化中,"消费"一词往往超出对生活基本需求的满足,而带有奢侈、浪费的色彩。在森严的等级观念影响下,消费俨然成为上层阶级特权的徽章;而在消费社会中,消费既是大众生活的主题,又是社会生活、生产的目标和主要动力。随着文化观念在商品价值评估中作用的增大、大众文化水平的提高和技术的进步,人们的消费结构和消费方式发生了根本的转变,满足基本物质需求的吃、穿、用、行的比例逐渐降低,注重产品意义的消费方式成为主导:所有的消费行为都具有意义交流功能,都可以通过消费者的消费方式和消费内容向他人传达出消费者有意无意地传递出来的信息——消费者的身份、兴趣、教养等。这样的消费活动中,人们更多的是对符号意义的消费。当然,这里的意义不再是精英们努力探寻的人存在的终极意义和价值,在这些"意义"的背后,是大众日益泛化、膨胀的感性欲望,大众文化也因此被称作一部欲望生产的机器,在满足大众欲望的同时,又在催生新的欲望。视觉狂欢、娱乐至上,无论这是人性的解放还是人类的沉沦,人的一切欲望都经由大众文化市场表达与生产、释放与消费,从而颠覆了传统文化的内涵,打破了传统文化的边界。

四、对生态文明的向往和探寻

在启蒙思想家高扬理性的旗帜对未来所做的宏伟规划中,科学和民主把人类引入自由美好的境界,但在现代化进程中,既有巨大的变革和进步,又不断出现危机与困惑,现代化在给人类带来巨变的同时,与理想严重相悖的是,自然生态环境、人内在的精神生态、整个社会文化生态都遭到极大破坏,因此西方学者对现代性的批判和反思一直没有停止过,从卢梭"回到自然"的呼吁,马克思对

"劳动异化"的揭示、尼采"重估一切价值"的反拨,到法兰克福学派的文化批判贯穿了现代化的进程。特别地,在20世纪60年代以后,这种批判演变为全面的解构,汇聚成一股强大的文化思潮:利奥塔最早"向总体性宣战",质疑科学和理性的合法性,解构了现代性的宏大叙事;德里达通过解构式的阅读,力图解放一切人为制定的传统规范,解放哲学、文学、伦理和宗教;福柯则运用系谱学的方法揭示了传统哲学的先验性和非历史性,斥之为压制人性的话语权机构。

总之,这场被称作后现代主义的文化思潮一开始便彻底颠覆了现代以来建立在理性主义之上的价值体系,用差异性、平面性、偶然性、碎片性、游戏性等对人类现代以来的精神成果全部予以抹杀,只不过这种否定性的取向虽然具有激烈的批判性,却并不能真正解决现代性的危机,甚至使人类的精神彻底陷入虚无之中。正因如此,哈贝马斯发表了《现代性:一项未竟的工程》,挑战福柯、德里达等人的反现代立场,提出了交往行为理论和话语伦理学,力主以此为基础重建"交往理性",从而建立起平等、自由、公正的世界秩序。哈贝马斯所表现出的肯定倾向最终与建设性的后现代主义合流,成为推动社会向前发展的一支积极的力量。

建设性的后现代主义与解构的后现代主义相对,努力实现现代精神向后现代精神的过渡,并从实践上提出了许多富有创造性的建议。① 与哈贝马斯不同的是,建设性的后现代主义是以对现代性的解构为前提的,自认为"建设性的后现代主义者"的大卫·格里芬就指出:"我们可以,而且应该抛弃现代性,事实上,我们必

---

① 王治河:《论后现代主义的三种形态》,《国外社会科学》1995年第1期。

须这样做,否则,我们及地球上的大多数生命都将难以逃脱毁灭的命运。"①格里芬的同道伯姆认为:"在整个世界秩序四分五裂的状况下,如果我们想通过一种有意义的方式得到拯救的话,就必须进行一场真正有创造力的全新的运动,一种最终在整个社会和全体个人意识中建立一种新秩序的运动。这种将于现代秩序有天壤之别,就如同现代秩序与中世纪秩序有天壤之别一样。我们不可能回到前现代秩序中去,我们必须在现代世界彻底自我毁灭和人们无能为力之前建立起一个后现代世界。"②

在大卫·格里芬们的理想中,生态文明是拯救现代工业文明危机的全新的文明,因此他们又被称作生态后现代主义者。生态后现代主义在19世纪末美国的资源保护运动、20世纪60年代以来遍及欧美的生态革命,以及逐渐向社会科学和人文精神领域深化的生态批评、生态伦理学、生态哲学之后,努力超越过去数千年的主流,转变现代人的思维方式,体现整个人类生态智慧,以寻求新的重大突破,体现出要建构一个全新的人类"生活世界"的积极趋向。③

正是在遍及全球的生态文化思潮的影响下,走向生态文明已成为21世纪的主导方向,而且现代人这种修复、重建失去家园的强烈诉求既表现在物理意义上也表现在精神意义上。在物理意义上,20世纪60年代以来,西方发达国家为了解决自然生态危机和

---

① 大卫·格里芬编、王成兵译:《后现代精神》,中央编译出版社1995年版,导言《后现代精神和社会》。
② 同上书,第75页。
③ 同上书,第25、27页。

保障国民生存福利,在政治、经济等领域掀起了一场生态革命。这场革命的导火索是1962年生物学家卡逊发表的《寂静的春天》,在这之后,环境运动空前高涨,发达国家越来越多的有识之士走上街头宣讲保护环境与人类切身利益的关系,揭露生态环境的破坏对人类造成的潜在威胁,号召人们起来维护地球的健康和生态环境的良性发展。1972年,第一次联合国全球环境会议在斯德哥尔摩召开,有113个国家的首脑出席了会议,讨论全球环境的经济、政治和社会问题,创建了联合国环境规划署(UNEP)。在全球生态政治的大格局影响下,有关生态环境问题的研究著作大量出版,通过学术上的论争,学界对环境的认识逐渐由功利主义转向对自然的内在价值的尊重,社会活动的各个领域都形成了走向生态伦理的趋势,并写进了联合国的发展规划中:"关心地球的目的,将通过明确两方面的要求:一方面是要求普及和领会一门新的伦理,即持续生存的伦理,并把伦理转变为具体的实践;另一方面,是要求把保护自然和社会发展结合起来,使我们的行动保持在地球承载阀限之内,并使不同地区的人们都得到发展,享有长久、健康而充实的生活。"[①]在生态文化运动中,人们也越来越意识到生态危机的根源在工业文明的深层,并进一步从精神意义上探寻危机产生的根源。1972年阿恩·奈斯发表《浅与深——长期的生态运动》一文,最早提出了深生态学的概念。作为一门生态哲学,深生态学力主从浅生态学一直针对的对自然生态环境的保护,转向关注整个生态系统的稳定,考虑环境问题的政治、经济、社会、伦理因素,并

---

① 联合国环境规划署、世界自然保护同盟、世界野生生物基金会共同编制:《关心地球——持续生存战略》,1991年10月。载王治河主编《后现代主义词典》,叶平撰"生态革命论"条目,中央编译出版社2004年版,第550页。

进而推动人类行为、态度和直觉等方面的系统改革,以寻求主导性的世界观和现代社会结构的根本性转变。① 正是本着这种生态精神,很多学者把目光投向原始文化、少数民族文化、东方文化等一直以来处于文化"边缘"的文明传统,在文化回归或与异文化的对话交流中寻找具有超越性的精神资源,以革新自己的文化观念。

其实,远在生态文化运动之前,这种对生态文明的向往在文化领域、审美领域就有所表现。面对人与自然、人与现实生活的隔离,面对现代人精神上的痛苦,最早洞悉工业文明弊端的卢梭就发出了"回到自然"的呼吁,认为处于原始文明时代的人保有自然的本性,他们自由自在地劳作,拥有丰富、完整的精神世界,生活充满勃勃生机。斯宾格勒对此亦有着强烈的迷恋与向往,并将之比喻为文化的春天,认为文化的春天充满活力,人与大地是一种原初的亲昵关系,文化保留了自身原始质朴的本性,是具有乡野直觉的梦幻心灵的伟大创造。②

18世纪末19世纪初,就在斯宾格勒慨叹西方没落的前夜,也是新古典主义崇尚的"理性"彻底僵化之时,"人民"或"民众"(ordinary people)的文化曾经是欧洲知识分子感兴趣的一个主题。德国作家赫尔德在1778年的一篇获奖文章中论述了诗歌对古代和近代各民族伦理的影响,有说服力地表达了"民歌"一词背后隐藏的观念,并将之与高雅文化或者说与少数人把持的代表大传统的习得文化(learned culture)相对应。他指出,诗歌曾经拥有一种现已丧失的道德效力,在早期的希伯来人、希腊人和北方民族中,

---

① 王茜:《生态文化的审美之维》,上海世纪出版集团2007年版,第13页。
② 斯宾格勒著、陈晓林译:《西方的没落》,黑龙江教育出版社1988年版,第20、220页。

诗歌被视为神品,它以口相传,和曲吟诵,并负载实际功能。文艺复兴时代以后,受过教育的人所写诗歌只是供欣赏的,与音乐无缘,与其说有其功能,还不如说是无病呻吟。赫尔德认为,当时唯有民歌依旧保持了早期诗歌的道德效力,真正的诗歌属于一种后来被描述成"有机的共同体"的特殊生活方式,带着那些"常常比我们更有道德的被我们称作蛮族(Wilde)"的民族的恋旧情怀。诚如他的朋友歌德所说:"赫尔德教我们把诗歌视为全人类的共同财富,而不是少数风雅文人的私有财产。"

诗歌与人民的联系在格林兄弟的作品里受到了更多的重视,在论述尼伯龙根之歌的文章中,雅各布·格林指出,该诗是佚名诗,"各个民族的诗歌常常如此,而且必定如此,因为它们属于全民族",它们的作者身份具有公共性,不是个人创作出来的。格林把通俗诗歌形容为"造化之诗"(naturpoesie),因为每一部史诗如同树木一样,是自然生就的。赫尔德在1774年到1778年出版了一部歌曲集,他给这本歌曲集起的书名就是《民歌集》,格林兄弟也从民间的口述传统中收集故事,编写了著名的《格林童话集》。在赫尔德和格林兄弟的影响下,一部又一部民族歌谣集出版,民歌、民间童话、民间英雄传奇、民间故事、民间娱乐、民间戏剧等词汇的使用频率越来越高,1846年,民俗(folklore)一词在英语中出现,一个新的学科领域渐渐呈现出来。[①]

尽管这一时期文人们收集的文化严格说来已不完全是民众自己创造的、真正居于"主位"的文化,而是被文人学者们"发现"并且

[①] 彼得·贝克著,杨豫、王海良等译:《欧洲近代早期的大众文化》,上海人民出版社2005年版,第1~5页。

加工、改造过的"客位"的文化，但这一"发现"的背后是现代民族国家正在形成，现代知识精英重视人民，把行为、风俗、习惯、迷信、民谣、谚语等作为一个整体，表现了特定的民族气质。因此，对民族民间文化的发掘在很大程度上是一系列的本土主义运动：在政治上，采集民歌的热情在一些国家成为民族自我定位和民族解放运动的组成部分，与民族主义的兴起可以说是紧密相连；在美学上，发现民族民间文化被认为是文化原始主义运动的组成部分，它是对启蒙理性的反动，反对启蒙者对传统的抛弃，反对其中的精英主义，反对将文艺与生活、与实际的功用隔绝开来。

对19世纪初大多数出身于上层阶级的知识分子而言，人民不只是神秘的他者，也是崇拜和模仿的对象，人民身上具有很多自己所属阶层不具备的东西：朴实生动、没有"文化"、注重感性、扎根传统与乡土。在一定程度上，"未经雕凿"成了褒义词，上层阶级的精英分子们创造的文化和艺术与之相对，"矫揉造作"成了反义词。从司各特到普希金，从雨果到裴多菲，诗人们以民谣为师，创造了大量优秀作品。理论上，维科崇尚人类最初充满想象力和创造力的"诗性智慧"，认为这种创造性智慧作为一种心理功能，始终是人类文明发展的重要基础；卢梭强调处于自然状态的人，才能够体现真正的人性；蒙田为流浪艺人辩护，洗刷他们受到的批评，建议政府对他们给予支持。

发现者还一再提醒人们关注濒临消失的"部族文化"，司各特就相信，他的同时代人确实是在倾听着吟游诗人的绝唱，因而把一位歌手形容为"或许他就是我们的最后一名职业民谣歌手"，并说另一位歌手"很可能就是吟游歌手这个正当职业中的最后一人"。司各特宣称，他收集苏格兰边境的民谣是为了"对我祖国的历史做些贡献;她的行为和性格特色正在一天天地融化并融入她的姐妹和伙伴的行为和性格中去"。遗憾的是,这场原始主义的文化潮流未能撼动启蒙主义构筑的科学、理性、知识、主体、进步的大厦,城市化进程势不可挡,民族民间文化步步退却,被平原和城镇兴起的工业赶进孤独的山区,精英们不得不转而与勃兴的大众文化展开较量,艺术越来越远离生活,失去了现实的功用。

当然,虽然以卢梭为代表的精英在这一时期的文化回归倾向很多时候被称作是文化原始主义的,但究其实质这种回归的诉求中蕴含着超越现代性的困境,在更高的层面上创造人类美好未来的希冀。"卢梭是大量当代文化和自我探索的哲学的起点,也是使自主的自由成为德性的关键的这一信条的起点。他是现代文化转向更深刻的内在深度性和激进自律的出发点。"[1]正是本着这样的理念,生态后现代主义者立足现实,在更高的层面上反思过去并着眼于未来,提出了许多建设性的构想,其中与"回到自然"相呼应的观点主要表现在两个方面:

第一,与启蒙运动中倡导自然的"祛魅"(韦伯)相对,力图在现实人生中恢复神圣性的维度,为自然"复魅"。"我们的祖先有过一个宗教的归宿,这个归宿给了他们根基,不管他们求索彷徨到多远,根基被斩断,个人只能是无家可归的漂泊者。"[2]在宗教衰微之后,启蒙理性成了打着科学主义旗号的新的宗教和独裁,它从根本上动摇和侵蚀了从前把人们结合在一起的社会结构和价值结构,彻底改变了人们的生存状况。

---

[1] 查尔斯·泰勒著、韩震等译:《自我的根源》,译林出版社2001年版,第559页。
[2] 丹尼尔·贝尔著、赵一帆等译:《资本主义文化矛盾》,生活·读书·新知三联书店1989年版,第158页。

具体看,首先是个体的原子化。现代人在支配整个社会的等级与科层制度中按照理性化原则运转,表现出高度的一致性,人与人之间不存在质的差别,个人渐渐失去其个性而成为被操纵的社会"原子"和单位。并且人们之间的接触不仅是纯粹形式上的和契约性的,而且他们对道德完善也缺乏更深的感受,在社会和道德两方面都被原子化了。其次是生活碎片化。早在18世纪席勒就指出,在人类的童年阶段,人与自然(现实)本来是和谐统一的,人性亦是完整和谐的,而现代社会人与自然(现实)之间出现了对立,人性也面临分裂的危险,"人只能发展他身上的某一种力……成为与整体没有多大关系的、残缺不全的、孤零零的碎片……失去了他的性格的完整性。"[1]

20世纪中叶以来,碎片化成为现代人普遍的生存状态:一方面是生存的破碎性。交通与通讯的便利,极大地缩短了时空的距离,加快了生活的节奏,现代生活的瞬间性和偶然性取代了完整、静态、恬淡的传统生活;另一方面是经验的分裂性。碎片化象征着现代文化的多元化,以及理解和解释现代文化的多种可能性。如社会交流的增强和冲突的加剧,使政治和文化具有双面性,这使现代人的生存经验变得支离破碎;另外,人的生存理念也发生了很大改变,在技术化的世界中,人的存在从传统形而上学的本质存在或本体论式的价值存在转变成了形而下的或经验性的存在,人不再以整体性的人格概念为基础。[2]

---

[1] 席勒著、冯至、范大灿译:《审美教育书简》,北京大学出版社1985年版,第78页。

[2] 周宪主编:《文化现代性与美学问题》,中国人民大学出版社2002年版,第19页。

大众文化正是应现代人试图从个体现世的感性生命中寻找存在的价值和意义到而生,竭力迎合都市人的感性愉悦需求。大众传媒生产出大量文化(符号)商品,并借助广告和媒介的推波助澜,制造流行与时尚,刺激和引导消费。作为大众欲望的生产机器,传媒借助图像、声音等模仿出经过拼贴的逼真的"现实",亲临"现实"的大众通过"影像世界"来认识生活,这样制造出的影像空间割裂了和实际生活的真正联系,也消解了符号经由历史积淀所蕴含的意味,视觉取代语言成为文化的表述方式,一切都走向表面,人们置身于高科技营造的虚拟的"仿像"空间。这似乎意味着,大众试图安放生存意义的感性生活也成了一堆能指的碎片。

正因如此,生态后现代主义者将"自然的复魅"作为重要的应对策略。当然,这也并不是回到中世纪,"它并不简单意味着……依靠伟大的一神教统治,依靠信奉高居于天国而执掌着尘世事务的集权的、等级制的、父权制的神,来维持世界的一致性和宗教对世界的约束力。后现代的精神曙光将从一条完全不同的地平线升起,精神能量弥漫于作为一个整体的神圣宇宙中。"[1]所以"自然的复魅"与"回到自然"的共同之处都在于是着眼人类未来的发展,运用生态智慧阐释宗教内涵,使人类保有对大自然、对生命乃至对整个世界的敬畏之心,恢复对生命存在的价值意义的认识,为俗世的生活重新找到精神的依托。生态后现代主义者还指出艺术在"自然的复魅"中具有重要的功用,真正的后现代艺术将回归生活,承担起展现生活的神奇魅力、表现美、探寻真理的重任。

---

[1] 大卫·格里芬编、王成兵译:《后现代精神》,中央编译出版社1995年版,第127~128页。

第二，以强调内在关系的实在性为特征，引导世人重新将世界作为一个普遍存在的有机整体来看待。事实上，现代人生存的原子化、碎片化的一个重要根源在于现代以来将人与他人、他物的关系都看成是外在的、偶然的、派生的，与此相反，生态后现代主义者认为个体并非独立的存在，个体与他人、他物的关系，具体到与自身躯体的关系、与家庭的关系、与文化的关系、与自然环境的关系是内在的、本质的、构成性的，是"关系性的自我"："假如有什么东西可以用来替代将我们同他人、同我们的肉体、同我们的星球割裂开来的二元论的话，它难道不正是一种类似于这种关系性的自我（但必须适合男女两性）的东西吗？难道不正是我们必须从牛顿的原子观念统治下拯救出来的渗透性意识吗？它难道不正是对个体——自我和原子——的一种根本性的再规定，即一种只有在后现代才能出现的、处于无限关系之网中的新的个体意识吗？"①在生态后现代主义者的理想中，如果人能够意识到自己与自然、与社会、与他人的这种内在关联，每一个生命个体包括其他一切事物都是世界这个有机整体的一个构成部分，那么他将重新拥有家园感和亲情感。当然，为了维护世界整体的和谐，自我就必须有所节制，避免纯粹物质主义的倾向，如拒绝道德、政治和经济利益对宗教价值的控制，拒绝将社会、宗教、道德、美学和生态利益全部从属于经济利益等。总的来看，虽然生态文化运动包括生态后现代主义尚在发展的进程中，但它无疑为人类提供了一个理想的未来生存图景。

---

① 大卫·格里芬编、王成兵译：《后现代精神》，中央编译出版社1995年版，第112页。

第二节　全球化与中国特色的审美文化建设

现代化在世界范围内时空展开和叠压的特点通常被描述为全球化。现代化对欧美发达国家自身而言是一个历时态的发展进程，但在共时态上也是西方列强凭借工业文明积蓄的力量和在科技发展上领先的优势，把不同国家、不同地区都卷入现代化浪潮的过程。相应的，19世纪中叶以来中国文化经历着"千年未有之变局"，传统农业社会的封闭体系在西方列强凭借其领先优势掀起的现代化浪潮中被打破了，虽然中华民族凭藉深厚的底蕴和超强的调适能力避免了文化的灭顶之灾，但时至今日，中国文化由传统到现代转型的阵痛仍在持续。

一、中西文化的冲突与对话

1944年，全球化一词最早出现在西方人的著述中。1961年，globalization被正式收录到权威版本的韦伯斯特词典。在本质上，全球化是以西方文化为主导的一种"以经济为先导、以价值观为核心、以政治为辅成、以广义的文化为主体的社会合理化与一体化浪潮"，①但具体看来，全球化是一个包含了多层面、多重意义并不断衍生的概念，要对其内涵做明确的界定是困难的。全球化表现在人的主观感受和生存境遇上，就是现代传媒、通讯和交通工具致使时空压缩，世界的整体性和互动性加强，"天下真小"、"地球村"、"天涯共此时"的体验使人们产生了强烈的共同命运感。

---

① 王四达：《全球化：一个逻辑与历史的进程》，《中山大学学报》2000年第3期。

这样的变化也改变了传统的思考问题的方式,如既关注世界又关心自己,自己是地球人同时也是一个中国人。而当站在现代民族国家的高度面对由西方主导的全球化浪潮时,既放眼全球又立足于本土,要全力维护民族自身的文化"身份",这就导致在具体的过程中,全球化成为一个既压缩而又展开的矛盾统一体,"它包含一体化的趋势,同时又包含分裂化的倾向;既有单一化,又有多样化;既是集中化,又是分散化;既是国际化,又是本土化。"①

致力于全球化问题研究的德国社会学家乌尔利希·贝克将这一次的全球化称作"第二次现代化",认为它使一切都跨越了国界,空间距离已经彻底"死亡"。"第三次浪潮"在全球以前所未有的速度和规模进行的经济扩张和政治、文化渗透:

> 全球化向第一次现代化的基本前提提出了挑战,这个基本前提就是著名思想家亚当·斯密所说的方法学的民族主义,即一个社会的基本轮廓与民族国家的基本轮廓完全重合在一起。由于全球化使得国家和社会之间在它们的所有范畴都出现了与此相对的、多种多样的纵向与横向联系。以前把民族国家与社会当做地域上用边界相互隔离的组织与生活单位,现在这种基本设想结构不断崩溃。全球化说的就是民族国家与民族社会单位的破裂,一方面是民族国家单位、民族国家活动主体,另一方面是跨国活动主体、跨国认同、跨国社会

---

① 黄卫平:《全球经济与中国政治体制改革》,载俞可平、黄卫平主编:《全球化的悖论》,中央编译出版社 1998 年,第 50 页。

空间、跨国形势与发展进程,两者之间形成新的力量对比、新的竞争关系、新的冲突与相互关联。①

具体看,全球化首先是一场经济运动,在许多经济学家看来,全球化的最主要表现是全球经济和市场的一体化,是对经济技术资源进行全球范围的优化配置,其结果是世界资源的全球性优化组合。他们认为全球化是人类进步的先驱,全球信息共享、经济观念全球化、经济规则全球化是世界经济发展的必然趋势。其次是政治的全球化。在经济全球化的背后是内在的政治意蕴,它催生出与传统不同的政治理念。一些西方学者提出,"合乎逻辑的结论并不是简单由一个国家来统治世界,这只不过是一个过渡阶段,而是形成一个将波及整个地球的全部人种在内的单一政治组织。我们强大的动力技术正在推动我们迅速实现这样一个结局"。② 第三是文化的全球化。文化全球化作为全球化的另一个强烈效应,表现在经济文化化与现代大众传媒的飞速发展,导致现代人的生存境遇发生了根本的变化,人们赖以成长的文化环境已经超出了民族和国家的局限,而政治全球化也必然要求"文化合一"。对此西方理论家认为:应以一种超越国界、超越社会制度、超越意识形态的"普世价值"取代文化个性,实现整个人类都分享共同价值体系的同质性的全球文化。

在文化全球化问题上,最有代表性的被称作文化普遍主义的理论观点是以帕森斯为代表的"新进化论"和亨廷顿的"文明冲突

---

① 陈定家主编:《全球化与身份危机》,河南大学出版社2004年版,第7页。
② L.A.怀特著、沈原等译:《文化的科学——人类与文明研究》,山东人民出版社1988年版,第372页。

论"。新进化论认为人类社会的一般进化过程不是旧进化论描述的单一、均匀、有限的线性发展过程,而是间断性的、跳跃性的、呈螺旋状迂回前进的过程。帕森斯用"社会"和"文化"概念取代了"人类"和"人性"的概念,以"社会总体适应能力的提高"取代人性的进步,认为在人类行动的大系统中,文化子系统和社会子系统结合在一起,建立起在终极实在基础上的社会最高的指导原则,从而实现社会的维持模式的功能。因此,地理位置、自然环境等仅仅是人类生存的条件而不是决定因素,文化具有独立价值并能够重新改变人的生存环境,而具有独立意义的文化子系统也就可以从进化程度较高的社会,照搬到进化程度较低的社会,后者可以通过采纳前者的"先进文化"而实现社会的"跨越式"发展。[1] 这种文化形态的横向传播和移植理论在后来为许多"后进"民族的发展在某些方面提供了理论的依据,但这套理论构建者的出发点是,处于现代社会形态的是以为美国代表的强势国家,很显然其他落后国家都应该采纳他们的"先进文化",而美国的文化产品作为先进文化的载体,理应在全球得以推广。

与帕森斯强调的不同社会形态的"结构一致性原则"相反,亨廷顿认为不同的文化之间从来就存在着差异,并且这些差异是不可弥合的,文化全球化必然导致不同文明之间的冲突。他将之简化为三大文明冲突:西方文明、中华文明和伊斯兰文明之间的冲突,后两者尤其是两者联合起来,将对西方文明的扩张构成严重威胁,为此,西方应团结在美国周围共同对付中华文明和伊斯兰文

---

[1] 谢立中、孙立平主编:《20世纪西方现代化理论文选》,上海三联书店2002年版,第9页。

明,"西方文明能否在政治上和经济上走到一起,主要取决于美国是否再次确认自己的西方认同,并把自己的全球作用确定为西方文明的领袖。"①很显然,无论持何种主张,最终都归结到一点,就是西方国家应该在美国的"领导"下共同谋求维持西方文明的强势,并将之覆盖的全世界。

谁也无法否认,全球化已在文化领域显示出特殊的效应,全球性的文化交流和融合已经是不可辩驳的事实,电子、卫星和网络传播可把地球上的不同文化迅速传递到世界的每一个角落,运用高科技手段大批量复制的文化产品通过市场运作,可以超越以往由于政治原因或地域限制造成的阻隔到达消费者面前。但另外一个事实是,在文化全球化的浪潮中各个国家的地位是不平等的,西方仍然在整体上控制着世界的发展方向和基本格局,他们借助经济、文化上的强势,打着"普遍主义"的大旗,力图用"普世价值"取代其他民族文化的价值,将整个世界都整合在由其所控制的"同质"文化当中,以形成相同的消费主义模式。

因此从某种意义上说,现实中的全球化是现代性的全球化,也是不平等的全球化。②一方面,西方现代化进程中由内在矛盾引发的经济危机、文化弊端在全球的扩张中,有相当一部分转嫁和移植到了非西方国家的头上;另一方面,西方凭借科技上、经济上的强势主导着全球的发展方向,这虽然为非西方国家学习现代技术、引进资本、进入全球市场提供了机遇,但在这个过程中,处于西方经济霸权以及相应的政治霸权、文化霸权侵袭之下的国家都为之付

---

① 塞缪尔·亨廷顿著、周琪等译:《文明的冲突与世界秩序的重建》,新华出版社2002年,第356页。

② 金民卿:《文化全球化与中国大众文化》,人民出版社2004年版,第55~56页。

出了惨痛的代价:在经济上,自然资源被大肆掠夺、市场被抢占、贫富分化加剧、区域经济受操控、金融危机爆发;政治上,在一些西方学者眼中,西方才是"现代"的,一切非西方的都是"传统"的,而第三世界干脆就"不是世界历史的组成部分",①于是非西方国家内政横遭干预,政治上不平等现象屡见不鲜;在文化上,以美国为代表的大众文化产品将西方意识形态"出口"到全世界,冲击甚至中断了其他文化的"自组织"系统,对中国这样的发展中国家来说,文化同质化的背后是文化殖民化的危险,是丧失文化身份的危机。

如果说持文化普遍主义观点的一方代表了全球化进程中占据优势并获得利益的西方发达国家的话,20世纪60年代后,伴随着美国等发达国家力量的相对削弱,非西方社会力量的强大和自我意识的觉醒,全球化进程日益同资本主义的全球扩张拉开一定的距离,表现为多种主体共同参与的特点。特别在20世纪末的亚洲金融危机后,为策应西方打着世界主义旗号实施的经济侵略、政治干预、文化渗透,反西方中心主义的潮流伴随着非西方社会力量的强大、民族自我意识的觉醒而产生,他们主张的全球化应是一幅多元化图景的观点得到了越来越多的非西方国家的支持并逐渐与文化普遍主义及西方中心论相抗衡。在世纪之交的中国,对全球化冷静谨慎的反思代替了改革开放之初的赞美和乐观,在本论题关注的文化全球化方面,有学者就特别提醒要警惕文化全球化的陷阱,②因此,是谁的文化全球化,我们要的是什么样的文化全球化,

---

① 弗朗西斯·福山:《历史的终结》,《美国国家利益》1989年夏季号,载金民卿:《文化全球化与中国大众文化》,人民出版社2004年版。
② 王德胜:《文化帝国主义:"全球化"的陷阱》,《东方文化》2000年第5期。陈定家《论"全球化"意识形态的陷阱》,《社会科学》2000年第10期。

中国文化的发展方向是什么、应该怎样发展等一系列的问题,成了学术研讨的前沿问题。

例如,在文化发展的价值取向上中西就有很大的差异。在西方有关现代性病症的疗救方案中,最有代表性的是韦伯的"审美救赎"方案。韦伯认为理性在引导社会脱离传统束缚的过程中,科技、市场、法律、政治体制等貌似合理实为功利的理性行为转而又对价值理性造成新的束缚,面对这些工具理性的"铁笼",审美特别是艺术在宗教衰微之后能为现代人提供世俗的"救赎",它可以把主体引入超功利的充满情感和想象的空间,从而消除工具理性的压制。

相形之下,中国在现代化进程中面对的问题要复杂得多。首先,在由传统向现代转型的过程中,我们亦不能不直面现代性的矛盾和悖论;其次,与西方现代性呈现出的断裂性特征有所不同,全球现代化浪潮中面对外来文化的冲击,我们还必须处理好民族自身传统与现代的关系,实现有中国特色的文化转型;再者,中国社会无论在地域上还是国家内部各民族的发展上都是不平衡的,东部沿海地区开放性强,文化观念、经济发展都更具有现代特性,西部各少数民族特别是在新中国成立时还处于原始公社末期的民族,在经济文化发展上还比较滞缓。总之,在全球化的场域中,中国文化发展呈现出时空叠压的特征,在传统甚至是原始的、现代包括后现代的话语重叠交织在一起的情形下,如何超越以往复古主义还是全盘西化、保守还是革新的简单思路,形成具有中国特色的、多元文化和谐发展的态势,是我们必须面对和思考的问题。

事实上,中国文化的现代转型经历了一个由外在冲击到内在转化的过程,在这个过程中,无论文化反思还是文化批判,都或明或暗地存在着中西文化比较的问题。尽管中国传统文化较之西方现代文化,既有自己的民族特征,又有时代的特征,是前现代社会的产物,但在我们反思西方现代性的矛盾和悖论,努力探寻不同于西方的文化转型路径时,传统文化中有很多宝贵的思想资源是可资借鉴的。在思维方式上,与西方主客两分、用抽象的概念揭示事物的性质、重视逻辑归纳和演绎的特征不同,中国传统思维方式重视主体体验,强调主客交融,具有综合性、整体性特征,相应的,"与中国哲学一致,中国美学的着眼点更多不是对象、实体,而是功能、关系、韵律。从'阴阳'(以及后代的有无、形神、虚实等)、'和同'到气势、韵味,中国古典美学的范畴、规律和原则都是功能性的。他们作为矛盾结构,强调得更多的是对立面之间的渗透和协调,而不是对立面的排斥与冲突。"①

中国传统文化中这种在对立、斗争中寻求互补、和谐共生的观念,最早见于《礼记·中庸》:"喜怒哀乐之未发谓之中,发而皆中节谓之和。中也者,天下之大本也;和也者,天下之达道也。致中和,天地位焉,万物育焉。"儒家思想中的中和观念,典型地反映出中国传统文化在价值取向上趋于和谐的特点:这段话里的"中"强调个体应节制自己的情感,"乐而不淫,哀而不伤"(《论语·八佾》)、"发乎情止乎礼"(《毛诗序》)做了进一步阐发;而此处"和"除了强调多样统一,还包含着对天地自然运作之"达道"的认识。

在后来的阐释中,"和"的内涵越来越丰富:在人格精神的和谐上,"质胜文则野,文胜质则史。文质彬彬,然后君子"(《论语·雍也》);在人与人之间的相处上,"君子和而不同,小人同而不和"

---

① 李泽厚:《美的历程》,文物出版社1981年版,第52页。

《论语·子路》);在人与自然的存在状态上,"大乐与天地同和,大礼与天地同节。和故百物不失,节故祀天祭地"(《礼记·乐记》),"天地之美恶,在两和之处,二中之所来归而遂其为也……中者,天之用也,和者,天之功也,举天地之道而美于和"(董仲舒《春秋繁露·循天之道》)。一路推演下来,"天人合一"无论在中国传统哲学还是美学中都是最高境界。并且,"天人合一"观念不仅限于儒家,道家以及其他各家都共同持有这种思想,例如道家在《老子》中就有"域中有四大,道大,天大,地大,人亦大","人法地,地法天,天法道,道法自然"的表述。在以上观念的濡染下,效法天地、崇尚自然,追求人自身、人与人、人与自然的和谐发展成为中国历代知识分子的审美价值取向和人生理想,而要践行这个理想,就必须求得各种对立因素的多样统一、多元共生。

虽然从根本上说,中国文化中追求和谐的价值取向和审美诉求既是民族心理特征、思维方式的反映,又是前现代社会的产物,是传统文化不同于现代文化的重要特征,其局限性也是不容回避的。但华夏文化作为多种区域性文化汇聚、融合的结果,在几千年各文化之间的交流、碰撞、冲突甚至战争中之所以长盛不衰,可以说和谐的理念和价值取向一直发挥着积极的作用,在这个意义上,和而不同、兼容并包也是中华民族的生存智慧。当然,在中国文化发展上强调以和谐为价值取向,并不是简单化地将各种对立因素进行折中、调和,这里强调的和谐具体包括以下内涵:

第一,和谐的文化是具有包容性的文化。海纳百川,有容乃大,在全球化的进程中,文化的差异性决定了各民族在世界文明史上的地位和作用,一个民族如果没有独特的文化,就缺少了立足于世界民族之林的根本和能力。多元文化和谐共生的文化进步主义强调世界各民族在捍卫自身文化主权的前提下,建立一种更具包容性、能为不同文明背景中的人们接受的价值观念,让不同文化和文明都"和而不同"地发展与共赢。

第二,和谐的文化是多元竞生的文化。和谐虽然在效果上是要达到一种整体的均衡状态,但这种状态不可能静止不变,相反应该是一个动态的不断调节的过程,要使传统文化焕发新的生命,就必须在与其他文化的竞争中发挥自身的"比较优势",并通过自身的不断调节和创新,以构建新的和谐。因此,中国正经历着的文化转型不是摈弃传统的文化断裂,也不是既非传统亦非现代的"第三种文化"。一方面,对民族赖以生存的"根文化"的保护是转型的根本前提,另一方面,"传统失去了创造是要死的,只有不断创造,才能赋予传统以生命"(费孝通)。由传统迈进现代必定要由封闭走向开放、由一元走向多元,我们应该在文化发展动态的更是开放的现代语境中,在传统与现代的张力中建设未来的文化。

第三,和谐的文化是强调优势互补的文化。人是文化的创造者,文化增强一个民族的凝聚力,为民族的生存提供意义的解释,因此文化也是一个民族的存续的根本。进入现代社会,在经由不断分化而形成的各种文化形态背后,都体现了不同群体的文化诉求,每一种文化形态的存在必然有其合理性。所以,无论何种意义上的文化,都没有绝对的优劣之分、高低之分,而和谐文化观在这里强调的就是要善于取长补短,甚至敢于吸纳其他对立因素和有差异的因素,最终化解矛盾、多样统一,实现文化的可持续发展。

因此,在文化领域类似"谁的全球化"这样的追问与西方的文化霸权针锋相对,涉及维护现代民族国家文化主权的问题。文化主权的倡导者主要是发展中国家或者说文化居于弱势的国家,全球文化虽然在某些方面不可避免地趋同,但作为一个多元共存的系统,全球化过程中居于不同文化背景的主体,无论是个人、社会群体、种族、民族国家还是特定区域,如亚洲、非洲或发展中国家事实上都越来越强调各自文化的独特性,"不同的民族文化对平等参与决策过程的诉求,对自然的、区域性的、种族的更大的自主权的要求聚成强大的文化力量,这种力量更丰富了当代全球文化体系的多样性构造。"①

当然,极端的民族主义和狭隘的文化相对主义也是不可取的,在全球化的发展过程中,每一个民族又应该在文化发展中将自身的传统与人类共同的文化价值观结合起来,努力探求文化发展方向的一致性与同一性。应该在捍卫文化主权的前提下处理好民族性与世界性的关系,以文化多元化应对文化同质化,超越文化普遍主义和特殊主义的观念,强调文化对话和交流的特征,主张"与文化全球化历史趋势相适应的、以文化创新为核心、以多样性的民族文化为基础、弘扬人类共同的文化价值观的文化理念。它既支持民族文化的独立性,又反对多样性文化之间的阻隔性;既支持人类普遍的文化价值观,又反对个别文化的霸权主义;既支持不同文化的传统建构,又支持这些文化随着时代而不断发展。其根本的目标,就是谋求形成一种在不同民族文化、地方文化相互独立基础上又相互融合和相互作用的全球文化体系"。② 这种文化进步主义的理念若用费孝通先生的表述,就是"各美其美,美人之美;美美与共,天下大同"。

---

① 金民卿:《文化全球化与中国大众文化》,人民出版社 2004 年版,第 60 页。
② 同上书,第 72 页。

二、中国当代文化多元发展的格局

通过以上分析可以看出,对于进入 21 世纪的中国来说,全球化已不是一个简单抑或是时髦的术语,更重要的,它已成为我们思考很多问题包括文化发展问题必须选取的视角。相应的,若把文化这个极具包容性的概念放置在全球化的场景中,通常更多地强调特定民族的文化。从总体上看,全球现代化进程中的中国文化发展呈现出时间和空间叠压的特点:在历时态上,现代化是中华民族从传统走向现代的尚未完成的艰巨工程;在共时态上,又要以民族自身的"传统"应对西方的"现代",努力在较量、对话与交流中实现中华民族的强国梦想。而具体看,社会文化的转型与分化、不同文化传统的碰撞与融合、不同历史阶段的文化现象都纠结在一起,形成了中国错综复杂的现实状况。中国在过往百余年中所经历的文化转型被学界划分为两个阶段:近代和现当代的文化转型。第一阶段从洋务运动经戊戌变法到辛亥革命再到五四新文化运动,第二阶段又划分为三个时期——五四新文化运动之后到新中国成立之前、新中国成立后到 20 世纪 70 年代末、20 世纪 80 年代初到现在。在文化转型的第一个阶段,站在"天朝帝国"余晖中的中国近、现代知识分子饱受丧权辱国之痛,既痛恨洋人的坚船利炮,又对西方的科学、技术羡慕不已,李泽厚就把中国人向西方学习的这段过程概括为"科技—政治—文化":洋务运动的目的是以坚船利炮强兵,以振兴实业富国,力主学习西方的科学技术;戊戌变法、辛亥革命的目的是改变政体,前者是实行君主立宪,后者是实行民主共和,主要都是提倡学习西方的民主政治;五四新文化运动深入到国民的文化和心理层面,打的是"文化革命"的大旗,主要是学习西方的现代文化。①

当然,也正是从五四新文化运动开始,国人才认识到中国在全球现代化浪潮中面临的不仅是国力的强弱问题,更是文化上的差异问题,而如何看待这些差异,应经由何种路径弥合差异,成为中国现代知识分子必须面对的问题,并由此在中国第二阶段的文化转型亦即现当代文化转型过程中形成了保守主义(新儒家)、自由主义西化派与唯物史观派三种话语体系。自由主义西化派反对封建主义,提倡个性解放、独立人格、精神自由,追求民主与科学,表现出强烈的文化移植愿望;以"新儒家"为主的保守主义主张复兴儒学,以融会中西,实现儒家思想的现代化转型为宗旨,表现出强烈的民族意识;唯物史观文化派突出五四运动的社会政治意义,强调五四运动成为文化革新运动,是中国反帝反封建的资产阶级民主革命的一种形式,与中华民族从启蒙到救亡的转变相伴。这三种话语体系在中国现当代的文化转型过程中相互交织、此消彼长,但总的看来是"革命"压倒"改良",在新中国成立后相当长的一段时期,尤其是"文革"期间,革命甚至代替了建设,唯物史观成为唯一话语体系。② 20 世纪 80 年代以来的改革开放不仅拓展了人们的视野,由一个传统的基本上整浑不分的总体性或中心化社会向更具实质性的现代社会分化与转型。

与欧美发达国家历时态的进程不完全相同,中国现阶段文化的分化有自己的特点,由于政治意识形态的长期渗透,官方文化仍然是社会的主导文化,而与之相对应的还有全球化时代西方文化

---

① 李海彬:《中国文化的复兴之路》,学苑出版社 2008 年版,第 63~64 页。
② 同上书,第 68 页。

叠压、影响之下产生的大众文化和精英文化,[①]再加上中国本土特别是广大农村仍然存续着的民间文化,就构成了现代以来中国文化发展进程中官方文化、大众文化、精英文化、民间文化多元并存的基本格局。

官方文化又被称作主导文化,是着力体现社会各阶层、群体的共同利益,本着特定时代群体整合、秩序安定或伦理和睦的需要,在政府体制主导下由自觉为政治意识形态服务的知识分子承担社会教化功能、传达社会规范要求,为实现社会稳定和发展目标服务的文化,具体表现为由政府统一组织文化活动、无偿供给文化产品,文化内容必须符合官方的价值标准,具有浓重的意识形态色彩和公益性的特征。众所周知,从新中国成立后到改革开放前的中国社会是政治统领一切,由计划经济的体制、文艺为政治服务的基本方针即可窥见经济、文化等社会活动都成了实现政治目标的工具。如果说在改革开放之初,对政治意识形态一体化的消解还相对比较滞缓,20世纪90年代以后,随着经济体制改革的实行、西方现代文化的渗透和越来越多现代知识分子精英意识的觉醒,政治体制改革的呼声逐渐高涨。特别是进入21世纪,为适应现代市场经济的发展需要,文化体制改革成为实现社会全面协调发展,构建社会主义和谐社会的重要方面。

把推进文化体制改革作为当前的重要任务来抓,首要原因是现代市场经济的运作方式打破了中国长期以来政治、经济、文化三位一体的局面,政治不得不对市场做出某种回应,而文化的分化也

---

① 本书有关文化分化的观点参考了周宪《审美现代性批判》(商务印书馆2005年版)和《文化表征与文化研究》(北京大学出版社2007年版)。

明显加速，这其中表现最为突出的就是大众文化的勃兴。当然，近代以来在上海、北京等大都市出现的已具有一定规模的市民文化只是大众文化的初始形态，其生产方式、传播和接受方式都受到市场规模、科技水平的限制；五四运动以来，中国知识分子倡导、践行的文艺大众化方略，也不是现代意义上的大众文化。文艺大众化的表面是以往一直居于社会上层的知识分子彰显文艺的人民性意识，重视文化的民主参与，其实质是强调知识分子要寓教于乐，用民众通俗易懂、喜闻乐见的形式表现特定的思想内容，以更好地发挥文艺救亡、启蒙的功能或革命的、政治的效用。

在中国，真正具有现代特征的大众文化是在改革开放之后才出现的，周宪将过去30年来中国大众文化的历程概括为抢滩—构型—扩张三部曲。① 20世纪70年代末80年代初，以港台流行歌曲、通俗小说和电视剧为先导，拉开了大众文化的序曲；从80年代初到80年代中后期大众文化迅猛发展，除了港台的文化产品，西方的文化产品开始入侵，本土的大众文化产品起步并逐渐由对港台和西方大众文化样式、风格的模仿，转向立足于本土的文化创新和发掘。日渐成熟的市场、大规模标准化的生产、现代传播手段的运用体现出大众文化的基本特点，大众文化也才真正在中国立足生根；80年代末以来，大众文化呈急剧扩张态势，借助开放的市场和大众传媒的作用，以美国为代表的西方大众文化产品甚至日韩的大众文化产品潮水般涌入中国，与本土的大众文化产品合流，甚至已侵袭到中国最边远的民族山寨。无论在受众的人数、市场化的程度还是流通的范围，大众文化都远远超过了其他文化形态，成

---

① 周宪：《文化表征与文化研究》，北京大学出版社2007年版，第62~66页。

为中国当代文化中最具规模和活力,同时也最遭诟病的部分。

精英文化的主体是以作家艺术家为代表的具有良好文化素养和专业技能,接受过现代教育的知识分子。这种文化关注人类生存意义,在创作上突出创作主体的原创性和个性,旨在创造出具有审美价值、文化价值,能够担负起精神引导和文化批判功能的经典作品。在中国,五四新文化运动拉开了知识分子质疑、批判自身文化传统,倡导学习西方现代文化的序幕,陈独秀1915年在《青年杂志》(1916年后改为《新青年》)上论及其宗旨时指出,"批评时政,非其旨也",即在于摧毁旧传统,唤醒国民的"理论觉悟",打出了以理性主义为内核,以科学、民主为先导的启蒙大旗。20世纪80年代,获得"解放"的知识分子在对人性、主体性的吁求中重燃五四的启蒙薪火,这其中最具代表性的文章是《启蒙与救亡的双重变奏》,李泽厚从历史的高度重新梳理和阐述了五四精神,从而使新时期的知识分子进一步明确了自己的启蒙使命。90年代以后,市场经济大潮对现代知识精英的启蒙理想造成了极大的冲击,现实也为知识分子营造了对自我价值进行重新定位的机会,而无论精英们对自身责任、使命的理解有何差异,在行动上做出的选择有何不同,对仍处于从传统到现代转型进程中的中国来说,对大众的启蒙工作还是一项未竟的事业。在现阶段,文化批判是启蒙的重要武器,在物欲横流、人性扭曲的境况下,必须有人担当起文化批判的崇高使命,以对人的终极关怀为旨归,对转型期失范的文化进行清理,努力实现对现实的审美超越。

民间文化(folk culture)与代表上层贵族利益的官方的高雅文化(high culture)相对应,通常又被称作通俗文化。按照巴赫金文化形态学的理论,传统社会文化的基本结构正是这种官方文化——

民间文化的二元格局,许多中国学者也持类似的观点:在20世纪30年代,钟敬文就提出了民间文化的概念,并在之后力主文化三层次说,认为在上层文化、中层文化、下层文化中,所谓下层文化指的就是民间文化;李亦园在《人类的视野》中提出的是文化两层次说,分别是"上层士绅的文化"和"下层的民间文化"。由此可见,民间文化主要是指居于社会下层的乡民或城市俗民创造和享有的文化,因为这一概念的包容性很强,钟敬文曾尝试以之取代"民俗"一词。进入现代社会,随着城市化进程的加快和公民社会的形成,乡民的群体日益衰减,一些发达国家甚至号称只有农业而没有农民了,与之相应的是大众文化(mass culture,popular culture)取代了民间文化(folk culture)而成为现代社会的俗文化。美国学者D.麦克唐纳在《大众文化理论》一文中,对民间文化与大众文化曾进行比较,他认为,民间文化发端于下层,它是民众自然而然的经验表达,不受高雅文化的恩惠,是民众为满足自身的需要而创造的。大众文化则是从上面下达,是由文化商人雇用的技师制作,它的观众是被动的消费者,其参与程度就限制在买与不买的选择上面。[①]同时,民间文化是传统文化的重要载体,大众文化是现代社会的产物。郭崇林指出,由于与社会政治长期游离发展、貌合神离,民间文化更为原始和完善地保存了古往今来多元的文化传统个性,在中华文化饱受全球化侵袭并努力复兴的态势下,在官方文化和大众文化的强势挟持下,作为传统文化的主要载体,民间文化比精英文化具有更为广泛而深入的时空制约性,也更具有内在的兼容性

[①] 陆扬、王毅:《大众文化与传媒》,上海三联书店2000年版,第19页。

和发展的活力。①

当然,在中国现今的文化格局中,政治意识形态仍然以一种强势的、主导性的力量支配着文化的建设,引领着文化的发展。在20世纪70年代末80年代初,由于知识分子学而优则仕的长期做政治代言人和政治附庸的惯性,更由于改革开放之初思想解放的需要,主导文化和精英文化曾经携手共进,但现代文化精英的独立性、先锋性又使之具有背离政治意识形态的趋向,这便引发出许多不谐和的音调。较之精英文化,大众文化显示出的是淡化意识形态的倾向,特别是20世纪90年代以后,在主导文化确立的社会主义市场经济的体制下,大众文化迅速壮大,其弥散速度和藏污纳垢的特性使之成为众矢之的。

在商业化的运作机制下,大众成了商家猎取交换价值的目标,文化从目的下降为手段,成为获取实利的工具和途径,关乎人类命运、社会进步、历史发展的终极价值在大众文化的创造和传播过程中被遮蔽了。大众传媒技术的长足发展大大促进了文化的生产和传播,但作为工具和载体的技术手段常常反客为主,变成文化的最高律令,对文化的个性、风格、品味和深度产生了严重的消解作用。正如丹尼尔·贝尔所言,当代文化正变成视觉文化,传统读书看报的想象与思考退让于当下的视觉感受。能否"吸引眼球"、"养眼"成了市场是否接受作品、判别作品优劣的标准。人们更迷恋直接的影像,它将抽象的概念转换为鲜活的视觉对象,依托影视、音像制品、互联网广泛迅速地传播,无孔不入地介入大众的日常生活。

---

① 郭崇林:《民间文化:传统文化的载体与象征系统》,载王熠安、戴剑平主编:《民间文化学新论》,黄山书社1993年版。

随着科学技术的飞速发展和经济全球化进程的加快,"文化工业"作为最具代表性的规模化生产方式,借助大众传播媒介的迅速发展而崛起,在文化生产中客观地构成了一种特殊的文化生存环境和生存空间。放眼今天的文化领域,高雅小说被纪实文学、网络文学和新闻取代,古典音乐被通俗音乐取代,"纯审美"的诗歌被流行歌曲和广告词取代,歌舞剧被时装秀所取代,民俗舞蹈被健美操所取代……这些转变破坏了传统艺术的独创性,消解了文化艺术的精英特征,导致精英文化与大众文化的对立、冲突。与此同时,由于大众文化重娱乐、消遣的方式,我行我素、急速扩张的态势,对民族传统文化、民间文化的冲击,包括外来意识形态藉由大众文化产品对中国的渗透,也遭到了官方文化的遏制甚至围剿。

不过,秉承法兰克福学派早期学者对大众文化进行批判的理论圭臬,中国现代文化精英强调文化的价值和艺术自律,批评、排斥大众文化的做法也遭到了猛烈的还击,如王朔、韩寒就俨然是"大众"的代言人,"我觉得咱中国的知识分子可能是现在最找不着自己位置的一群人。商品大潮兴起后危机感最强的就是他们,比任何社会阶层都失落",[1]"有些人大谈人文精神的失落,其实是自己不像过去那样为社会所关注,那是关注他们的视线的失落,崇拜他们的视线的失落,哪是什么人文精神的失落"。[2]

面对这样的情形,一些文化精英也进行了认真的反思,并认为大众与精英对立情绪如此之大的一个重要原因,是专业化分工导致了部分人的文化特权和大多数人在文化上的被剥夺现象,"专业

---

[1] 王朔:《王朔自白》,《文艺争鸣》1993年第1期。
[2] 王晓明编:《人文精神寻思录》,上海文汇出版社1996年版,第95页。

化所带来的问题不仅在事实上剥夺了民众参与艺术创造的权利,而且还在于,由于专业化、学院派作风以及贵族主义的精英意识,使得艺术作品不能成为或很难为民众所接受。这就导致了艺术专业化的一种矛盾现象:一方面,由于专业化,艺术创造的水平和技巧有了很大提高,另一方面,也许正是伴随着这样的提高,专业化的艺术也就离普通民众越来越远"。① 也正是在政治上背离、精神上失落的多重困境中,即便是在现代知识精英内部,在文化观念、价值取向、具体实践上也出现了越来越大的分歧。

总的看来,20世纪90年代之后中国文化呈现出的更是一个文化既多元发展又交流互渗,融合大于冲突的趋向,这主要是由于20世纪中叶以来兴起于西方的后现代主义思潮的影响特别是消费主义意识形态的渗透。得益于改革开放以来经济的持续发展、富余产品的出现、劳动者收入的普遍提高、闲暇时间不断增多,在城市特别是中国东南沿海的经济发达地区形成了庞大的消费群体,他们在物质需求得到一定满足的情况下,精神需求极大地增长起来,而借助先进的大规模复制技术和传播技术,过去只能为少数人享受的文化产品迅速走进千家万户,文学、艺术、影视、体育、旅游、娱乐、网络等活动,在普通人的生活中占据了越来越重要的位置。在消费需求的拉动下,文化产品的生产经历着从属于市场成为一般商品的过程,表现在文化类型上,"在19世纪,文化还被理解为只是听高雅的音乐,欣赏绘画或是歌剧,文化仍然是逃避现实的一种方法。而到了后现代主义阶段,文化已经完全大众化了,高雅文化与通俗文化,纯文学与通俗

---

① 周宪:《文化表征与文化研究》,北京大学出版社2007年版,第132~133页。

文学的距离正在消失。"①在文化市场上,消费者一方面被商家、现代媒体操控,现代广告和传媒通过符号意义的生产,引领着消费趣味与消费时尚。另一方面,市场为消费者表达自己的文化选择提供了一个平台,也影响着主导文化和精英文化的走向。因此,在中国文化由传统向现代转型的过程中,虽然几种文化形态特征各异、诉求不同甚至充斥着对立和矛盾,但各文化之间的融合也是不容否认的现实。

三、审美文化的困窘和憧憬

如果说多元发展是中国当代文化的基本格局,和谐是中国文化建设的价值取向,那么走向新世纪的文化应该朝着什么方向发展?针对这个问题,20世纪90年代以来中国学界围绕"审美文化"这一概念展开了热烈讨论。在理想层面,审美文化是艺术与生活融为一体、真善美融为一体的文化,"审美文化是人类发展到现时代所出现的一种高级形式,或曰人类文化发展的高级阶段,它把艺术与审美诸原则(超越性、愉悦性以及创造和欣赏相统一等)渗透到文化及社会生活各个领域,以丰富人的精神生活,使偏枯乃至异化了的人性得以复归。"②在这里,对理想的展望与现代人在现实中的文化境遇密切相关:一方面,基于现实中美学在旅游、餐饮、服饰、设计等文化领域的应用热潮,在叶朗主编的《现代美学体系》中最早使用了审美文化概念,并将之放置到整个文化系统中考量,指出作为文化的一个子系统,审美文化是人类审美活动的物化产

---

① 詹姆逊著、唐小兵译:《后现代主义与文化理论》,陕西师范大学出版社1986年版,第148页。
② 聂振斌、滕守尧、章建刚:《艺术化生存》,四川人民出版社1997年版,第530页。

品、观念体系和行为方式的总和,它不仅包括各种艺术作品,还包括具有审美属性的其他人工产品和人力加工的自然景观,以及传播和保存这些审美文化产品的社会设施、审美意识与人的审美行为方式;①另一方面,只着眼于文化发展积极的方面而忽视现实中负面的状况又是不行的。在艺术向生活渗透的趋势背后,是现代以来文化的分化以及文化之间的冲突加剧,是人的存在意义被遮蔽、遭扭曲的境况。因此,在文化的未来发展中,如何满足人类的审美需要和发展需求,在总体上建构新的文化原则、精神与价值导向,"把传统上偏于理性规范和群体认同的文化,逐步转变为感性体验和自由选择的文化,把对立改变为融合,把限定转化为共享,使其成为一种人人都可以接近并参与的文化形态"②,一直以来都是中西学者关注的问题。

在西方的文艺复兴、启蒙运动以后,世俗化成为文化的核心内容和主导方向,其表现一是理性的旗帜高扬,人的主体地位确立;二是人自身的需求得到释放,开始注重人的日常经验,注重人在世俗生活中的享受,日常生活逐渐成为人类最基本、最具体的生存形态。但较之代表人类高级机能与能力的理性,"日常生活,从某种意义上来说是剩余的,通过分析把所有独特的、高级的、专门化的、结构的活动挑选出来之后所剩下的,就被界定为日常生活"③,因为它居于一个经验的、非本质的、次要的领域,繁杂、琐碎而又平庸,属于人的感性的低级的机能,一开始并未受到重视。启蒙运动

---

① 叶朗主编:《现代美学体系》,北京大学出版社1988年版,第259页。
② 李西建:《审美文化》,载张晶主编《论审美文化》,北京广播学院出版社2003年版,第35页。
③ 周宪主编:《文化现代性与美学问题》,中国人民大学出版社2005年版,第63页。

之后的学者们关注的是人的主体认识能力与人性的完善,正努力构建一个象牙塔,为宗教衰微之后的人类精神寻求安身之所。

被尊为"美学之父"的鲍姆加通最早强调美的超越性和独立价值,提出应该有专门的学科来研究人类情感,将人类"感性认识的完善"作为思考审美何以可能以及审美如何构成问题的内在依据。在这一时期,康德与黑格尔更因在其哲学体系中确立了纯艺术、纯审美的范式而被奉为经典:康德认为艺术是合目的性的主体自由创造的产物,并以审美判断力联系人类能力中的认知理性和实践理性,将美看做是联结真与善的桥梁;在黑格尔的理想中,美学就是艺术哲学,美根源于绝对理念,是理念的感性显现,古典艺术是"用恰当的表现方式实现了按照艺术概念的真正的艺术"[①]。自此,美与艺术在理论上划定了自己的"疆域",之后以现代主义为代表的文化精英也一直以"守界"为己任,捍卫着美与艺术的"疆域"和"主权"。

与鲍姆加通的美是"感性认识的完善"相呼应,席勒在其《审美教育书简》中提出了"审美文化"的概念。美育之父席勒一直致力于探寻一种机制和疗救手段,来医治现代人在自然状态和道德状态中受到的压抑,弥合现代人性的分裂和创伤。席勒认为完整的人应该是知、情、意完美结合的统一体,只有在审美活动中,人以活生生的美的形象为感受对象,在自由的想象和游戏中才能实现感性与理性、形式与自由的统一,而当人既摆脱了对自然的实在需要,又摆脱了道德或政治原则的强制性,种种对立的因素达到融合时,文化也就具有了审美的属性。在席勒的理想中,审美文化既是

---

① 黑格尔著、朱光潜译:《美学》第 2 卷,商务印书馆 1979 年版,第 157 页。

实现人的全面发展的基本途径,又是人类文化的最高境界,在此,审美文化作为真善美重新融为一体的文化,已经冲破了经典美学纯审美、纯艺术观念的束缚。

其实,在整个西方美学发展进程中,纯审美、纯艺术观念只是特定历史阶段的产物,或者说美与艺术都是历史的范畴。在传统社会,西方的艺术(Art)一词泛指各种技艺、知识等,生活与艺术还没有明晰的界线,艺术家与手工艺者也没有明确的分工,在美学和艺术理论上,直到17世纪末都没有对艺术做严格的界定。而相应的,在此之前美学思想的主旨虽然是透过具体个别的美的事物,探求使美的东西之所以美的共同本质,即柏拉图提出的"美本身"。但是,在柏拉图那里,美的本源是超越于人与万物、给人与万物以存在依据的"理式";在中世纪的神学家、美学家那里,上帝是真善美三位一体的最高存在,人的全部活动包括审美活动都是对上帝的皈依,因此艺术不可能是独立、自足的。与此相反,亚里士多德从客观现实出发,认为美不能脱离具体事物而存在,将美的本源与美的现象统一于客观世界,强调美的事物在形式上的整一性和美与善的密切关联,提出艺术是对生活的再现和模仿,虽然他所持的是艺术高于自然、美于生活的观点,但总的来说是反对柏拉图将理式与生活分离开来的倾向,在理论上把艺术又放置到现实生活当中。

进入20世纪,经典美学纯粹思辨、远离生活、忽视个体审美体验的局限日益暴露出来,不断受到质疑和挑战。经典美学最著名的挑战者是杜尚,他在达芬奇的《蒙娜丽莎》上添两撇山羊胡子,把签着自己大名的小便器送去展览,并以充满诗意的《泉》为标题。杜尚是20世纪早期达达主义运动的中心人物,后来在20世纪60

年代的后现代艺术家中备受尊敬,在后现代艺术中类似的作品已是司空见惯,从啤酒瓶到包装盒,从政界人物到娱乐明星,没有什么不可以成为艺术品,甚至人人都可以成为艺术家。而后现代艺术这种否定艺术的自律性,强调艺术的现实语境和审美体验,填平艺术和生活鸿沟的努力,也是现代以来日常生活全面展开,对人类生存的影响越来越大的表现。与之相应,在西方审美文化的提法并不是很普遍,学者们对日常生活与审美、艺术的关系更为关注,受其影响,近年来中国学界对审美文化的讨论已逐渐转向对日常生活的批判,转向对日常生活审美化等问题的深入研讨。

日常生活批判理论是20世纪西方人本主义哲学、社会学和文化批判理论等诸多学科与思潮汇聚的产物,这些理论虽然都认为日常生活具有平庸琐碎、受工具理性宰制的特性,但在如何应对这个现实,处理生活与艺术的关系问题上却有两种方式:第一种方式在对日常生活进行批判的基础上,思考如何超越甚至脱离日常生活,进入更高的精神领域,审美便是一个选择;第二种方式在强调日常生活局限性的同时亦关心那些积极的、有益的方面,着力发掘日常生活本身的诗意本质,不是脱离日常生活去营造乌托邦,而是关注日常生活本身的变革或颠覆。①

第一种方式认为艺术与生活在本质上是对立的,艺术及审美活动所具有创造性、个性可超越人在日常生活中的沉沦异化状态。从唯美主义者提倡的"为艺术而生活",尼采强调的人应成为"生活的诗人",到20世纪以来的海德格尔、韦伯、福柯、阿多诺、马尔库塞都一直沿着这个思路构建审美"救赎"的理想。如海德格尔关心

---

① 周宪:《文化表征与文化研究》,北京大学出版社2007年版,第300页。

人类现实存在的困境,把人的存在称为"此在",在日常生活中,每一个"此在"都处于日常共在中,为"常人"所掌控。常人指的是这样的日常共在者:毫无个性、不具备主体性质、庸庸碌碌、不履行自己的责任,是"中性的东西"。① 海德格尔将日常生活视作一个沉沦异化的领域,现代技术是造成常人这种"非自立和非本真状态的存在"的根源,若要去除遮蔽走向澄明,就必须抛弃技术的尺度而采用诗性的尺度。诗的尺度是一种本真的尺度,他通过对荷尔德林诗作的分析和对凡高作品《农鞋》的剖析力图证明,在审美的体验中,人们才能真正领悟创造的本质和生命的意义,实现充满诗意的栖居。

若论在日常生活批判理论上的贡献,不能不提法国哲学家列斐伏尔,作为第二种方式的代表,他在日常生活研究的典范性著作《日常生活批判》中,虽然也对日常生活的刻板重复、仿拟虚幻做了具体分析,但仍然蕴涵着能够使"总体性"追求得以实现的因素,"实际上,它必须被规定为总体性……日常生活与一切活动深刻地联系着,涵盖了有着差异和冲突的一切活动;它是这些活动会聚的场所,是其关联和共同基础。正是在日常生活中,使人类——和每一个人——成为一个整体的所有那些关系获得了形式和形状。也正是在日常生活中,那些影响现实总体性的关系得以表现和实现,尽管这些关系在一定方式上总是部分的和不完全的,但是却能够使得现实的总体性得以实现:诸如友谊、同志之谊、爱情、交往的需要、游戏,等等。"②

---

① 海德格尔著,陈嘉映、王庆节译:《存在与时间》,生活·读书·新知三联书店1999年版,第148页。
② 转引自衣俊卿:《现代化与日常社会批判》,人民出版社2005年版,第100页。

正是基于以上认识,列斐伏尔的日常生活批判是促进"总体的人"生成的革命。他和巴赫金一样关注狂欢节游戏,认为总体的人应该是自由集体中自由的个人,只有在狂欢节等节日庆典活动中,一切伦理道德规范和理性的限制都被打破了,人才可以获得一种崭新的生存,恢复到传统社会人与人、人与自然欢聚一堂的和谐氛围中,才能实现主体的解放,才能弥合人性的分裂状态而成为总体的人。虽然列斐伏尔这条感性革命的道路有一定的局限性,但以此为代表的这种既剖析日常生活病症而又不脱离生活,力求运用各种手段来改变日常生活状况的理论探索,包括赫勒建立在民主原则基础上的"有意义的生活"的构想、德塞托以日常手段对付工具理性统治的"战术"等,使得日常生活审美化的问题凸显出来,并在 20 世纪 90 年代后受到广泛关注。

"日常生活审美化"的概念是费瑟斯通 1988 年在大众文化协会大会上讲演时明确提出来的,作为对日常生活审美化趋向的总结,费瑟斯通认为日常生活审美化包含三种含义:

  第一,它指那些消解艺术与日常生活界限的亚文化,即在第一次世界大战和 20 世纪 20 年代出现的达达主义、历史先锋派和超现实主义运动。在这些流派及其活生生的生活事件中,其追求就是消解艺术与日常生活之间的界限;具体包括两方面,一是消解艺术作品的神圣性,二是"认为艺术可以出现在任何地方、任何事物上"。

  第二,它指"将生活转化为艺术品的谋划",包括波德莱尔、福柯等探索新的生活方式的实验,他们致力于把生活和艺术品位相结合,建立一种标新立异的生活方式。

第三,它"指充斥于当代社会日常生活之经纬的符号与影像之流",包括从马克思"商品拜物教"对波德里亚、杰姆逊等人的"类像"思想所描述的现象,也就是消费文化的发展中心,在这个意义的审美化中,实在与影像之间的差别消失了,出现了仿真的世界,按照波德里亚的说法,超现实的东西就是今天的现实本身。①

费瑟斯通的这几点基本涵盖了在艺术与生活关系问题上,西方在艺术创造、理论探究与生活实际三个方面的状况,这其中的第一、二点在前边已做了具体分析,而第三点他特别强调的是日常生活审美化在现实中的表现。

在现实中,日常生活审美化产生的背景是西方的后工业社会,也被称作消费社会,有关消费社会的特征和表现,前边已做过具体论证。费瑟斯通指出,消费主义时代产生的基础是物质上的"丰盛现象":"今天,在我们的周围,存在着一种由不断增长的物、服务和物质财富所构成的惊人的消费和丰盛现象。它构成人类自然环境中的一种根本变化。恰当地说,富裕的人们不再像过去那样受到人的包围,而是受到物的包围。"②正是随着物质产品的不断丰富,消费活动中的物质有限性日益显现出来,大众的消费需求逐渐向精神方面增长,消费活动不再是单纯的对房屋、汽车、日常用品、食品、服装等产品的物的消费,娱乐、信息服务、教育、健康等服务消

---

① 费瑟斯通著,刘精明译:《消费文化与后现代主义》,译林出版社 2000 年版,第 95~100 页。

② 让·波德里亚著,刘成富、全志钢译:《消费社会》,南京大学出版社 2001 年版,第 1 页。

费在消费中占据了越来越重要的地位,消费文化这一用于强调商品世界及其结构化原则的术语频繁出现。

在费瑟斯通看来,消费文化有双重涵义:"首先,就经济文化的维度而言,符号化过程与物质产品的使用,体现的不仅是实用价值,而且还扮演着'沟通者'的角色;其次,在文化产品的经济方面,文化产品与商品的供给、需求、资本积累、竞争及垄断等市场原则一起,运作于生活方式领域之中。"[①]在这段话中,费瑟斯通强调了消费文化的两个重要特点:符号化和商品化。

消费文化的符号化特征与消费群体的构成有关。虽然中国的社会发展、经济发展不平衡,但20世纪90年代以后,中国的市场化和城市化进程以异乎寻常的速度向前迈进,人们的消费能力和消费需求不断增长,在西方大众文化产品的示范和商家的导引之下,急速扩展的消费群体在消费观念、消费方式上发生了根本的变化。有别于早期居于社会底层的大众,以中产阶级为主体的消费大众既是劳动者、生产者,又是有钱者、有闲者:有较好的、稳定的收入,享有闲暇时间,受过教育——其中不少人受过高等教育(按照国际标准,中国当今的高等教育也开始了由精英教育向大众教育的转变),他们越来越看重商品所包含的文化内涵或风格属性,具有了更多的个性化、理性化色彩。另外,消费大众还渴望通过消费相互沟通与认同,渴望感受群体的凝聚力与文化向心力所产生的生存氛围和共鸣效应,在这样的需求推动下,不仅是精神产品的生产,在物质产品中也渗入了越来越多的非物质因素,物质生产的

---

① 费瑟斯通著、刘精明译:《消费文化与现代主义》,译林出版社2001年版,第123页。

符号化也成为一个突出特征。在消费活动中,人们消费的不仅是产品本身,还包括对产品符号意义消费,通过消费者的消费方式和消费内容有意无意总会传递出某些信息——消费者的身份、兴趣、教养等。因此,消费活动在更大程度上是一场符号制作和交流的社会运动,而这个社会运动的实质即是建立新的阶级区分及其等级秩序,商品作为符号构筑起巨大的表意系统,已成为新的交往秩序的表述者,成为一种标志人间等级和社会权力的符号及其体系。而在消费活动中,无论是出于内在的精神需求还是浅表的矫饰包装,美与艺术无疑是最能体现所谓品味、格调的,是提升消费者"等级"的一剂良方。

如此看来,消费者的精神需求是推动日常生活审美化的不可忽视的动力,与此同时,不遗余力为这种诉求推波助澜的是商家,只不过在商家那里,美化商品是其牟取利润的制胜法宝。在消费主义时代,一切消费品包括消费活动都必须通过市场,运用市场化的手段和方式完成,这里的因素有两个:其一,只有通过市场,运用市场化的手段和方式,才能为消费大众提供适应他们需求的产品;其二,传统社会中的贵族阶级依靠特权来获得消费品进行消费,消费社会中的消费大众都是平等的消费主体,只有通过市场,运用市场化的手段和方式才能体现公平。在市场上,在广告和传媒鼓噪的时尚、消费需求的推动下,当今的精神生产,包括文学艺术也经历着从属于市场成为一般商品的过程,借助先进的大规模复制技术和传播技术,过去只能为少数人享受的艺术品迅速走进千家万户。现代广告和传媒也通过符号意义的生产,控制和操纵着消费趣味与消费时尚,广告对消费者的影响不限于购物,它不仅是一种推销商品的手段,同时也借助于文化,通过艺术化的包装引领时尚,使消费者按其倡导的"理想方式"生活。当艺术行为和经济行为的区别日趋缩小时,当艺术产品被当做一般商品来操作时,其所带来的变化,无论行为上还是观念上都是巨大的:消费社会的文化逻辑摧毁了经典艺术品的意义和深度,也摧毁了艺术家作为美的创造者和施予者的崇高位置,从而打破了精英文化和大众文化的界限,也打破了艺术和生活的界限。

正是针对这种状况,德国后现代美学家韦尔施在《重构美学》中说:"今天,我们生活在一个前所未闻的被美化的真实世界里,装饰和时尚随处可见。它们从个人的外表延伸到城市和公共场所,从经济学延伸到生态学。"[①]韦尔施还进一步把日常生活的审美化分为表层的审美化和深层的审美化:表层审美化指的就是日常生活的各个方面都趋向于审美的实际生活状态,从购物中心到咖啡馆,从办公室到居家生活,物质层面的装饰和美化已成为普遍潮流;深层审美化指的是在大众传媒时代,电视、电脑对现实的模拟和操演对人把握世界的方式造成了极大影响,不但实在层面的现实可以审美化,意识层面的现实也被审美化了,人们对世界的认识建立在运用高科技手段营造的虚拟现实上。与此观点相应,马克·波斯特指出在现实的空间以外还有一个赛博(cyber)空间,这个空间是由信息自己不断衍生甚至是自我指涉形成的,这是一个和现实世界平行的虚拟世界,而鲍德里亚认为,人类就生活在一个虚拟的仿像世界中,这种完全由符号建构起来的"超真实"(hyper-reality)与任何现实无关,它是仅凭符号生造出的真实世界以外的

[①] 沃尔夫冈·韦尔施著、陆扬等译:《重构美学》,上海世纪出版集团2005年版,第91页。

符号真实,"超真实"使作为现代性根基的人的主体性遭遇空前危机,也致使传统美学、文艺学不得不面对"重构"的问题。

在中国,日常生活审美化的问题可以追溯到20世纪20年代,周作人、张竞生等学者最早把佩特、王尔德等唯美主义者介绍给国人。1924年,张竞生组织成立了"审美学社",主张将生活艺术化,后来虽然又有不少学者提出美的人格、美的态度、美的人生之路等,但总的来说都是提倡为艺术而生活,还未触及日常生活审美化这一命题的实质。由于众所周知的原因,直到20世纪80年代,学界才开始关注西方学者对日常生活审美化问题的研究,并逐渐将日常生活批判理论与中国的社会现实对应起来进行分析论证,不过当时还没有日常生活审美化的提法,取而代之的是诸如"文化热"、"实用美学"、包括"审美文化"等字眼。

20世纪90年代以后,随着中国经济的飞速发展和大众文化的兴起,后现代主义的文化研究和文学批评方法逐渐被中国学界接纳,大量有关译著出版,学者们也针对消费文化和后现代主义思潮对当代中国的影响展开了研讨。2000年,由陶东风等人发起了日常生活审美化问题的讨论并得到学术界的热烈回应,论争的焦点主要集中在文艺学和美学的学科边界、艺术和生活的关系、日常生活审美化在中国的现实状况等。这其中最有代表性的是以童庆炳和陶东风为首的学者对日常生活审美化与文艺学关系的研讨。

2005年初,童庆炳和陶东风以对话的方式讨论文艺学的"边界"问题。童庆炳认为,讨论日常生活审美化的"新美学"属于"食利者的美学",把它纳入文艺学研究就是鼓吹文学终结论,大众传播时代文学虽然边缘化了,但其独特的审美场域是任何艺术难以取代的,"文艺学可能随着这些事实、问题和活动的变化而变化,但无论任何变,都不会把文学抛弃掉,而去钟情什么'日常生活审美化'。"①陶东风则认为,"包括日常生活审美化在内的新近发生的文化与艺术思潮,为文艺学工作者提出了新的研究课题","文艺学、美学应该正视而不应回避。美学文艺学研究只有不断关注、切近当代文化现实和大众日常生活,才能找到新的理论生长点。超越学科边界、扩展研究对象已经成为迫切的议题"。②与之相应,金元浦指出,"文学的文化转向绝不是取消文学本体研究,而是在多范式多话语共展并存的多元对话时代,寻找更宽广更具包容性更富于生命力的研究方式",而"日常生活审美化"对文学"审美性"价值提出的挑战,表明了"艺术的民主化、审美的泛化,文学的大众化、生活化"。③这种扩展文艺学研究视野、文化多元共生的主张,具有明显的后现代意味。

当然,面对日常生活审美化对传统美学文艺学提出的挑战,主张"守界"的一方之所以坚守精英立场和责任意识,一个重要的原因是:在看上去很美的背后,美学、文艺学边缘化和文学艺术终结的命题最终指向的,是工具理性肆虐下整个社会文化生态被破坏的现实和人类精神生态遭扭曲的隐忧。不过,面对当今日常生活的沉沦异化,强调艺术"自律",努力保有对现实的清醒认识和理性反思,竭力守护人类的精神家园以确证自由、激情的存在,为人类树立美与艺术的典范固然重要,但另一方面,也必须正视社会文化转型期出现的新情况、新问题,毕竟艺术大众化、生活化是时代发展的必然产物,也是中国文化发展的基本趋向。

---

① 童庆炳:《日常生活审美化与文艺学》,《中华读书报》2005年1月26日。
② 陶东风:《也谈日常生活审美化与文艺学》,《中华读书报》2005年2月16日。
③ 金元浦:《文艺学的问题意识与文化转向》,《新华文摘》2004年第2期。

在中国现代以来文艺发展的进程中,文化精英们曾经在"文艺大众化"的旗帜下集结,无论其目的是自上而下的启蒙还是革命,在"文艺大众化"的背后,是知识分子深入生活,与人民群众结合的美好意愿,现如今,弃绝大众自发的同时也是自下而上的对"意义"的诉求,显然违背了大多数知识分子的初衷。当然,问题的一个重要症结在于大众精神需求的层次亟待提高,如果缺乏正确的导引和示范,在市场媚俗逐利的基本法则支配下,大众的需求必然出现安放错误。因此,如何最大限度地消除市场、高科技的负面影响,提升大众对"意义"的需求水准是关键,而只有植根生活、立足大众,精英们自上而下的理想与大众自下而上的需求才能互动起来,变艺术家、理论家"为他的存在"为"为我们的存在",把日常生活变成"有意义的生活"(赫勒)。

与此同时,要使日常生活变成有意义的生活,必须在不脱离日常生活的前提下,本着从人的需求出发的理念,强调人作为审美主体的感受和体验。在消费社会,设计越来越成为追求物质生活精致性的消费者对生活各个层面的基本要求,但日趋美化的现实往往只注重在感性外观上给人以最直接的刺激,触发主体在生理感官层面的愉悦感。"在某种程度上说,日常生活审美化本质上乃是通过商品消费来产生感性体验的愉悦。审美体验本身的精神性在这个过程中似乎正在转化为感官的快适和满足,它进一步体现为感官对物品和环境的挑剔,从味觉对饮料、菜肴的要求,到眼光对形象、服饰、环境和高清电视画面的要求,到听觉对立体声、环绕声等视听器材的要求,到触觉对种种日常器具材质和质感的苛刻要求等等,不一而足"。①

---

① 周宪:《文化表征与文化研究》,北京大学出版社 2007 年版,第 287 页。

虽然离开对象的感性外观就没有所谓美的存在，但严格说，仅仅局限在生理感官层面的浅表的愉悦也谈不上美，审美活动强调的是人对生活现象内在意蕴的体味、把握，具体表现为主体以情感为纽带观照日常生活中的事物，同时调动想象、理解等多种心理机制与对象之间建立起内在的体验关系，若能把这种审美的态度全面融入到日常生活中，充分发挥人这个存在主体对"美的生活的选择"时，艺术就不只是一个客观的对象，它同时也成为我们的生活，成为主体的属性，甚至是人人都拥有的价值和财富。福柯在其"生存美学"中将之称作"快乐的享用"，这是主体"自觉自愿的行动，经由这种行动，人们不仅将自己置于教化的规则之中，同时也使他们的生活变成艺术品，这样的生活构成了某种审美价值，并适合于某种风格标准"。① 从海德格尔"诗意的栖居"到福柯的"生存美学"，哲人们无论力主对生活的超越还是呼吁对生活的反叛，都将提升到审美体验高度、体现人的精神价值的生存状态视为最理想的状态。

总的看来，虽然日常生活的审美化才初露端倪，审美文化建设还有很长的路要走，但在多元文化力量的共同作用下，诗意化生存的审美理想在日常生活中每融入一点，人类就会朝着有意义的生活又迈进一步，而当人类的思维方式、生活方式和教育方式都趋于艺术化之时，整个文化就有望成为审美文化，这应该是中国在迈向21世纪时文化发展的方向。

---

① 转引自周宪：《20世纪西方美学》，高等教育出版社2004年版，第276页。

第三章 云南沧源佤族的传统文化与艺术

在人类社会的初级阶段,各民族都有一个相对封闭、发展滞缓且具有混融性特征的时期,但在之后不断加快的历史进程中,文化经由变迁特别是转型发生了巨大的演变。不过,由于中国各少数民族在地域上、文化上都处于边缘,在社会发展上相对滞后,如直到1949年新中国成立时,云南省的佤族、景颇族、拉祜族和傈僳族,甘肃省的东乡族,内蒙古地区的达斡尔族甚至还处在原始社会末期、奴隶社会初期,文化的原生性保存较为完好。本章将呈示佤族文化的形成与变迁过程,分析少数民族艺术传统形态的特征,为探究少数民族文化的现代转型问题设置一个可资参照的对象。

第一节 佤族传统文化的形成与变迁

在人类文化发展的初级阶段,人的观念尚未达到自觉的高度,未形成明晰的自我意识和类意识,人与人、人与自然之间是一种相互依存、圆融一体的状态。由于不同自然生态环境中各民族可资利用的生活资源不同,面对的劳动对象不同,其生产方式和生活方式也不同,并且这种"族化自然"与文化主体相互作用,亦不断显现出"我族"与"他族"在文化心理、思维方式上的差异,这是一个民族在文化发展进程中最具独特性的时期。

一、佤族：一个独特的文化共同体

佤族是一个跨境而居的民族，集中分布在中国云南西南部的中缅边境和缅甸的佤邦，人口总计有100多万，其中缅甸有60多万，泰国有3万。据2000年全国第五次人口普查，中国的佤族人口有42万多人，云南38万多，主要聚居在沧源县、西盟县，此外还有耿马、双江、镇康、永德、澜沧、孟连等县。这一区域的具体位置在东经99°～100°，北纬22°～24°，东、西分别是澜沧江和怒江，因地处怒江山脉南缘的崇山峻岭之中，故习惯上常被称为"阿佤山区"。

据考证，早在远古时代该区域就有人类活动，汉文史籍记载的"濮人"是佤族的古代先民，从族属看，佤族属于孟高棉语族佤德昂语支，直到唐代的史籍才将佤族与佤德昂语支中的布朗族、德昂族区别开来，被称作"望"人（"望"音同"佤"），而直接以"佤"为族称则是在清代以后才有的。事实上，佤族还有很多支系，佤族的自称在各地就有所不同，居镇康、永德县的称"佤"，居沧源、耿马、双江、澜沧县的称"布饶克"，居西盟、孟连县的称"阿佤"、"勒佤"等，学界一般把佤族分为佤、布饶、佤崩（阿佤莱）、佤固德（翁嘎科人）、乌（本人）、腊人、恩人与宋人七个支系。① 总的看来，佤族作为一个民族经历了漫长的演变过程，直到新中国成立，佤族的各支系才相互认同，统一定称为佤族。

如果将佤族的形成放置在一个更大的历史时空中把握，佤族

---

① 魏德明（尼嘎）：《佤族历史与文化研究》，德宏民族出版社1999年版，第3页。

也不是阿佤山的原住民。现今已知的人类原始时代曾绵延上百万年，在这个过程中，各族先民多经历过不断的迁徙，在迁徙过程中有冲突亦有融合，最后一些群体才逐渐定居下来，这样的状况在佤族古老的神话传说中就有所体现，而无论是不断迁徙还是选择定居，都是为了群体生存的需要。为了生存，当一个民族相对固定地生活在某一特定区域后，就会以居住地的环境为依托创造出自身特有的文化。在这个特定的历史阶段，由于各民族与自然环境的关系很密切，并且越是民族文化的原初阶段受自然环境的影响越大，故而在探究一个民族传统文化的状况，尤其是其文化的显性特征时，民族群体与自然环境的关系是一个有效的视角。

中国佤族聚居的区域在自然生态环境上有两个特点：一是气候暖湿、物产丰富；二是山河阻隔、环境封闭。阿佤山属亚热带气候，虽然地处山区，气候条件比较复杂，山上山下气温有很大区别，但从总体上看冬无严寒、夏无酷暑，雨量丰沛、土壤肥沃，极适宜于植物生长，原始林和次生林遍布于高山、谷地和村寨周围，农作物有旱稻、水稻、包谷、小红米、荞子和豆类，经济作物有甘蔗、茶叶、草棉、木棉、麻、烟草和各种药材，经济林木有黄果、菠萝蜜、芭蕉、多依果、木瓜、核桃、花椒等。此外，阿佤山区的动物种类繁多，矿产资源也很丰富，最珍稀的有亚洲象、孟加拉虎，还有豹、熊、鹿、麂子、野猪、蟒蛇、巨蜥等动物和孔雀等近百种珍奇鸟类，这里的矿产以银矿最著名，除了银矿，还蕴藏着锡、铁、铅、铜、金等金属矿和煤、云母、石棉、石膏等非金属矿。这一区域的平均海拔为1300米左右，山脉纵横、河流密布，大小河流水源充足，澜沧江和怒江依山势大体呈南北走向流入缅甸、老挝，其分水岭海拔最高达2800米，形成了北有怒江山脉作为屏障，东西有两条大河阻隔的较为闭塞的区域。

据佤族的传说,他们的祖先原来是生活在坝区的,后来被其他民族打败了才移居澜沧江和怒江两江之间,由于这里信息闭塞、交通不便,一般都是靠山吃山,最终形成了佤族以山地农耕为主,兼事渔猎与采集的物质生产方式。这种封闭的自然环境虽然阻碍了佤文化的发展,但也使其原生形态得以较好地保存。在佤族的社会生活中,一直保持着许多原始的生产方式和生活方式。阿佤山的耕地大多是旱地,只是在坡度较缓的地方开有少量水田,直到新中国成立时,佤族总体上还处在从"刀耕火种"向"犁挖撒种"过渡的阶段。此时的佤族虽未掌握冶铁技术,但受周边民族影响已会打制和使用铁制农具,他们用长刀把树木、茅草砍倒、晒干然后放火烧光,不犁不挖就点种,这就是很多原始的山地民族都采用过的"刀耕火种"办法;另一种较为精细的生产方式是"犁挖撒种",将树木茅草砍倒晒干、烧光后,还要用锄挖或牛犁松土,然后再播种。此时佤族的手工业还没有脱离农业,手工生产的目的主要是为农业和日常生活服务,主要有打铁、纺织、编篾、酿酒、制槟榔等。"街子"(集市)是佤族定期进行商品交换的场所,通常用以物易物的方式进行,在后期也使用过一种叫"半开"的银币。

在生活方式上,佤族村寨多坐落在平整的山顶或平缓的半坡之上,传统建筑是竹木结构,有"干栏式"楼房和四壁落地式平房两种。由于山高谷深,佤族出行走的是羊肠小道,逢江河及沟泉常常修有竹木或藤制吊桥,运输方式有人力和畜力两种,畜力主要依靠黄牛和骡马,黄牛用于近距离驮运谷物柴草,骡马用于马帮驮运盐巴、槟榔、布匹等远出经商。食物以稻米为主,辅以小红米、玉米、荞麦、高粱等杂粮和竹笋、辣椒、瓜类、豆类等菜蔬,另有饮水酒、咀嚼槟榔和吸旱烟的习惯。服饰多用自己纺织的棉、麻布做成,因地区不同而各有特点,比较一致的是男子用黑色、青蓝色布或红布缠头(以红色为尊),上身穿无领或圆领对襟布扣短袖披肩衣,下着大摆肥裆短脚裤,多为黑色或蓝色,外出常肩背挂包,而腰佩长刀,身背铜炮枪和弩箭的着装象征着有力量和男子气概。不同地区的佤族妇女服饰在式样上也有差异,总体上看都鲜艳美观,上着黑色或蓝色无领齐脐短衣,下穿由红蓝等多种颜色、多种图案织出的筒裙,较有特色的还有银饰和叫"筒帕"的挂包,银饰有银泡、银花、银耳坠、银手镯、银项圈、银纽扣、银戒指等,亦有用铜、铝、金或者珍珠、动物骨骼、竹藤等制成的饰物。较之金属制品的尊贵,筒帕则既实用又美观,不单是妇女,男女老幼都爱随身携带,有时还是传递友谊和爱情的信物。

佤族信仰万物有灵的自然宗教,他们认为山川、河流等自然万物都有灵魂或鬼神(佤族鬼神不分,鬼神与祖先常常也不区分),是鬼神主宰世界上的一切,会给人带来安危祸福,于是加以崇拜。"木依吉"是佤族崇拜的最大的神灵,她是创造万物和人类的女始祖,也是整个佤族和村寨的保护神,每个佤族村寨附近的"鬼林"(或称"神林")就是木依吉的居所,因此也被称作木依吉。佤族信仰的另一个重要鬼神是"阿依俄",这个本民族的男性祖先被供奉在房内鬼火塘左边的房壁上,但凡生育、死亡、结婚、盖房、收养子和买奴隶等事情都要向他祷告,故而阿依俄又是家庭的保护神。为了祈求神灵的呵护,佤族供奉的神灵还很多,甚至可以说原始宗教的观念和意识已全面地植入到了佤族的社会生活中,并外化为各种仪式化的活动。例如,在打仗、狩猎、盖房、外出、订婚、生病、分娩等日常生活中碰到疑难问题时,占卜就是一种基于宗教信仰的解决疑难的途径。佤族占卜的种类有手卦、鸡卦、猪卦、牛卦等，以看鸡卦使用最普遍也最有特色，只是由于鸡卦比较复杂，多是由村寨的头人或老年人来解卦。看鸡卦时，占卜人先念咒祷告，然后用竹签把鸡戳死，将鸡煮熟后取出的两根腿骨用细线绑成V形，再用很细的竹签顺鸡骨上自然形成的小孔插进去，以竹签插进骨孔的位置和方向判断凶吉。不单是日常生活中，在举行以村寨为单位的集体祭祀活动时，杀鸡看卦也是"做鬼"仪式中必不可少的一道程序，如每年的岁末年初，为祈求全年风调雨顺，各村寨都要修理水槽，除了杀一头猪和几只老鼠"祭水鬼"，也要看鸡骨卦。

在佤族的原始宗教活动中，拉木鼓、砍人头祭鬼、砍牛尾巴是最为隆重也最有民族特色的。有关佤族的来源，在佤族各支系中都普遍流传着人类是从"司岗里"来的说法：西盟佤族认为"司岗"（石洞）、"里"（出来），意为人类是从石洞出来的；沧源佤族多认为"司岗"是葫芦（沧源当地语音更接近"西岗"，但现大多写作"司岗"），人类是从葫芦里出来的。据说木鼓在人从"司岗"出来时就有了，只要击打木鼓，木依吉就会来接受供奉，因此佤族认为木鼓是通神之物不能随便敲击，只有在重大的宗教活动和军事行动时方能击鼓聚众。每个较大的村寨都有数个木鼓房和十多个木鼓，这些木鼓每隔数年就需要换成新的，换木鼓的仪式被称为"拉木鼓"。拉木鼓一般在祭水鬼之后，全过程需要十多天，不仅要多次杀鸡看卦，还得剽牛举祭。砍人头祭鬼是基于原始宗教信仰，以人头来"血祭"的一种极端形式。砍头祭鬼习俗产生的缘由有不同的说法，归纳下来大致有两个原因：一是只有砍人头祭鬼，谷子才长得好，村寨才安全；二是与佤族的血族复仇有很大关联，血缘关系是维系氏族发展阶段人们联系的重要纽带，血族复仇曾经很盛行。

砍人头祭鬼的活动也要持续十多天，必须杀猪剽牛以祭。砍牛尾巴也是历时十多天的全寨性祭祀活动，在每年春播以前，都要将木鼓房供过的人头送到村外鬼林中的人头桩上安放，通常由一家或几家人轮流剽牛主祭，在献祭过程中，一待祭司砍断牛尾巴并将之扔过主祭人家的房子，周围人便一拥而上挥刀抢肉，抢得牛肉最多者被视为英雄好汉。总的看来，这些宗教活动都要杀鸡问卦、宰猪剽牛甚至以人头献祭，具有典型的自然崇拜、神灵崇拜特征，亦有浓厚的节日色彩，全村人在活动期间全体出动分工合作，最后还通宵达旦地歌舞狂欢。

　　受自然环境的制约和宗教观念的影响，佤族传统文化结构中的各种要素都体现出原始自然关系的特点。家庭是社会组织中的最小单位，佤族总体上是一夫一妻制的婚姻形式，也存在少数一夫多妻的情况，婚姻自由，同姓禁止通婚，盛行姑表婚。同一祖先的若干家庭构成一个家族，每个家族都以祖先名或寨名、地名、山名、河名为自己的姓氏，佤族还存在父子连名制，父子连名的方式使家族关系和家族内部的血缘亲疏很清楚，各家族都是一个利益的共同体，有自己的家族长并有一套维系关系的规矩，如每个家族都有自己的宗教活动，禁止家族内部通婚，家族内部有互相帮助、承担债务的义务，也有互相继承财产的权利。当然，与原始公社早期氏族制的血缘集团不同，佤族的同姓关系是建立在私有制基础上的血缘集团，这些血缘集团又组成以地缘关系为基础的聚居群体——村寨。佤族的村寨是处于没落期的原始农村公社，每个村寨包括数个小寨和几个至十几个家族，这样也便于家族之间互相通婚。各村寨都有自己的领地，村寨成员有共同的宗教活动，虽然村寨内部已有贫富差别，但在和外寨发生关系时是一个经济整体，同时一切政治、军事活动也以村寨为单位进行。村寨之间经常结为军事性质的联盟，除了这种临时性的联盟关系，每个村寨还有友好寨和仇家寨，村寨之间结仇的一个主要原因就是相互砍头造成的。与此同时，在原始农村公社基础上建立的部落，在佤族的社会组织结构中也有存在，这些部落有的就是一个村寨，有的是若干村寨的联合，大的甚至联合了十多个村寨、几十个小寨的上万人。佤族政治和宗教的管理者有窝郎、头人和魔巴。窝郎本是家族首领，掌管村寨一切事物的大窝郎从最早建寨的家族中产生的（窝郎可世代相传，只有在特殊情况下才经看鸡卦的方式改由其他姓氏的窝郎担任），小窝郎协助大窝郎并管理自己家族的事物。随着私有制的产生，窝郎这种自然形成的村寨领袖逐步被头人取代。头人是汉族对佤族村寨管理者的称谓，头人在经济上通常比较富裕，说话办事能力强，能主持公道，因经常参与处理村寨中的事物，逐渐在村民中有了威信而被推举出来，头人去世后若其子具备做头人的能力，也可继承父亲的职位。头人也有大小之分，大头人威信较高，负责掌管全寨事物，小头人多是家族的族长，负责管理小寨并协助大头人办事。魔巴意为"做鬼的人"，是继窝郎之后的佤族宗教掌门人。魔巴也是自然产生的，谁知道的事情多并且会做鬼，谁就具备了做魔巴的条件，一个村寨的魔巴人数没有规定但也分大小，大魔巴一般是老年人，知道的事情多，能主持较大的宗教活动，小魔巴比较年轻，只能组织较小的宗教活动。

　　由于佤族尚处在还没有明确社会分工的阶段，窝郎、头人和魔巴既是社会的管理者，又是自食其力的劳动者，即便是富裕的头人，也没有完全脱离生产劳动，而他们的管理之所以有效力，一是因为自身享有较高的威信，二是因为可以用原始的习惯道德规范作为依据,来评判和调整各种社会关系,这些规范在学理上被表述为习惯法,在佤族民间则被称作"阿佤理"。佤族的习惯法归纳出来主要有以下几点:凡泄露本寨机密(主要是军事行动和猎头)而引起严重后果的,轻者抄家,重者赶出村寨或处死,未引起严重后果也会受到严厉斥责;如发生械斗,成年男子都得参加,无故不参加者将受舆论谴责,或罚谷、酒甚至被抄家;修水槽、修路、修木鼓房等公益劳动,每户须参加一人,不参加者一日出谷子若干,由头人收取充做公用;说话行为若犯了阿佤理,使别人在物质上或精神上蒙受损失的,需以实物赔偿,重者由受损失者抄家;欠债逾期不还,债主可抄负债人的家,拉他家的牛甚至子女抵债,若负债人没有一点偿还能力,债主还可拉近亲乃至同一家族、村寨任何人的牛;对于偷盗者,轻则退还赃物批评教育,重者或被抄家,或赶出村寨,最重者被失主打死但多数是被其近亲和家族处死,因为他们首先被连累并负有赔偿的义务;同姓不能通婚,同姓通婚整个村寨都会受到神鬼处罚,违反这个阿佤理包括发生两性关系者家族或村寨都要严厉惩处,要宰杀猪、牛祭鬼,有的还把牛头劈为两半以示男女永远断交;在村寨内部人与人之间和与其他村寨之间的纠纷中,谁先失礼就是谁的错,必须向对方承认错误,并要赔偿一定的财物以求得和解。①

二、佤族文化的自我调适

事实上,任何文化都不可能绝对是原生的、同质单一的文化,一个民族的文化在存续过程中除了要与自然环境维系一种和谐共

---

① 田继周、罗之基:《佤族》,民族出版社1996年版,第49~52页。

生的关系,还与文化大系统中的其他民族共同体或"文化圈"之间有密切的关联。如从血缘上看,民族文化主体是纯种血缘的几乎不存在,在民间口传文本《司岗里》中,可以看出佤族、傣族、拉祜族、汉族都是从"司岗"(石洞)里出来的,在《司岗里》中说到佤族与德昂族、布朗族等同源民族的产生问题时,常常提及他们曾经是兄弟姊妹的关系,而在之后与其他民族的交往过程中,也有通过通婚而融合为佤族的情况。

在文化演进的过程中,民族社会内部的改变,或不同民族之间的接触,都会导致一个民族文化的改变。随着时代的发展,自然环境对民族文化的作用逐步减弱,社会环境对文化发展的影响越来越凸显出来。一方面,为了达到新的均衡状态以谋求和谐,任何一个民族的文化自身都处在持续变化调节的过程之中,如在佤族的传统文化阶段,就经历了由母系氏族社会到父系氏族社会,由原始公社早期氏族制的血缘集团到建立在私有制基础上的家族制血缘集团的演化过程;另一方面,各民族的文化之间又相互影响。如文化传播学派就强调文化的横向散布,关注为进化论学派所忽视的时空条件和地方性变异,美国历史学派代表人物博厄斯还特别指出,只研究文化分布不研究社会文化变迁也是不完全的,应该研究不同文化接触所产生的影响,研究文化的涵化。涵化的基本前提是不同民族文化之间发生持续的接触,在接触过程中一方或双方文化发生变迁,新的文化特质被整合到接受一方的文化系统中,致使不同民族文化在某些方面具有相似性。

在中国,单一的佤族自治县仅有沧源和西盟两个,沧源县的佤族人口约占中国佤族总人口的1/3,是佤族最主要的聚居地。西盟是阿佤山中心区,沧源有部分处于中心区,但更多区域则处于阿佤山的边缘地带,从社会形态上看,沧源位居中心区的部分在新中国成立之初还处于原始社会末期,但在边缘区已有私有制的雏形,甚至在某些区域受其他民族影响,已建立了封建领主制度。因此,位居阿佤山边缘区的沧源也是典型的"民族文化叠压带",[1]是研究民族文化变迁、涵化的范本。相形之下,佤族和其他佤崩语支各族是在阿佤山居住最久的民族,彝、拉祜、傈僳、汉、哈尼等族都是后来陆续迁来的,通常是傣族居于坝区,汉族居于集镇和交通线上,佤族和其他民族居于山区,而越是在民族交错居住的区域,佤族受其他民族文化的影响就越大。

从史料和民族口传资料来看,除了与同属孟高棉语族佤崩语支的布朗族、崩龙族等的相互影响,历史上对佤族文化产生较大影响的是彝语支民族、掸傣民族和汉族。据沧源县志记载,明末清初以前,沧源境内的居民全为佤族,明洪武十二年(1380),傣族的先民从勐卯(现德宏瑞丽)迁入。清顺治十五年(1659)以后,相继有汉族、拉祜族、傈僳族、回族、彝族等民族迁入,逐步形成了以血缘部族为核心的部落制社会,并进而出现了社会两极分化。[2]

傣族是最早进入沧源境内的民族,他们迁徙的具体路线为:由勐卯经缅甸的九台、木邦、滚弄,再经勐角、勐省、耿马,至今定居沧源的历史已有 620 多年。虽然此时的阿佤山中心区还处于原始社会末期,但在阿佤山边缘区,由于傣族文化与佤族文化持续接触的时间最长,而傣族文化较佤族文化先进,其文化特质和思想通过各

---

[1] 黄泽:《文化叠压带:多民族杂居区域的文化层积关系——以云南省为例》,《广西民族研究》2000 年第 1 期。
[2] 《沧源佤族自治县概况》编写组、《沧源佤族自治县概况》修订本编写组:《沧源佤族自治县概况》,民族出版社 2007 年版,第 18、78 页。

种渠道被传递到佤族文化的一方,对佤族文化产生影响并发生涵化。自明永乐七年(1410)至清光绪十三年(1888),沧源佤族都归傣族孟定土司和耿马宣抚司管辖,清光绪十七年,清朝廷封勐董佤族代办罕荣高为勐角董土千总,并准其世袭,这标志着勐角董封建土司地位的确立。勐角董佤族土司彻底摆脱了耿马傣族土司的控制,建立了一套完整的封建领主制度,下设的层层官吏统领着九勐、十三圈。"勐"是傣语,指山间的平坝,"圈"为山区,一个"勐"或一个"圈"一般都由数个村寨组成,是土司下辖的权力组织单位。相应的,一些实力较强的佤族部落长也兼并了临近的一些小部落,逐渐成为封建领主,如班洪部落王子胡玉山也被清廷封为班洪土都司,成为部落世袭的最高土地所有者,这样的社会组织形态较之阿佤山中心区向前迈进了一大步。

佤族受傣族文化的影响不仅只是社会组织形态上,在宗教信仰上所受的影响也很大。沧源佤族自创的原始自然神教俗称"礼赛玛",即赛玛教,自然神教诸神并拜,每个村寨的上方都设有神坛,每逢新春佳节或遇重大战事,部落酋长和村寨头人都会组织村民祭拜。只不过这种信仰格局随着外来文化的传入逐渐发生了改变。沧源傣族信仰南传上座部佛教,俗称小乘佛教,因由印度南部流传至东南亚地区而得名。明永乐五年(1407),南传上座部佛教由瑞丽传入县境的勐角、勐董傣族居住区,后又传到门农、勐卡、勐省等地的傣族村寨。清朝中后期(1881),南传上座部佛教在沧源达到鼎盛时期,最早是班老的佤族,后来班洪、勐角地区的部分佤族也开始改信南传上座部佛教,至新中国成立前,沧源有2万多佤族信仰小乘佛教。信佛教的佤族和傣族一样,都喜欢送男孩进佛寺做和尚受教育,成年后又还俗,佤族自己没有文字,佛经是傣文,于是佤族的长老、佛爷,包括当过和尚的佤族人都懂一点傣文,而不仅只是学习和运用傣文,佤语与布朗语、崩龙语同属佤崩语支,语言很接近,与傣语的差异却很大,但在长期的涵化过程中,佤语中已有约10％的词汇借自傣语。班洪寨是班洪王的居住地,佤族历史最悠久的佛寺——班莫洞景佛寺也在班洪,本地区的其他佛寺都受班洪佛寺长老的管辖,所以班洪既是该地区的政治中心,也是佛教中心。

与此同时,沧源佤族在宗教信仰上除了受文化涵化的影响,还有受到外来文化直接传播的情况。涵化与传播有密切关联,凡在涵化的过程中都必然发生传播,不过这里所谓涵化过程中的传播强调的是不同文化在持续接触过程中的文化传递,但一种文化不经过持续接触的过程,也可以从其他文化那里借用其文化特质,这种性质的直接传播在严格意义上又不同于涵化,基督教传入佤族地区就是一个明证。20世纪初,基督教"浸信会"在1900年中英第一次会勘中缅边界之后,派牧师永伟里到拉祜族、佤族地区传教,为西方列强的殖民侵略充当开路先锋。1912年,永伟里向孟连土司买了糯福的一块山地(现属澜沧县),修建教堂和房舍,开办培训班广招教徒。经过几十年的活动,基督教逐渐在澜沧、沧源的拉祜族和佤族中传播开来,据沧源县1956年的统计,全县信仰基督教的有九十多个村寨,1.5万多人(主要是佤族,也包括少数拉祜族、傈僳族和景颇族教徒),共有93所教堂,74个撒拉(传教士)。[1] 为便于基督教在佤族地区传播,传教士曾以澜沧、沧源两县的岩帅、安康一带的佤话为基础,创设了一套拉丁字母拼写的

---

[1] 田继周、罗之基:《佤族》,民族出版社1996年版,第76页。

撒拉文（也称老佤文），虽然这套文字不够科学，使用范围有限，但它却是佤族最早的书面文字，传教士用它翻译出版了圣经、赞美诗等。

在其他民族文化的影响下，沧源佤族在近两百年来有了越来越多的节日并逐渐纳入本民族的文化传统之中，如在信仰佛教的地区有泼水节、关门节、开门节，信仰基督教的地区有圣诞节、复活节，其他主要节日还有火把节、播种节、新水节、新火节、新米节、春节等。由以上罗列的众多节日不难看出，佤族的节日文化受到不同民族包括西方文化的影响。但即便像佤族这样受外来文化影响较多的民族，在汲取其他民族文化时，并不是简单地拿来，而是将之纳入到自己的文化系统之中。如佤族的外来节庆活动在早期通常都与自己本民族的宗教活动融为一体，就是泼水节、春节、圣诞节也常常与神灵祭祀合而为一，打上了本民族的文化烙印。

说到泼水节，人们大多只会想到傣族的泼水节，佤族的泼水节虽然也在每年的4月中旬进行，也要敲响铓锣、打起象脚鼓，轻歌曼舞、互相泼水，但其文化内涵与傣族的泼水节不尽相同。佤族有关泼水节的传说是这样的：在很久以前，阿佤山连续三年大旱，整个阿佤山的常青树叶子都掉光了，庄稼枯黄而死。为此，鹿埃松寨的七个佤族姐妹深入密林寻找水源。她们翻过好多座高山，越过好多道深沟，尖石扎破了姐妹们的双脚，刺藤划破了衣裙，七姐妹始终不灰心。一天，她们终于在一个岩洞里找到一股凉丝丝的清泉。为了把泉水引出山洞，她们搬来石头堵住漏水口，但石头却被激流冲走了。于是，七个姐妹便一个抱着一个，纵身跳进落水口用身躯堵漏，最后，她们化成了七块坚硬、晶莹的巨石，泼水节就是为了纪念这七个为佤族人民献身的佤族姑娘。① 又如佤族过春节虽然效仿了不少汉族的礼节,但又有佤族自己的文化特征,在节日之前,家家户户都要酿制水酒、准备节日服装、修缮房屋、备足柴草、打扫村舍,腊月二十九,村民们会在村寨中间的舞场上或自家庭院里栽一棵松树作为过节的标记,这也是辞旧迎新的象征。农历大年三十,妇女们早早起来舂糯米粑粑,在除夕之夜鸡鸣头遍,头人就派人鸣枪、放炮,宣布新的一年到来,人们点着火把用竹筒从水槽上接新年的第一筒甘泉回家,以献祭家神和木依吉神。大年初一是戒忌日,初二要相互拜年,这与汉族习俗没有太大的不同。最有佤族文化特征的除了对本民族神灵的祭祀就是跳春节舞,佤族叫打歌。从大年初二开始有三至五天的时间,一般在每天下午的4点以后直至深夜,在村寨头人或其他主办者组织的舞队引领下,全寨的男女老少集聚到村寨中心的舞场上,跟着芦笙手吹奏的节拍、围绕"司岗桩"(场地中央的"丫"形木桩)翩翩起舞,欢呼声此起彼伏,既尽情释放着激情和快乐,也祈愿新的一年风调雨顺、粮食丰收。

由此看来,在文化变迁的过程中,一个民族不会完全被动地借取、吸纳其他民族的文化,在文化变迁的深层结构中,佤族同样努力保留作为文化主体性存在的内在优势,并凭借这种优势去融会其他文化,以保有对文化既能控制又能吸收消化的能力,或者说是努力保有本民族文化调适的能力。当然,这里强调的是渐进式的涵化变迁过程,除此之外还有一种变迁是突变式的变迁,变迁原因主要是由于外部因素的作用,如外来文化观念的直接传播、军事上

---

① 赵富荣:《佤族风俗志》,中央民族大学出版社1994年版,第122页。

的入侵引起的文化激变甚至被迫同化，这种变迁往往因为具有强制性而导致文化冲突，于是外来文化遭到接受一方的排拒和反抗。在沧源，后人一直以来都作为爱国主义教育重要内容的班洪抗英斗争和佤族在滇西抗战中的英勇行为，实际上就是文化抗拒最极致的表现。

1885年英国占领缅甸之后，加紧了对中国西南边疆的侵略，阿佤山首当其冲。1890年和1892年，英军两次组织武装"旅游队"潜入阿佤山，一方面笼络当地上层人士，要其承认其统辖地区属于缅甸，愿意归英国管辖；另一方面探查当地风土民情，绘制阿佤山详细地图，尤其觊觎班洪茂隆银厂丰富的矿产资源，这些所作所为都遭到了严正的警告。1899年，在中英进行第一次未定界会勘期间，英国武装人员进入龙跨部落，引发当地佤族民众抵制。同年2月9日，在勐董街赶集的五名英军拿了永和佤族卖的黄果不给钱，还开枪打死一名佤族青年，此事激起佤族、傣族民众的义愤，五人中的两人被追到白塔砍死，之后英军头领司各德派武装向勐董、永和民众疯狂报复，许多村寨和缅寺毁于大火。为此，当时的班洪王胡玉山联合了一支3000人的武装进行反击，后来是清政府派兵干涉，强迫民众武装解散，英军撤回缅甸，"黄果事件"才宣告结束。在之后的1917年和1924年，英国传教士永伟里父子在澜沧糯福建立据点后，曾想通过永和、岩帅等地向勐董和班洪地区传教，同样遭到当地佤族和傣族的抵制。

随着中英的资源之争和领土之争不断升级，最终引发了震惊中外的"班洪事件"——1934年初，英军侵入炉房一带，占领茂隆银厂经营多年的炉房银矿，并在这一地区烧杀抢掠，激起了佤族民众的极大愤怒。班洪、班老佤王邀请周围17个部落的头领和其他地区的土司头人代表在班洪剽牛盟誓,在班洪王胡玉山的率领下分兵三路抗击入侵者。1934年2月8日,抗英战争在班老部落爆发之后,沧源周边双江、澜沧等地的各族民众也组织义勇军赶赴班洪予以支援。英军连连失败,不得不向当时的中央政府施加压力,迫使其与之进行"滇缅南段未定界第二次会勘"。面对抗英斗争中的重重阻力,1935年初,阿佤山17个部落王派代表到昆明向云南省政府请愿,并发表了《告全国同胞书》,誓言:"我佧(阿)佤山数十万户,宁可血流成河,断不做英国之奴隶。今者,中英会勘滇缅界务,我全佧(阿)佤山百姓,请愿我委员,保全我佧(阿)佤之地。若以我佧(阿)佤山让与英人,则虽我委员迫于威势,隐忍退让,然我全佧(阿)佤山民众决不愿听英帝之驱使,愿断头颅,不愿为英之牛马。"①1936年春,在中缅边界勘委会会址勐梭,各族民众在各部落头人的率领下举行示威游行,现场国旗飞舞,口号声与火药枪、土炮齐鸣,在如此阵势的威慑下,中方挫败了英方的图谋,捍卫了中国领土的完整。为了庆祝胜利,阿佤山各族人民在勐梭剽牛杀猪、饮酒歌舞,欢庆数日。

抗日战争时期,日军第15集团军在1942年4月攻占缅甸,5月即向云南大举进攻,畹町、腾冲、芒市等地很快陷落,阿佤山成了阻止日军进犯的前沿阵地。当时的阿佤山区有两支抗日武装:一支是正规军,隶属中国远征军第2军第9师、第33师;另一支是阿佤山抗日游击队,包括耿沧支队、阿佤山游击支队和班洪自卫支队。耿沧支队成立于1942年9月,下辖三个大队和一个特务连,主要在耿马、孟定、孟董一带活动;阿佤山游击支队于1943年5月组建,编为八个大队,整个中缅边境的班况、班老、南腊、班洪、永

---

① 《佤族简史》编写组:《佤族简史》,云南人民出版社1986年版,第38页。

和、弄乃、绍兴、绍帕、公鸡、塔田、新地方的莱姆山(公明山)等地都是阿佤山游击支队活动的区域；班洪自卫支队组建于1943年10月，有班老、南腊、班洪、岩帅六个大队，指挥部设在班洪，由班洪王胡中华(胡玉山之子)统辖，活跃在佤族聚居区。这三支以佤族为主体的几千人的队伍，密切配合国民党抗日部队作战，涌现出了胡中华、胡玉堂、田子昌、保为国、艾拉和张万美等抗日英雄。其他佤族民众也冒着生命危险给远征军带路、送情报、刺探敌情，为抗日队伍送吃送穿，提供物力和财力的支持，这对于大多还处在"刀耕火种"状况下的佤族来说，是极其不容易的。佤族人民敢于用大刀、长矛、弓弩与用现代武器装备起来的英、日侵略者斗争，虽然付出了惨重的代价、作出了极大的牺牲，但在军事上和政治上维护了国家领土的完整，在文化上更是捍卫了中华民族不容侵犯的尊严。

综上所述，无论是文化自身的发展，还是文化在涵化过程中的传递、文化的直接传播，甚至是由外来文化的强制性介入而引发的文化抗拒，都表明文化是一个变量而不是一个常量，或者说文化变迁是文化发展的常态。在文化变迁过程中，各种文化力交互作用不断达成新的和谐与平衡，这包括一个民族文化内部各种因素的变动调适、一个民族的文化与外在自然环境之间的和谐、不同民族文化之间的相互关系、民族文化主体内在的调节与做出的选择等。虽然多种力量的介入导致了文化发展上越来越复杂的格局，但总的看来，在文化变迁过程中，民族文化的特性并没有发生根本的改变。当然，佤族在这一阶段的后期，率先迈入现代社会的一些民族凭借其军事上和文化上的领先优势，已用枪炮敲开了阿佤山封闭坚固的寨门，这预示着佤族这个古老的民族必将面对更大的动荡，也必定走向更为广阔的天地。

第二节 佤族传统艺术类型与特征

这一时期的少数民族艺术与其文化传统相对应，呈现出艺术与原始宗教、艺术与生活整混不分的特性，并且这种混融性在由神的时代向人的时代转化的过程中，具有不同的功用、内涵和表现形式。

一、宗教情感与审美体验交织

祭坛就是艺坛，这是讨论原始巫术文化与人类早期的审美活动，尤其是艺术创造活动关系时常用的直观表述，虽然巫术和艺术的性质截然不同，但原始巫术文化与艺术发生有直接关联，是孕育艺术之"母体"的观点已得到学界的广泛认同。与此相应，由于有人类学、考古学大量证据的支持，巫术说和原型说在有关艺术发生的诸学说中一直很有影响，只不过在对艺术发生问题进行理论探究时，巫术说侧重从文化角度解析了审美包括艺术的起源问题，原型说侧重从内在心理层面和艺术形象发轫的角度揭示了原始巫术与艺术创造的关系。

巫术说是法国考古学家雷纳克依据英国人类学家泰勒和弗雷泽的理论建立的，泰勒在《原始文化》中认为，是原始人的万物有灵观念导致了巫术观念，并支配着他们的一切生存活动，弗雷泽在对原始巫术进行大量的实证研究后进一步指出，原始巫术遵从的是"交感律"，在这种由于原始人"联想"的错误运用而形成的"交感巫术"中，"物体通过某种神秘的交感可以远距离地相互作用，通过一种我们看不见的'以太'把一物体的推动力传输给另一物体"。①交感巫术又分为接触巫术和模仿巫术,接触巫术蕴含着以部分代替整体的原则,认为通过与人接触过的物体就可对人本身施加影响;模仿巫术则遵从相似性具有同一性的原则,相信通过模仿就可以实现自己的意志,并产生了舞蹈、咒语等巫术仪式。雷纳克藉此提出,审美起源于原始巫术活动,甚至原始人的审美活动就是巫术活动。

具体到巫术活动与人类早期艺术创造的关系上,原型说的代表人物荣格指出,原型是先民在早期形成并遗传下来的集体无意识。一方面,艺术就是人们在这种潜藏于群体意识深层的朦胧精神推动下创造的;另一方面,这种集体心理倾向的核心内容是原始意象(集体表象),而原型最早形成和存在于神话中,艺术形象就是原型的一种转换形式。由于对原始时代的文化艺术存续状况没有任何文字的记载,上述观点的主要依据一个是对"文化遗存物"的考古发现,一个就是对现存"原始部族"文化艺术活动的人类学考查,如佤族许多尚属"活形态"的文化艺术活动就完全可以作为审美和艺术发生问题的佐证。

在社会发展的初级阶段,大自然是先民生存繁衍的重要依托,人们一方面亲近自然、依从自然的节律从事生产劳动;另一方面,面对变幻莫测、庞大而神秘的现实世界,又深切地感受到自然力量的威胁,雷电、风雨、梦境、疾病、死亡等现象,常常使人感到惊惶和恐惧,感到似乎有一种超越自身的力量在冥冥之中主宰着自己的

---

① 弗雷泽著,徐育新、汪培基、张泽石译:《金枝》,大众文艺出版社1998年版,第21页。

生活。先民对大自然所蕴含的神秘力量充满恐惧和敬畏,甚至时常把事物的客观属性当做神秘世界的标志和符号来加以膜拜,[①]于是自然崇拜成为人类最早的一种崇拜形式。在原始人眼里,日月星辰、飞禽走兽、花草树木、石头泥土等,都有感情意志,具有与人同样的心理和某种神秘功能,原始人这种把一切生命和非生命的存在都看做是相互关联和渗入的思维特征,或者说原始思维所遵循的原则,被列维-布留尔称作"互渗律"。在原始思维的影响作用下,万物有灵观念成为原始宗教的基本内涵,并越来越集中地体现在对自身精神状况的认知,"在远古时代,人们还完全不知道自己身体的构造,并且受梦中景象的影响,于是就产生了一种观念:他们的思维和感觉不是他们身体的活动,而是一种独特的寓于这个身体之中而在人死亡时就离开身体的灵魂活动。从这时候起,人们不得不思考这种灵魂对外部世界的关系。既然灵魂在人死时离开肉体而继续活着,那么就没有任何理由去设想它本身还会死亡,这样就产生了灵魂不死的观念。"[②]相应的,神灵崇拜对先民的生存实践活动产生了重大影响。

神的诞生使人与自然的关系发生了巨大的变化,人们除了与物质性的客观实在相联系外,还与一个由主观虚构出来的精神世界发生联系,并由此产生观念上的一系列变化,对活动方式和文化发展造成深远的影响,而神的存在和作用,永远受两种附属物的辅助,这便是神话和仪式。[③] 神话是人类围绕神的存在这个原始观念的核心,对世界所作的最早的哲学思考,由于凝聚着人类最基本

---

① 列维-布留尔著、丁由译:《原始思维》,商务印书馆1985年版,第58页。
② 《马克思恩格斯选集》第四卷,人民出版社1972年版,第219~220页。
③ 杨知勇:《宗教·神话·民俗》,云南教育出版社1992年版,第41页。

的宇宙观和伦理道德观念的最初原型,神话世界成为人类早期精神世界的重要依托,而为了得到神的护佑和恩赐,巫术仪式的操演成为原始人沟通人神之间的联系,谋求与自然之和谐与平衡的最重要举措。

神话的出现进一步确立了神在人们精神生活中的重要地位,与具有"互渗性"的原始思维相对应,神话思维作为一种先于逻辑的"隐喻的思维",[①]对世界的认识思考方式并非抽象理性的方式,而是通过具体的想象(或幻想),以象征的方式去反映世界和认识世界的,在浅表直观的层面上,以神话思维为代表的原始思维具有高度具体化、形象化和对事物进行整体把握的特点,而在神话以表意的、后人看来充满隐喻的表象系统中,更重要的是渗透了特定群体的集体规范和文化个性。在这个意义上,神话思维是一种创造性思维,不同民族都有自己独特的一套象征符号系统,这些"集体表象"不仅在神话中,而且在特定民族的整个文化象征符号系统中都发挥着标识的作用。

神话最核心的母题是与人的生命存在紧密联系的人类的起源、死亡和再生问题,围绕这个母题,大多数民族都有自己最具特色的集体表象,而于佤族便是司岗、葫芦、牛和木鼓。如前所述,人类起源问题是《司岗里》阐释的重点,"司岗"在佤语中为"石洞"之意,"里"表示"出来",佤族认为人类是从"司岗"中出来的。不过,由于佤族历史上没有文字,在《司岗里》的口传过程中有变异,沧源佤族大多认为人类是从"西岗"(葫芦)里出来的。从学理上看,人

---

① 卡西尔著、于晓等译:《语言与神话》,生活・读书・新知三联书店1988年版,第102页。

类从石洞里出来抑或从葫芦里出来的说法,既反映了佤族对穴居生活的朦胧记忆,又体现出先民对生命孕育生产的粗浅认识,并带有明显的生殖崇拜倾向。如果将《司岗里》神话进行梳理,亦可看到以上两种说法其实不矛盾,只是人类经历了从石洞里出来和从葫芦里出来两次起源而已。① 流传在沧源的《司岗里》告诉后人,宇宙间的第一个魂灵是天神"达西爷",他因为孤单而不停地哭泣,眼泪就像雨一般落到地上,化作河流山川,很多很多年以后,水与土又孕育出宇宙间的第二个魂灵——地神"木依吉"。② 天神与地神结合生了两个孩子,男孩是太阳,女孩是月亮,而为了让地球上热闹起来,天神又创造了各种各样的植物和动物,地神则把水和土搅在一起捏出了最早的一批人。糟糕的是,这些人成天就只知道吃水和土,吃饱了就拼命生孩子,眼看人类把世界糟蹋得不成样子,天神只有命令雷神派燕子放火烧死人类,地神于心不忍,悄悄将人种藏到山洞里。于是,《司岗里》开篇对人类起源有这样的描述:

> 有一天,差(一种小鸟)从石洞旁飞过,听到石洞里轰轰地响,就跟打雷一样,还听见了人的声音。差飞遍大地,把这个发现告诉了所有的动物和植物。
> 差说:"人要出来了,我听见他们的声音了。"
> 动物和植物听说人要出来的消息,都很紧张,大家议论纷

---

① 王学兵:《司岗里传说》,远方出版社 2004 年版。
② 还有因各地发音不同而汉译为"莫伟"、"梅依格"或"梅神"的,王学兵在《司岗里传说》中又音译为"咩西雍"。参见王学兵:《司岗里传说》,远方出版社 2004 年版,第 4 页。

纷：该不该让人出来？人出来了怎么办？

大树说："不能让人出来，人出来会砍死我，要是人出来了，我就倒下去把他们压死。"

豹子说："我也不同意让人出来，人出来会打死我。要是人出来了，我要咬死他们。"

但大多数动物和植物都同意让人出来……大树认输了，只好同意让人出来。

动物们决定，帮助人打开石洞，让人出来。

大象弯着长长的鼻子来撬，撬不开。

犀牛晃着尖尖的犄角来顶，顶不开。

野猪伸着粗粗的嘴筒子来拱，拱不开。

麂子扬着硬硬的蹄子来蹶，蹶不开。

老熊甩着厚厚的巴掌来拍，拍不开。

鹞鹰、臭雕、猫头鹰、啄木鸟用锋利的嘴壳来啄，啄不开。

鹦鹉和犀鸟把嘴壳都啄弯了。

差只好去求莫伟，请她帮忙。莫伟说："请小米雀去啄吧。"

小米雀去找苍蝇，对它说："莫伟叫我去啄开石洞让人出来，只有你能帮我的忙。"

"我能帮你什么忙呢？"苍蝇问。

"我啄一口你就在我啄过的地方吐上一口唾沫就行了。"

小米雀带着苍蝇来到了石洞。

小米雀的身子只有橄榄果那么一点大，嘴壳黄秧秧、嫩生生的。动物们都有些不相信地看着它，只见小米雀"呼"地飞到枇杷树上饱饱地吃了一顿枇杷果，蹲到岩石上，蘸着山泉水

"唰唰"地磨了一阵嘴壳,叫苍蝇用一根细藤子把它的嘴壳绑牢了,然后攀到石洞上,"突、突、突"地啄了起来。啄一口,苍蝇就在它啄过的地方吐上一口唾液,渐进地石洞裂开了。"轰隆隆",石洞终于打开了。人从石洞里挤挤攘攘地走出来。

本来就不同意让人出来的豹子早就呲牙咧嘴地守在洞旁边。人出来一个它就恶狠狠地扑上去咬死一个。一个、两个、三个。豹子已经咬死第三个人了。老鼠生气了,"通"地跳到豹子身上,使劲咬住豹子的尾巴不放,豹子疼得"嗷嗷"叫着在地上打滚。人一个接着一个地出来了。豹子见人越来越多,害怕了,拼命甩掉老鼠,逃跑了。

从第四人起,人才活下来了。这个人是佤族。从此,佤族的排行为老大。以后出来了拉祜族、傣族、汉族,分别排行为老二、老三、老四,就是岩佤(佤族的男性先祖,又汉译为"阿依俄")、尼文、三木傣、赛口,再以后就是其他民族了。①

天神见人类没有死绝又动了杀机,地神急忙为人类求情,天神最终答应:如果人类改吃瓜果树叶,一个月只生一胎,就给他们血肉之躯让其生存下去。麻烦的是,天神这次忽略了万物都应有生老病死的规律,结果人类只会生不会死,地球上人满为患,最后连树皮树根都被吃了,大地又是一片荒芜,天神决定放开天河淹没整个世界。天神毁灭世界的目的是重新更换物种,其中包括留下一个心地善良的人做人类的保护神和管理者,他扮作一只很大的癞

---

① 尚仲豪、郭思九、刘允褆编:《佤族民间故事选》,上海人民出版社1989年版,第3~4页。

蛤蟆站在路中央,看逃命的人中有没有好心人救他,而最终救癞蛤蟆的人就是佤族的男始祖达惹敢木。① 达惹敢木听从癞蛤蟆的吩咐,在洪水到来之前造了一艘独木船,并把一头黑母牛也牵到船上。洪水来了,万物及人类都淹死了,只剩达惹敢木与母牛漂流到一座最高的大山(据传叫公明山,这座大山也被称作"西岗里")上,这之后的情形如何呢?流传在沧源芒回寨的创世古歌是这样唱的:

达摆卡木就住在西岗里上,
每天赶着黑母牛放三次,
他一直赶了三年,母牛还是那样大。
癞蛤蟆就对老人说:
"达摆卡木呀!世上没有人了,
全靠你和母牛了,你每天要和母牛睡三次。
睡到三年的时候,你用刀划开牛肚子,
看看牛肚子里有没有东西?"
达摆卡木听了癞蛤蟆的话,
过了三年后,他就把牛肚子划开,
牛肚子里一样也没有,独独有一颗葫芦籽,
达摆卡木取出葫芦籽,把它种在了西岗里的山头上。
种子种下地,四个月后才出土;
葫芦长出后,葫芦(叶)爬满了西岗里;

---

① 又译为达摆卡木。王学兵在《司岗里传说》中认为他是"姆依吉"(木依吉),但从逻辑上推断,笔者认为地神才是佤族女始祖木依吉,达惹敢木应是佤族的男始祖。王学兵:《司岗里传说》,远方出版社2004年版,第18页。

葫芦（叶）把西岗里铺得绿茵茵,葫芦不会结;
时间又过了三年,最后才结了一个独葫芦;
独葫芦长了三年,葫芦里突然发出了声音。
达摆卡木很奇怪,便找来了西岗里上所有的野兽。
他还抬了斧子,要把葫芦砍开看一看。
这时候豹子也赶来了,它等在葫芦门口。
达摆卡木用斧子砍了葫芦,葫芦里走出来许多人;
豹子看见人出来,出来一个就吃一个。
达摆卡木看着豹子吃人,就去找来蚊子,
叫蚊子飞去叮住豹子的眼睛,让人赶快从葫芦里出来。①

其实不单是佤族,世界上很多民族,围绕葫芦这个原始意象,也派生出不少有关人类起源与葫芦相联系的"葫芦神话"。这些神话大同小异,若论其类别主要有两种:第一种,认为葫芦是逃生工具,以人类祖先因为躲在葫芦中而保存了人种的解释居多,如在洪水将要淹没大地的时候,彝族的始祖阿朴独姆兄妹就是靠众神之王涅浓倮佐送的葫芦籽,种出葫芦作为庇护之所而躲过劫难;在苗族古歌《洪水淹天》里,是雷公送给姜央儿女一颗葫芦籽,两人躲在结出的葫芦里飘上南天门,躲过了灭顶之灾;第二种,是葫芦孕育了人类的祖先。如印度的《罗摩衍那》中就有这样的记载:"须摩底呢,虎般的人！生出来了一个长葫芦,人们把葫芦打破,六万个儿子从葫芦里跳出来。"还有就是洪水中幸存的兄妹俩结婚生下葫芦,葫芦又再生人类。沧源《西岗里》关于葫芦生人的描述可归入

---

① 云南民族民间文艺沧源调查队编:《沧源县佤族民间长诗选》,1960年油印本。

第二种,但同时又有自己的特点,一般来说,在体现人类早期血缘婚状况的神话传说中,以兄妹通婚的居多,达摆卡木与母牛(人与动物)交合而生葫芦的尚不多见,而与之相应,葫芦与牛亦成为佤族重要的集体表象。

葫芦与牛的表象也体现了原始社会中晚期先民的血亲观念,"人从葫芦出"这个普遍存在于汉、彝、傣、傈僳等20多个民族神话中的表述,带有人类在特定历史阶段浓烈的生殖崇拜特色,因而对生殖崇拜问题的解析,是把握神话之深层内涵的一条重要路径。"历史中的决定性因素,归根结底是直接生活的生产和再生产。但是,生产本身又有两种:一方面是生活资料即食物、衣服、住房以及为此所需的工具的生产;另一方面是人类自身的生产,即种的繁衍。……劳动愈不发展,劳动产品的数量、社会的财富愈受限制,社会制度就愈在较大程度上受血族关系的支配。"[1]正因如此,在人类早期的社会实践中,出于求生欲望不仅有迁徙等一系列生存活动,而且还不断衍生出生殖、性等一系列观念活动。

在先民经由生殖崇拜展开的一系列观念活动中,往往囿于认识能力而直观地将生殖与女性联系在一起,最早的生殖崇拜也就必然与女阴、母腹等联系在一起。如佤族"司岗"的又一个含义即指女性的下身,与此相应,在沧源佤族之《西岗里》中,牛与葫芦都是人类再生的母体,牛还因为与人的生命有密切的联系而被族人视为与神灵沟通的最佳使者,成为族人顶礼膜拜的图腾,《西岗里》古歌谆谆告诫后人,"大家都要记住,不管人还是动物都是牛的后

---

[1] 恩格斯:《家庭、私有制和国家的起源》,载《马克思恩格斯选集》第四卷,人民出版社1972年版,第2页。

代,应该感谢牛的恩德。"就在这种牛与佤族同生共存的族群意识作用下,牛也带着为族人献身的神圣使命,负载着族人的祈愿走上祭坛,但凡佤族举行集体性的、重大的宗教祭祀活动,都要以牛为牺牲献祭给神灵。特别地,佤族独创、独有的木鼓同样显现了生殖崇拜这个主题:木鼓在佤语中称"格罗",据传佤族从"司岗"里出来后不久就有了木鼓。关于木鼓的产生,《司岗里》中说,女神"安木拐不晓得怎样凿木鼓声音才会大,常为此事而烦恼。有天晚上她做了一个梦,梦见木依吉笑眯眯地拍了拍她的肚皮,肚子立即发出咚咚的响声,声音很大,把她都给震醒了。安木拐霎时明白了,第二天,她指着自己的下身说:'以后你们就照着它的样子凿吧。'后来凿出的木鼓,果然声音很大,传得很远。"① 从现实中木鼓的形制看,制好的鼓长 150~200 厘米,直径 50~80 厘米,鼓的槽口长 130~140 厘米,宽 1 厘米左右,以舌尖状凿进树心,深 10~15 厘米,鼓槽酷似女性生殖器,槽口外小内大,树心基本掏空且又深浅不一,以使敲击时发出不同的音调,鼓身通常还刻有太阳、月亮、牛头等,代表生命和生命的起源。

总的看来,佤族《司岗里》神话中的司岗、葫芦、牛、木鼓都是佤族母体崇拜、生殖崇拜、祖灵崇拜的象征物。这其中,尤其是木鼓被视作佤族最具特色的集体表象,由于与佤族始祖木依吉等众女神有关,木鼓被视为通天神器,围绕木鼓的一系列祭祀仪式将佤族独有的象征符号系统整合串接在一起。与此相应,以木鼓为代表的集体表象后来不仅在佤族文化中发挥着标识作用,亦成为佤族

---

① 云南省民间文学集成编辑办公室编:《佤族民间故事集成》,云南人民出版社 1990 年版,第 17 页。

文学艺术创造的重要表现、描摹对象。

从文化功能上看,"神话和仪式远非人们常常说的那样是人类背离现实的'虚构机能'的产物。它们的主要价值就在于把那些曾经(无疑目前仍然如此)恰恰适用于某一类型的发现的残留下来的观察与反省的方式,一直保存至今日:自然从用感觉性词语对感觉世界进行思辨性的组织和利用开始,就认可了那些发现。这种具体性的科学按其本质必然被限制在那类与注定要由精确的自然科学达到的那些结果不同的结果,但它并不因此就使其科学性减色。在万年之前,它们就被证实,并将永远作为我们文明的基础。"[①]若借此推论,对神话观念的仪式化操演不仅具有祈祷村寨部落人丁兴旺、谷物丰收等原始宗教内涵,神话和仪式也是先民整个精神文化赖以存在的重要基础,这就包含本部分论证的重点问题:神话和仪式是人类艺术的摇篮。"希腊神话不只是希腊艺术的武库,而且是它的土壤……希腊艺术的前提是希腊神话,也就是已经通过人民的幻想用一种不自觉的艺术方式加工过的自然和社会形式本身。"[②]马克思关于古希腊神话的这段论述,就精辟地论证了神话对世界的表达方式与艺术传递人类精神的方式之间十分密切的关系。

神话向来被视为人类早期的一种重要文学样式,这其中,由于象征手法的运用而呈现的一系列集体表象与艺术形象的关联、神话思维与艺术思维的共通性是重要的原因。维柯与黑格尔都对艺术做过历史形态学的研究,黑格尔就将人类最初的艺

---

① 列维-斯特劳斯著、李幼蒸译:《野性的思维》,商务印书馆1987年版,第22页。
② 《马克思恩格斯全集》第2卷,人民出版社1972年版,第28页。

术类型称作象征型艺术,"象征一般是直接呈现于感性观照的一种现成的外在事物,对这种外在事物并不直接就它本身来看,而是就它所暗示的一种较广泛较普遍的意义来看。"①在黑格尔看来,象征型艺术的主要特征是物质的表现形式压倒精神的内容,形式和内容的关系仅是一种象征关系,物质不是作为内容的形式来表现内容,而是用某种符号、某种事物,来象征一种朦胧的认识或意蕴,由于感性的形式压倒了理念的内容,象征型艺术只是"艺术前的艺术"。维柯则对人类早期的艺术创造予以充分肯定,他从考察原始民族的思维特征入手探究艺术的起源,指出原始思维具有以己度物和想象性的类概念两个重要特征,②维柯是最早研究艺术思维特征的人,他的研究也揭示了原始思维与艺术思维的密切关联。若做进一步的解析,由于一切神话都是"在人们的想象中经过不自觉的艺术方式所加工过的自然界和社会形态",并且都是用"想象和借助想象以征服自然力,支配自然力,把自然力加以形象化"③的结果,神话中特定民族的集体表象和艺术创造中的艺术形象相通契合,神话才成为既以意象为核心,又以意象为媒介的审美思维的摇篮。

此外,神话对世界的表达方式与艺术传递人类精神的方式之间的密切关系还体现在宗教情感和艺术情感的交融互渗。表现在行为层面上,各族先民对神灵的崇拜与艺术创造的中介是原始的巫术仪式活动,为了得到神灵的保护和恩赐,先民借由仪式活动中

---

① 黑格尔著、朱光潜译:《美学》第2卷,商务印书馆1979年版,第10页。
② 维柯著、朱光潜译:《新科学》,人民文学出版社1986年版,第161~162页。
③ 马克思:《政治经济学批判导言》,《马克思恩格斯选集》第2卷,人民出版社1972年版,第29页。

强烈的身体体验和情感体验,从日常经验领域逃遁到超自然领域,并试图以逐步完善的操作体系,以巫力的作用来达到对自然的控制,致使审美意识和审美创造在宗教活动中逐渐萌生,或者可以说,仪式活动产生的超现实的神秘体验一经开始,无论对人们的心智结构、精神活动和创造行为,还是对早期的艺术创造都发生了重大影响。"人类审美意识作为精神活动的一个方面,也常常体现出宗教和巫术活动的一般特征。宗教和巫术的体验同时也是一种审美体验,而在审美体验的机体中,也渗透着宗教和巫术体验的骨血。巫术和宗教的创造行为即把来自于超自然领域的感受转换为形象必须以审美意识和形象制作来实现;而形象创造活动必须得源于宗教或巫术的精神动力。"[1]可以说,正是仪式化的感性操演刺激了人类的生理感官,进而促进了大脑的发育和心智的不断健全,促生了审美意识这个艺术发生的重要条件,提升了人类对具有形式美的对象的感受、体验能力,当仪式以物态化的形式来表达主体内在情感体验及创造性想象时,咒语有了诗的韵律,动作有了舞的灵动,图腾物就是最早的雕塑,献祭成为整出"神话剧"的高潮。

相应的,与佤族原始宗教活动密切相关的艺术样式主要有散文体创世神话、韵文体创世古歌,与原始宗教祭祀活动相关的图腾歌舞、祭祷词,以及相应的一系列物化形态,其中尤以经由仪式化的操演派生出的"祭祀艺术"最有代表性。在佤族的原始宗教祭祀中最重大的、全民参与的仪式活动有三项:木鼓祭、剽牛祭和猎头祭,佤族文化又被称作木鼓文化,剽牛祭和猎头祭都是围绕木鼓祭这个核心展开的。"生命源于水,灵魂源于鼓",作为佤族精神力量

---

[1] 张晓凌:《中国原始艺术精神》,重庆出版社1992年版,第57页。

的象征物，木鼓的含义比牛图腾的宽泛得多，木鼓是女神安木拐让人们按她下身的样子制成的，因此木鼓是生命的源泉，也是生命的供养者和守护者。在佤族的传统观念中，木鼓是沟通人神的法器，鼓声可召唤始祖木依吉和她的女儿——谷神司欧布来接受后人的尊奉，而供奉的目的也由祈愿人自身的生产与繁衍扩展到对谷物丰收、牲畜兴旺、村寨平安等等的诉求。在农耕时代，稻谷是一个民族得以世代繁衍、生存的根本，司欧布既然是掌管谷物生长的神灵，那么她在佤族先民心目中无疑是至高无上的。为了供奉司欧布，每个村寨都有木鼓和专设的木鼓房，每年村寨都要在魔巴的主持下举行盛大的祭木鼓仪式。由于材质的关系，木鼓通常用上10年左右便需要更换，做新木鼓的仪式化过程被称作"拉木鼓"。由于围绕着祭木鼓或者说拉木鼓的全部活动有一套比较完整的祭仪程序，就产生了相应的木鼓祭词、音乐、舞蹈等诗、乐、舞三位一体的艺术样式。

拉木鼓的时间一般是在佤历的格瑞月，即公历的12月，整个过程分为砍树、拉鼓以及凿鼓、安鼓几个步骤：

在选定上山砍树的吉日后，村寨头人会挑选几个老婆没有怀孕的男人上山砍伐已选好的，符合尺度要求、没有病虫、枝叶繁茂的红毛树或桂花树（沧源又叫花桃树）。在砍树之前，众人要向大树鸣枪以赶走树鬼，魔巴还要杀鸡献酒，打卦占卜并祷告，礼毕，魔巴用斧子在大树根部砍几斧，然后才有众人分批轮流砍伐，树砍倒后截下两米左右的鼓料备用。拉鼓的日子一般定在木鼓树砍倒的第二天，这天除了怀孕的妇女及其丈夫不能去，其他寨人都要参加。长长的四根粗藤拴在鼓料上凿出的耳洞上，众人合力把它往村寨里拉。拉木鼓回寨的过程中，老人在前边开路，魔巴骑在树身上一边喊号子指挥,一边合着节拍与村民一起边拉边唱,众人在魔巴的指挥下伴着跺脚等简单的舞步有节奏地拉动木鼓,魔巴的领唱与众人的合唱声、吼叫声、跺脚声汇聚在一起。

木鼓树拉回后要在寨外停放两天,在良辰吉日鼓料进寨时,全寨男女老少穿上节日盛装,参加隆重的祭木鼓仪式。第一个程序是由魔巴将一只鸡蛋和烧过的老鼠放在鼓料根部下面,然后又祷告颂唱。魔巴的进寨祷词内容很丰富,从人类起源、村寨历史到拉木鼓的意义,并祈求新木鼓保佑村寨,唱毕,魔巴将鸡蛋摔在木料根部赶走树鬼。待鼓料拉到木鼓房旁边的平地上时,还要剽牛举祭,在剽牛仪式中所用的黄牛或水牛由寨中的某些人家贡献主祭,无论平日里如何节俭,此时的主祭者都因为在物质上、精神上显现了自己的富有而获得极大的满足,主祭次数的多寡甚至决定着一个家庭及其家族在村寨中的地位。剽牛时,牛被拴在场地中央的木桩上,众人聚集在一起边跳边唱《剽牛歌》,祈望子孙繁茂、五谷丰登。随着魔巴的指令,剽牛者一边呼喊着"剽牛啦!剽牛啦!",一边手持长矛刺向牛的要害部位,"一次把牛剽倒,才算阿佤汉子;一标子致牛性命,才算剽牛勇士"。众人则在一旁呐喊助威:"大家快来看哟,牛血又鲜又红,牛肉又白又嫩,全部落的人都来分享,这是阿佤的习俗。"大家在欢呼声中敲锣击鼓,继续狂欢热舞,"为感谢小米雀的恩情,我们剽牛祭祀,求祈村寨平安、谷物丰收"。① 集体性的《剽牛舞》动作稳重而又豪放,充满着欢乐、庄严的氛围。剽牛后,众人分食牛肉、饮水酒,在铓锣、木鼓、芦笙的伴奏下跳木鼓舞中最为丰富、气氛最热烈的"跳木鼓房舞"。在吹奏芦笙的领舞

---

① 赵富荣:《中国佤族文化》,民族出版社2005年版,第174页。

者带领下,人们和着打击乐强劲的节奏围成圆圈,逆时针一步一踩、一步一踢或又三步一踩、三步一踢地变换着舞步。沧源佤族将这一过程称为"搞低代"(跳一下)、"搞累优"(跳三下)、"搞多俄"(送膝舞)、"高格龙勐"(铓锣舞),并有专门的舞曲伴奏。

祭罢木鼓,即开始制作新鼓。木鼓凿好后上架一敲响,村民便闻声出动,盛装云集木鼓房前,在鼓点的伴奏下边舞边唱《敲木鼓》歌,祈求祖先和神灵庇护。将木鼓安放上架并敲响之后,最终还要祭木鼓一次,这样木鼓才有灵性,祭木鼓时由魔巴杀鸡看卦并吟唱《司岗里》,颂赞佤族祖先从"司岗里"出来后开创家园的历史和艰辛,并致祭辞:

> 砍了新的木鼓,祭祀新的灵魂,希冀人丁增加;
> 砍了新的木鼓,希冀全寨康乐。
> 别因此让我们走错路,别因此让我们做错事。
> 别因此让我们心神不定,别因此让我们触犯神灵。
> ……
> 回来呵,木鼓! 木鼓回来!
> 告别了衰败,获得了兴旺。①

与木鼓祭和剽牛祭相应的猎头祭一般在每年3~5月农作物种植的季节进行,整个过程分为猎头、迎头、供头和送头几个步骤,同样相应地产生了一套娱神的祭祀歌舞。猎头多数是以村寨为单

---

① 尼普冷演唱、尼戛译、魏经明记录、云南民间文学集成编辑办公室编:《中国民间歌谣集成·云南卷》之《佤族歌谣卷》,1997年铅印稿。

位,有时以部落为单位进行,猎头的目标通常是长期以来互相砍头的仇家寨或有世仇的部落,长着络腮胡子的人是最好的猎杀对象,因为浓密的胡须被认为是象征着茂密的谷穗,是祭谷的最佳选择。猎获人头的队伍凯旋时并不直接进寨,而是先在寨外鸣枪报喜,头人闻讯敲木鼓,全寨人听到鼓声的召唤迅速集结,在头人的带领下带着红包头、一个鸡蛋、一碗米出寨迎接。头人先将红包头带在"砍头英雄"的头上,再把鸡蛋和米塞进被砍来的人头嘴里,以表示对他的安慰和欢迎,众人也拥上前去向猎头者敬酒,唱《迎头歌》:

> 这是人像,这是头发,这是战利品,
> 这是我们的英雄猎回的人头。
> 我们的鸡卦生得好,我们的命生得好,
> 因为有神灵保佑,我们才这样顺利平安。
>
> 我们请你们进寨,我们迎你们进村,
> 头碗饭先献给你吃,头道酒先敬给你喝。
> 我们跳舞给你看,我们唱歌给你听,
> 我们时时陪伴着你,守护着你的灵魂。
> 请你与我们常在,请你保护我们安宁,
> 驱除病魔,免除灾祸,村寨强盛,谷物丰收。①

在欢呼声中,猎头者四人一组,面对面手执长刀上下左右挥

---

① 岩布来、岩孔演唱,岩鸟译,高立旗采录,载《中国民间歌谣集成·云南卷》之《佤族歌谣卷》,1997年铅印稿。

动,做大力劈砍动作,并按逆时针方向相互交错起舞,跳起《砍头刀舞》。面对血淋淋的人头,人们既亢奋又不安,怀着对人头的敬畏之情,寨子里四个有一定威望,又能说会唱善舞的中老年男女便会敲着铓锣,围着放置人头的木桩唱《迎头歌》,跳《迎头舞》,之后边哭边为人头梳洗。梳洗完毕,全寨男女老幼便在木鼓、象脚鼓和铓锣的伴奏下跳《供头舞》,众人的舞步与跳木鼓房时相似,只是步调更为缓慢,唱调比较低沉,气氛更为凝重。

人头供奉一段时间后,在播种的季节还要送人头到寨子边"神林"(也叫"鬼林")中的人头桩上供奉。送人头祭祀活动的高潮是"砍牛尾巴",较之拉木鼓等重大活动中都要举行的剽牛仪式,在"砍牛尾巴"的过程中是直接分割活牛:在献牛者家的屋后设置牛头桩,将牛拴在牛头桩上,先由魔巴占卜念咒,待砍下的牛尾巴丢到献牛者家的房上,早已等候在一旁的青壮年便蜂拥而上抢割牛肉,一头活牛在转眼间便成了空空的骨架。猎头祭谷时也有《剽牛歌》和《剽牛舞》,这时正是春暖花开的时节,阿佤山处处放火烧荒,马上就要开始刀耕火种,人们满怀期待,边舞边唱:

  白花开满山,烈火烧满天,
  谷种撒下地,土地有了魂。
  我们剽牛来祭祀,祈求谷种显神灵;
  谷苗出得像头发,谷棵发权像篱笆,
  谷粒饱满像豌豆,谷穗长得像马尾巴,

保佑今年收成好,来年剽牛几十家。①

剽牛砍牛尾巴活动告一段落,魔巴即率领由二三十人组成的送人头队伍来到"神林"中,将人头安放到人头桩上,魔巴同样要杀鸡问卦,念咒祈祷,众人围着人头唱《送头歌》,跳《送头舞》,歌舞结束后众人以山泉水作酒,在分食带来的干粮后分两路回寨,魔巴念着咒语一路殿后,谨防野鬼尾随进寨。至此,整个猎头血祭仪式才宣告结束。

在上述以祭祀木鼓为中心,以剽牛、猎头为主线,以砍牛尾巴为终结的一系列祭祀活动中,出于对神灵的敬畏和对美好生活的希冀,人们通过祈祷和献祭的方式传达自己的愿望和情感。具体看,献祭方式有物质的献祭与精神的献祭两种:以动物作为牺牲是物质献祭最主要的手段,如剽牛这种忍痛割爱的做法就表达了对神灵的虔诚,特别地,在一些原始民族的观念里,人被看做最受神灵欢迎的牺牲,因此以人头血祭是佤族采用的最极端,也是最高的献祭方式,其目的也是祭鼓与祭谷。此外,在整个仪式化的祭祀体系中,诗、乐、舞三位一体的整套木鼓艺术作为佤族对神灵的精神献祭,因被认为是人神交感的最有效手段而被大量运用到巫术祭仪中。

当然,整套的祭祀艺术又不限于原始歌舞,随着仪式的程式化过程日益完备,先民所要操纵的集体表象也越来越多,精神意识的不断膨胀驱使人们创造更多的形象,当这些形象通过物质媒介实

---

① 岩散、岩来演唱,岩太译,高立旗采录,载《中国民间歌谣集成·云南卷》之《佤族歌谣卷》,1997年铅印稿。

体化，成为凝定了的物化形态时，早期的绘画、雕刻等亦成为祭祀艺术系统的重要组成部分，如佤族就有很多在今天被视作审美创造的原始宗教活动的物化形态，其中最有特色的是木雕，而最具代表性的则是沧源崖画。

佤族木雕包括木鼓、祭祀木人、牛角桩、寨桩和建筑上的雕刻。木鼓从外表看比较粗糙，通常只凿刻牛头或三角形纹饰，但鼓的内部雕琢难度颇大；祭祀木人是人头的替代物，是佤族猎头习俗走向衰败的物证，如果村寨砍不到人头或不愿砍人头，可从别的村寨借来，木雕人与借来的人头一起祭祀之后，就被认为已附上借来人头的魂灵，被安放到鬼林供奉。这种祭祀木人有一米多高，整个造型粗壮稚拙，面部雕有五官，嘴咧开充满笑意，牙齿上涂有白石灰，眼眶内镶嵌白圆石充当眼球，身躯线条简洁，突出体现男女性别差异。人体用深蓝色染料涂抹，不同部位的毛发以棕色细丝代替，已有一定的装饰意识；寨桩是村寨的祖先和心脏，西南很多少数民族村寨中央都立有寨桩，它主宰着全村的生存繁衍与凶吉祸福，是村寨中各种重大祭祀活动的中心。佤语中寨桩叫"考司岗"，直译为"司岗桩"，佤族寨桩的原生形态是"丫"字形，因呈牛角形状而被认作佤族牛崇拜的象征之物。"丫"字形寨桩高3米左右，用质地坚硬的红毛树或麻栗树干劈成，两丫的顶端削尖状似水牛角，一些寨桩上画有由黑白两色配搭出的"·"、"◇"、"▽"等几何图案，蕴含着企望种族繁衍兴旺，具有旺盛生育能力的寓意。在后来的阿佤山边缘区，因受南传上座部佛教影响，寨桩的形制逐渐演变为下粗上细、逐级收分的塔状立柱，但寨桩上的装饰图案仍具有明显的佤族特征，雕有圆形、三角形等纹样，并用黑色锅底灰和白石灰对图案进行渲染、点缀。在一些寨桩旁还插有一根细木柱，柱子顶端的造型类似寨桩,上部固定着一个祭祀时放置贡品的船形盘。

在佤族传统建筑上,无论是保障村寨安全的寨门、安置木鼓的木鼓房、窝朗居住的"大房子",还是在储存粮食的"牛头仓"、普通的民居建筑上,都有原始宗教活动的物化形态。与民居相比,"大房子"最显著的标志是屋脊上有木人、木燕子(传说佤族造房是模仿岩燕筑巢),木人为裸体男性,五官、四肢、毛发及性特征明显,架置于主火塘一端的房脊上,手持镖枪和长刀作骑马状。燕子的眼、嘴、翅膀、尾巴也形象逼真,以交叉的姿态架于屋脊中部与主火塘的另一端。在屋内的木板墙上,刻绘有蹦跳的马、奔跑的鹿和牛头形象,据说是供最早教佤族盖房子的木依吉神观赏的。在屋内客房的西端有一道"鬼门",门板用整块木板做成,上有裸体男性浮雕,被解释为能保佑子孙、将恶灵拒之门外的男性祖先。此外,无论是佤族的大房子还是一些普通民居,在屋脊的两端还有"茸捏",佤语中"茸"为有角的意思,在此意为房子的角,即通常所说的在房屋侧面防风口处安置的竹或木制的博风板。最简单的博风板用竹竿制成,以大梁为交叉点高出屋脊 50 厘米左右,大多博风板用宽约 15 厘米的木板做成,在超出屋脊部分雕有图案纹饰,并在交叉点上悬挂人形、鸟形、塔形雕刻。

以上造型艺术虽然随着时代的发展其文化内涵会发生蜕变,但较之其他艺术形式,则更多地将先民的精神意识尤其是集体表象凝定了下来,而与此相应,沧源崖画更被视作西南少数民族重要的文化遗存。据碳十四测定和对活动在该区域的史前人类生活状况的考查,沧源崖画是 3000 多年前佤族的先民濮人创造的,无论从作品的数量和艺术创造水平上,还是在其表现内容的丰富性上,沧源崖画都是人类童年时代创造的艺术瑰宝,沧源崖画的发现从

1965年开始,①到2000年6月,在沧源境内共发现崖画15处,分布在沧源县东北的勐省镇、勐来乡、糯良乡,集中于东西长约25公里、南北宽约15公里的范围内。这一区域林木葱茏、山高箐深,多条河流纵横其间,有大面积形成的海相石灰岩地层,崖画就用赤铁矿粉、动物血和某种黏合剂混合的红色颜料,画在海拔1000至1700米的崖壁上,画作距地面最高的有10米左右,最低的2米,面积最大的崖画点有50余平方米,最小的不足1平方米。现已发现的沧源崖画总面积有471.2平方米,共有1200多个图像,其表现内容有人物、动物、器物、房屋、自然物、符号、几何图形和手印八类,单个图像一般较小,以人物为例,大者身长约30厘米,小者仅4~5厘米,一般均在10厘米左右。

  从早期人类艺术创作的手段上看,沧源崖画用最朴素的模仿的方式,将先民的生活图景永远凝定在崖壁上。在沧源当地有这样的传说:在大洪水到来之前,佤族的先祖想,洪水淹没了平地,我们可以爬山,淹没了大山,我们可以上树。不过即使我们躲过了洪水,最终也会被饿死。我们应该给后来的人留下点东西,让他们知道该怎样生活。于是先祖杀了牛,用牛血和红色的石粉混在一起当颜料,在高峻、平滑的岩石上画了教人怎样生活的崖画。② 正因如此,崖画一直被当地佤族视为神圣之物,崖画上的人物被奉为"仙人",每逢春节或干旱的时候,佤族就要到崖画前祭祀,祈求有一个风调雨顺的好年景。

---

① 1965年,在沧源进行民族社会调查工作的汪宁生根据当地群众提供的线索,在沧源的勐来、勐省一带发现了六个崖画点,并在之后发表调查报告,最早向外界公布了沧源存在崖画的事实。

② 该传说由沧源县李学宏、汪兴宝收集整理。

对崖画绘制工具的问题学界有不同看法，综合崖画产生的时空条件和实地的勘查，一种观点认为，"从构成崖画的点线面看，部分图形可能使用羽毛，部分图形可能用小树枝砸毛一端所绘或直接以小棍画成，部分图形则直接以手指蘸颜料画成。"① 特定的绘画工具和绘制手段，决定了"沧源崖画的基本形式——单色的影绘法。详细一点说，是以平涂法的剪影形式为主，而辅以简单的线条"，② 如人物的身体勾画成倒三角，头呈不规则的方形或半圆形，手足腿臂用灵活多变的线条来表示，人物的动态和身份通过四肢的姿态、头上的饰物来体现，男女则以突出其性征来加以区分。总的看来，沧源崖画在表现手法上的特点主要体现在："舍弃细节突出特征；人物图像不画五官，也很少画手指和足趾；人物形象采用正面律；求全性的构图形式和图解式的空间关系；画面的高度除开显示事物的上下关系之外，还兼用来显示远近关系；有时还借助'基线'，使人物、屋宇'立'于地上，而不至于漂浮于空中，作者不是在画外透视的旁观者，而是置身画中的事件参与者。"③ 可以说，特定的时代、特殊的绘画手段和表现手法造就了沧源崖画自然拙朴、简约抽象的艺术风格，尤其是其中厚重的历史文化积淀，是后来同样崇尚这种风格的一些现代艺术无法比肩的。

在发生学意义上，崖画的创作与原始宗教的关系非常紧密，因此崖画不仅是对外在物像的简单模仿，在特定的文化情景中，存在于自然中的形状和佤族先民内心的视象相互缠结，也成为他们艺

---

① 吴永昌：《沧源崖画综说》，载《司岗里揭秘》，远方出版社2004年版，第124页。
② 李伟卿：《云南古代崖画艺术》，载《云南省博物馆学术论文集》，云南人民出版社1989年版，第122~123页。
③ 同上。

术创造中模仿的对象。如在很多民族的早期审美创造中,都蕴含着类似于夸父逐日、后羿射日的征服自然造福人类的企盼,在沧源崖画中,佤族先民同样将这种美好愿望和对日月等自然物的崇拜在悬崖峭壁上直观地传达出来。在洋德海一号崖画点,绘有一个光芒四射的太阳图,太阳中是一个左手持短棍状物,右手执弓弩的人物造型,与之相应,在这幅"太阳人"的旁边,是一个头上戴着长于自己身体两倍的类似羽毛或树枝状物的巨人,巨人也右手执弓弩,左手持短棍状物,而在佤族的《射日》神话中,一个参加射日比赛的小伙子拉弓上弦,一箭射去,金花四溅,太阳被射成两半,一半变成太阳,一半变成月亮,溅开的金花变成了星星,若将这些形象与内容联系起来,可以印证先民对太阳的崇拜和对征服自然造福人类的英雄的景仰。在勐省一号崖画点,绘有一个中间画有弧线的圆圈,圆弧形的左上方有两个手执盾牌状和楔状器物的人,作伸臂欢呼、舞蹈形状,仿佛是在夜晚月亮升起时,人们跳月祈愿谷物丰收的写照。若以佤族最有特点的祭祀活动为例,勐来崖画点有一幅"剽牛祭祀图":一个似为氏族长或巫师的巨人佩带牛角头饰在月亮和星星下跳舞,一头牛的脖子被固定在"丫"木桩的丫口上,数十个佩戴牛角、牛尾、鹿尾、鸟尾等头饰的人排列在牛的后面,离牛最近的一些人手持弓弩和类似流星球的武器正准备出手剽牛,其他人则列队对着牛翩翩起舞。沧源崖画中还有一个存有异议的画面,有学者认为某个用一根竹竿支撑着一个笼形物的图像,是一种建在树上的房屋,它反映了佤族先民曾经历过的巢居状况,但同时亦有学者提出这是一组猎头祭祀舞蹈图,因为在同一崖画点,还绘有众人围着笼子跳跃的场面,笼状物中装的应是猎获的人头,周围的人们正在举行祭祀活动。

总的看来,神话和巫术仪式以及由此而来的生殖崇拜在早期人类的精神生活中占据着支配的地位,并且神的观念也渗透到其生活的方方面面:阿佤人犁田耙地要祭祀,播种撒秧要叫魂,生病受灾要送鬼,在日常的诸多禁忌中,考虑最多的也是如何才能不得罪神灵。与之相应,杀鸡看卦、占卜时有《叫魂歌》,猎到虎豹,举行砍虎仪式时要唱《送虎魂调》,悼念有名望的死者要跳《悼念舞》、《棺材舞》……祭坛就是艺坛,少数民族这种象征型艺术与黑格尔崇尚的古典型艺术或者说经典美学标举的纯审美、纯艺术的最大区别,就在于具有实用性和混融性:艺术创造有相当一部分是为了适应巫术活动的需要而产生,并作为巫术活动的组成部分而存在的,人们拜谒神灵敬奉祖先,宗教信仰与审美体验交织,艺术创造充满"诗性智慧","浑身是强旺的感觉力和生动的想象力",①具有神圣性的特征。

二、日常生活与审美创造融合

苏珊·朗格指出,人类用推论性符号与呈现性符号来把握世界,前者由语言而科学,后者由神话、祭仪而艺术;前者是科学性的符号,而后者是生命性的符号。当语言不能完成情感的表达和不能忠实体现内在生命的需求时,祭仪和艺术则使我们能够真实地把握到生命运动和情感的产生、起伏和消失的全过程。如具体到对舞蹈的认识上,苏珊·朗格认为舞蹈是原始生活中最严肃的智力活动,"它是人类超越自己动物性存在的那一瞬间对世界的关照;也是人类第一次把生命看做一个整体——连续的、超越个人生

---

① 维柯著、朱光潜译:《新科学》,人民文学出版社 1986 年版,第 161~162 页。

命的整体,这个生命荣衰有期,取养于天。这样看来,舞蹈是在史前得到发展就不足为怪了。这个过程就是宗教思想发展的过程,当宗教思想孕育了'神'的观念时,舞蹈则用符号表示了它。"当然,"对于'神话意识'来说,这些创造出来的神是实际存在的,而不是符号。人们根本没有感觉到是舞蹈创造了神,而是用舞蹈对神表示祈求,宣布誓言、发出挑战和表示和解,这要看情况而定。世界的象征,即用舞蹈表示的王国,就是这个世界。而跳舞则是人类精神在这个王国中的活动。"[①]在原始歌舞中,人们运用模拟的方法,通过各种极具象征性的形体动作宣泄、传递情感,在发挥娱神功用的同时,这种有意味的形式亦因蕴含着主体的审美意识和审美创造同时也在娱人。

但严格说来,只有当审美意识从原始意识的母体中脱胎而出,真正体现人的价值和特性时,艺术才真正发生,于是具体到艺术的功用上,学界通常强调由娱神到娱人,或者说由实用到审美的转换。可事实上,这一转换的过程是极其漫长的,如果仍然袭用神话与祭仪是艺术之母体的说法,据迄今为止的考古发现,艺术之"受孕"期大致是在旧石器时代中晚期,而在之后漫长的由娱神到娱人的转换期即艺术之"孕育"期,人类的准艺术创造呈现的是人神共舞、实用与审美并置的事实,现存的"原始部族"创造的"艺术前的艺术",或者说其原生形态对此可提供大量例证支持。如前所述,佤族等少数民族艺术一方面是宗教意识与审美体验的交织,具有神圣性特征;另一方面,由于审美意识尚未与其他意识完全分化开

---

① 苏珊·朗格著,刘大基、傅志强、周发祥译:《情感与形式》,中国社会科学出版社 1986 年版,第 217 页。

来，审美创造与物质生产劳动、知识传达、记忆保存等实际需求紧密相连，在艺术创造方式上模仿自然，风格上自然拙朴，洋溢生活气息，还具有艺术与日常生活紧密相连的世俗性特征。

　　行文至此，又引发出日常生活世界是在什么阶段形成的，又是怎样形成的等一系列问题。关于这些问题，劳动说曾究其根源，强调了艺术产生的生理基础和现实基础。劳动说就认为审美意识的产生须以人类一般意识的产生为基础，是劳动使人的脑容量越来越大，工具的制造和使用使人能够直立行走，从而拥有不同于动物的大脑和双手，恩格斯说过："首先是劳动，然后是语言和劳动一起，成了两个主要的推动力，在它们的影响下，猿脑逐渐过渡到人脑；后者和前者虽然十分相似，但要大得多和完善得多。"①在劳动过程中，人具备了独有的运用语言符号的能力，并在使用工具改造自然的活动中不断改造自身，马克思称之为"内在的自然人化"，人作为一种与自然相区别的主体力量也才站立起来，"动物只是在直接的肉体需要的支配下生产，而人甚至不受肉体需要的支配也进行生产，并且只有不受这种需要的支配时才进行真正的生产；动物只生产自身，而人再生产整个自然界；动物的产品直接同它的肉体相联系，而人则自由地对待自己的产品。动物只是按照它所属的那个种的尺度和需要来建造，而人懂得按任何一个种的尺度来进行生产，并且懂得处处把内在的尺度运用到对象上去；因此，人也按照美的规律来建造。"②

　　正是在劳动过程中，人在生理机能不断健全、主体意识日益完

---

① 《马克思恩格斯选集》第 4 卷，人民出版社 1995 年版，第 377 页。
② 《马克思恩格斯全集》第 42 卷，人民出版社 1979 年版，第 97 页。

善的同时，真正属人的现实世界也产生了。就如马克思所言，只有当人按照美的规律进行有目的、有意识的自由创造时，人才将自己的本质力量对象化，在外在自然上也打上了主体的印记，创造了"人化的自然"，艺术创造即是人在实践中不断累积日常经验的同时，又努力超越日常经验世界的重要表现。因此，原始人的物质生产实践特别是劳动工具的制造和使用才是艺术发生的根本前提，原始巫术仪式活动只是审美和艺术发生的直接契机和最重要的中介，而少数民族艺术的原生形态作为艺术之"孕育"过程的明证，才在艺术创造方式、艺术功用等问题上具有神圣性与世俗性并置的特征。

人类艺术符号生成的基本方式通常有抽象和描摹，这两种方式源自先民对非现实之神灵世界的表现和对日常生活情景的模仿。虽然佤族直至 20 世纪中叶的生活还是神灵意识和日常经验的交织体，相应创造出的一些艺术符号可能既蕴含着日常经验，又承载着巫术、图腾的意义，但亦有相当一部分符号有较为明确的指向，可大致将其划分为象征符号系统和日常经验符号系统。[①] 象征符号系统的主要内容来自非现实世界，其表现方式无论是抽象还是描摹，都表现出一种强有力的象征力量，如在上述祭祀艺术中，佤族更多是通过对集体表象（原型）的模仿和抽取来获得形象，并且由于非现实世界神秘之力的作用，其形象在今人看来往往较为怪异。但与此同时，佤族的大部分时间事实上是生活在日常经验世界的，他们也更多地用描摹的方式将其日常生活状貌呈现出来，这类形象因基本排除了神灵世界和怪异特征，具有浓郁的世俗

[①] 张晓凌：《中国原始艺术精神》，重庆出版社 1992 年版，第 154 页。

趣味。作为此观点的佐证，沧源崖画就是两个符号系统之集大成，除了与原始宗教观念紧密联系而形成的象征符号系统，沧源崖画也如实反映了佤族先民狩猎、放牧、采集、战争、舞蹈、村落生活的状况，被视作一部内容丰富、形象生动的，认识和了解西南少数民族史前时期社会生活的风物志。

  沧源崖画的内容围绕人物这个中心（人物图像占全部图像的70%），以人物狩猎和舞蹈的场面居多。狩猎是先民重要的生产生存活动，崖画中反映的捕猎方法有很多种，有的以弓弩射杀，有的以木棒、矛枪击杀，除了围追猎捕，在第一、第四崖画点还有设栏猎捕、网兜围捕。与狩猎同属世俗生活的场景还有不少：第六崖画点呈现的是一个战争场面，图中 21 人有的已伤亡倒地，其余人或张弓搭剑、或徒手相向，还在激烈争斗；第二崖画点被学界称作"村落图"，画面由多间大小不等、错落有致的房屋组成一个巨大的村寨，几条通往村寨的道路上走着许多人和畜，活脱脱就是一幅高原暮归的图景。舞蹈作为先民精神活动的重要组成部分，也在沧源崖画中得以充分展示，若干排列有序、动作整齐的舞蹈是在模拟狩猎或战争之说，已基本得到学界的认同，如果说其中的很多舞蹈仍不乏宗教意味，那么有的图像与宗教已没有太多关联：第一崖画点 2 区左上方绘有一条代表地面的横线，上面站着六个舞者，其舞蹈动作整齐划一，"图像地面及附近没有任何物体和观众，舞蹈者全身没有一点装饰，手上不持任何物品，是典型的原始先民的自娱性舞蹈"。[①] 除了崖画中与此类似的五人横排舞、三人横排舞、八人横排舞，第七崖画点的五人圆圈舞也很有代表性，画面中央有一圆

[①] 李昆生：《云南艺术史》，云南教育出版社 2008 年版，第 33 页。

圈,五人脚踏圆圈手舞足蹈,整个图像布局合理、用笔洗练,是生动形象的崖壁艺术精品。

五人圆圈舞的表演形式极似中国西南很多民族自娱自乐的"打歌",佤族是一个能歌善舞的民族,不仅在祭祀仪式中载歌载舞,歌舞在其日常生活中也占有非常重要的地位,阿佤人无论谈情说爱、生儿育女、除病悼亡,还是生产劳作、谈天说地、婚庆饮酒都有歌舞相伴。据目前的整理,佤族舞蹈有21个种类,207个套路,[①]单是《云南民族民间舞蹈集成·沧源佤族自治县舞蹈集成》就收集有13个种类:(1)木鼓舞(有五种跳法);(2)拉木鼓舞;(3)悼念舞;(4)臼棒舞;(5)刀舞;(6)三弦舞;(7)口弦舞;(8)蜂桶鼓舞;(9)踏歌(有八种跳法);(10)毕颂舞;(11)跳摆;(12)无乐伴奏歌舞;(13)芦笙舞(有70多种跳法)。

对如此众多的舞蹈样式以往有不同的划分方法,在此若按其功用来划分,笔者认为主要有三种:祭祀性舞蹈、风俗性舞蹈和自娱性舞蹈。除了上一部分所述的木鼓舞、剽牛舞、迎头舞、供头舞、砍头刀舞、送头舞等祭祀性的娱神舞蹈,风俗性舞蹈和自娱性舞蹈与佤族的世俗生活紧密相连,基本上从属于日常经验的符号系统,是日常生存与审美创造的融汇。

风俗性舞蹈是在与民族的风俗习惯密切相关的仪式活动中表演的舞蹈,春臼舞、棺材舞、蜂桶鼓舞是佤族风俗性舞蹈的代表:春臼舞是佤族在新火节、新米节时必跳的女性舞蹈,春米是佤族妇女从小就要学习的一项劳动技能,每逢节日捣米春谷时,为营造丰收吉祥、幸福和谐的气氛,常由四至六人围着春臼,以杵棒为道具在

---

① 左永平:《木鼓回归》,云南大学出版社2008年版,第74页。

地上、木臼上敲打出不同的节奏,并随之或前或后、或蹲或仰即兴舞蹈,直至将米舂好;与舂臼舞的欢快激越形成鲜明对比的是棺材舞,棺材舞是佤族的丧葬舞蹈,佤族认为人在世时爱唱爱跳,死后也应歌舞相伴,因此在老艺人或有威望的人死亡时,从报丧就开始舞蹈,直至尸体入棺方止。舞时二人以手击棺伴奏,其余人在棺木两侧和着节拍起舞,动作以走步、跺脚、跨越为主,先是原地跺脚,后沿逆时针方向绕棺走步,绕至半圈时两人从棺木上来回对跳,格调狂放深沉震撼人心;蜂桶鼓舞是沧源曼来乡佤族独具特色的传统舞蹈,是在新房建成后以鼓乐相和、歌舞庆贺的一种仪式活动。蜂桶鼓是曼来人特有的打击乐器,因状似养蜂人的蜂桶而得名,并有公鼓、母鼓和子鼓之分。舞蹈分鼓队和舞队,鼓队一般由六至八位男性组成,分甲、乙两组,甲组挎母鼓乙组挎子鼓,舞队男女不限老少皆宜,跳时鼓队由母鼓领头围着篝火边敲边吼边舞,舞队在鼓队外围手拉手、肩并肩沿逆时针方向也是边吼边舞。鼓声高低错落、快慢交替,舞步相应有轻有重、错落有致,鼓队的领唱与舞队的应和还构成了轮唱的形式,极富艺术感染力,相传在一百多年前,在阿佤山十八王子举行的舞蹈大赛中,蜂桶鼓舞曾因刚健奔放感动了神灵而夺得第一名。

跳蜂桶鼓舞据说曾有驱赶恶鬼之目的,但随着审美意识从巫术观念中不断分化出来,与日常经验符号系统的其他艺术文本同样的是,蜂桶鼓舞等风俗性舞蹈之功用更多的已是娱人而不是娱神了,有歌词为证:"从前,我们像野兽一样吃野菜野果,不懂得生活,我们也不会说话,而白蚂蚁却能沙沙地唱歌。/从前,我们没有地方住,风餐露宿。/我们的祖先想啊想,这是为什么?我们的祖先学小鸟'惹'用树木盖起房子,还要像白蚂蚁一样唱歌。我们的祖先用竹筒、木筒和牛皮制作会唱歌的鼓。围着第一间房欢呼、跳跃。／第一间房子,柱子断了,是白蚂蚁蛀的,椽子断了,是风吹雨淋的,我们要再盖新房子。／我们唱,我们跳,祝贺新房子,祝贺新房子的主人!"从伴舞的歌词看,佤族创制蜂桶鼓和搭建第一间房子一样,并不是受神的指引,而是为了生存对自然进行朴素的模仿,努力为自己建盖现实的栖居之所,并借蜂桶鼓舞传递对新房落成的祝贺和喜悦之情。

佤族传统的自娱性舞蹈以芦笙舞、三弦舞、甩发舞最有特色。芦笙、三弦是西南民族极有代表性的乐器,芦笙舞的跳法多样名称各异,佤族分群舞和独舞两种,有篙子舞、白鹇舞、麂子舞、马鹿舞、勾脚舞、老人舞等几十个套路。群舞时一个或数个男子吹着佤族特有的"戴帽"芦笙领舞,众人手拉手围着篝火随舞,舞姿洒脱欢快,舞步分快步和慢步,由于其动作简单参与性强,每逢节庆男女老少都踊跃加入跳芦笙舞的行列。三弦舞佤语称"高叮路",是青年男女的一种社交舞蹈,由男子弹三弦,有时还有女子吹口弦,并以笛子调配,多在月夜进行,舞时男女面对面或偶数站成两排,在月下边舞边进行情歌对唱,舞姿轻松活泼,场面热情洋溢。甩发舞是不是佤族的传统舞蹈学界有不同看法,一种有代表性的观点认为甩发舞是佤族祖传,[①]佤族妇女酷爱长发,当她们在引水的竹槽下装扮自己时,低头洗发、甩发晾干、梳理整形的动作颇具美感,久而久之便演变为一种女性舞蹈。甩发舞既可两人表演,又可集体进行,人员须为偶数,成对的舞者拉手围环边唱边

---

① 《云南民族民间舞蹈集成·西盟佤族自治县舞蹈集成》,国际文化出版公司1989年版,第113页。

跳,左右前后交替甩动长发,动作潇洒风格独特,充分展示了佤族豪放爽朗的性格魅力,故而佤族现今常被誉为"头发会跳舞的民族"。

虽然艺术在其漫长的发生过程中不断由娱神向娱人转化,但即便到今天,在人类审美创造、艺术创造的精神实践活动中,抽象与描摹两种艺术创造方式同样一直并行不悖,如在上述三类佤族舞蹈中,祭祀性舞蹈更偏重娱神,自娱性舞蹈偏重娱人,风俗性舞蹈因形态很丰富,在总体上两者兼而有之,这种情况在与舞蹈紧密联系的佤族传统民歌中同样存在。佤族民歌大体可分为山歌、唱调、玩调、劳动歌、风习歌、歌舞曲、儿歌七类,[①]其中唱调、玩调、歌舞曲、儿歌的娱乐性最强,劳动歌、山歌包括与风俗性舞蹈相伴而生的大多数风习歌都偏重实际的功用。

唱调也可称为情歌,佤语本意为唱自己的心里话,多用于抒发个人感情特别是传递男女之情,如梳头情歌、鹌鹑歇的树、好的弦子配好盒子等,此外也用于表达朋友的离别之情或对远方亲人的思念,唱调的曲调细腻婉转,富有表现力。玩调是佤族妇女玩乐时演唱的调子,"玩"时不需乐器伴奏,分载歌载舞和只歌不舞两种,唱词相对固定、曲调活泼优美,最典型的有《白鹇鸟睡吧》《芭豆花》《小猪快快跑》。歌舞曲又称"打歌调",歌舞曲常与自娱性舞蹈芦笙舞、三弦舞歌舞相和而通称打歌,打歌是阿佤山比较普遍的集体歌舞,一般以芦笙、笛子、小三弦、铓锣、象脚鼓、蜂桶鼓、木鼓伴奏,平日多是妇女跳,如《甩头发歌》,年节时则不分男女老少齐聚寨心

[①] 李柏松:《沧源佤族原生态民歌概述》,载《司岗里揭秘》,远方出版社 2004 年 4 月版,第 234 页。

广场,围着摆满食品、水酒的贡桌"跳得红尘扬","跳得月落太阳出",具有强烈的节奏和浓郁的民族特色。佤族儿歌大多是儿童在玩耍时唱的歌曲,曲调活泼有趣,内容短小生动,歌词不求连贯,演唱时常配合各种形象的游戏或舞蹈,与儿童的心理特征和生活情趣紧密结合。

　　劳动歌在佤族传统民歌中数量很多,内容最广泛,劳动不仅是艺术发生的根本前提,也是艺术反映的主要对象。由于佤族在新中国成立之初尚处在原始农耕阶段,劳动工具较为落后,劳动强度大,在劳作时唱歌可以协调劳动动作、消除疲劳、鼓舞干劲。劳动歌的演唱形式有在野外进行集体劳作时对唱、轮唱、齐唱的形式,有为协调劳动动作由一人领唱众人合唱的形式,有做家务劳动时一人独唱的形式,风格或高亢爽朗或风趣逗乐,内容因劳动类别不同而有《薅秧歌》《撒谷歌》《找野菜歌》《砍柴歌》等。山歌在佤语中的内涵既包括在山野唱的调子,也包含咏唱的意思,是佤族最古老最普遍的演唱形式,是一种既可在野外,也可在家中、在田边地脚演唱的歌曲,虽然歌词的押韵比较严格,但由于曲调简单、表现内容不受限制、演唱形式很自由,颇受男女老幼欢迎,尤其在演唱史诗或男女对调比赛时,常常通宵达旦甚至可以唱上几天几夜。

　　人们在对唱应和之时不忘追本溯源:

　　　　我们从司岗出来时,我们用树皮做鞋,
　　　　我们从司岗走(出)时,我们用芭蕉叶做裤。
　　　　自从能看见大山,我们喝的是一坛酒,

自从黑牛叫(的)那天,我们就是一家人。①

这无疑具有文化传承的实际功用,在今天看来就是在强化民族的认同意识。可以说,各民族早期的艺术创造活动既源自实际功利目的,又服务于实际功利目的。具体看,娱神是人类早期艺术创造的直接契机和重要中介因素,但又不是唯一的中介因素,除了祈求神灵护佑,绝大多数艺术创造都源自在生产劳动、战争迁徙、恋爱丧葬、记忆保存、知识传达等方面的实际需求。由于佤族历史上没有文字,传统艺术特别在记忆保存、知识传达、文化传承中一直发挥着重要的功用,如上述风俗性舞蹈、风习歌,尤其是佤族神话传说以及后来的故事、童话、寓言、谚语、谜语、笑话等文学样式,用不同的方式一代又一代地传承民族特有的文化。

若进一步探究,《司岗里》是佤族所有艺术创造的灵魂和主干,是佤族传统文化的最大载体,它包含了佤族对自己从何而来、因何而往的认识,并在代代相传的过程中形式不断演化、内涵越来越丰富,成为研究佤族历史、道德、宗教、哲学、风俗习惯等的百科全书式的大文本。如风习歌中的祭祀歌,就是在拉木鼓、猎头、剽牛、砍牛尾巴等原始宗教仪式活动中,由魔巴以念诵咒语和祭词的形式,大多借这些神圣庄严的情景演绎《司岗里》的内涵,传承本民族的历史文化知识,所以原始宗教祭仪活动也是最早的民族文化传承场。后来围绕《司岗里》衍生出的一系列文学样式在佤族文化的传承上也发挥着重要作用,如婚俗歌、丧葬歌以及在敬酒、祝贺新房

---

① 李柏松:《沧源佤族原生态民歌概述》,载《司岗里揭秘》,远方出版社2004年4月版,第235~236页。

落成等世俗活动的各种祝词中,族人亦不忘踏上民族文化的寻根之旅,其中有一首《挽歌》就这样抚慰逝者的亲友:

谁也挡不住日月啊!谁也唱不完葫芦的歌。
江河虽然干枯了,葫芦歌却未断过。
……
自从人们告别司岗,我们时时送走同胞。
莫哀伤啊!葫芦里还有欢乐的歌。①

由于佤族历史上没有文字,文学与乐、舞三位一体,具有综合性特征;同时,全靠民族成员口耳相传、集体创作,这种口头传承的方式必然具有变异性,《司岗里》就在漫长的演变过程中不但内涵日益丰富,新的表现形式也大量衍生出来。如前所述,《司岗里》最初是散文体创世神话或韵文体的创世古歌,从20世纪50年代以来中国民族学者收集整理的情况看,神话、传说、史诗、故事等各种样式都有,并常常由于类别划分上的困难,就有了神话传说、神话史诗、历史故事等含混的表述。

最早整理并汉译过来的《佤族历史故事"司岗里"传说》,是1957年初云南少数民族调查组在与沧源相临的西盟佤族自治县马散窝努小寨采集到的,起初发表在《佤族调查资料(之六)》,之后又收录到《佤族社会历史调查(二)》中,②是后来的《司岗里》研究中引用较多的一个版本,但很多学者都注意到,这个版本的前半部分

---

① 郭思九、尚仲豪:《佤族文学史》,云南民族出版社1999年12月版,第236页。
② 民族问题五种丛书云南省编辑委员会:《佤族社会历史调查(二)》,云南人民出版社1983年版,第158~207页。

是神话,主要包含了开天辟地、人类起源、民族的形成、语言的产生、谷种的发现、火的发明等内容,而后半部分已有较强的纪实性,包括民族迁徙的路径、生产生活状况、与其他民族的纷争,甚至有"共产党来了,带来了毛主席的道理","叫佤族头人去昆明和北京参观,去到重庆、上海、广西、衡阳、贵阳和沾益等地","解放军也讲毛主席的道理,领导我们老百姓,还送我们东西……领导我们挖水田,积肥,让我们用热水泡谷种。我们谷种才能长得好,谷穗长得饱满。这样佤族愿意组织互助组和合作社"等表述。事实上,围绕人类起源这个母题,《司岗里》在阿佤山流传的过程中还经口述者的分解单篇流传,如同样在西盟,还有由佤族隋嘎、贝叶春、贝岩凡收集,艾荻、张开达整理的散文体《司岗里》,这个文本的20多个篇目独立成篇又互为联系,每个篇目记述一种自然现象、一个事物或某种风俗礼仪的起因来源,集中表现了佤族的宗教观、哲学观以及早期的实践状况,被收录在《佤族民间故事选》中,①是目前影响最广的版本。

在沧源,《司岗里》文本的内涵因流传区域的不同也在一定程度上发生了变异,其表现形式也有自己的特点。1960年,云南民族民间文艺沧源调查队收集到三份《西岗里》,②这三个文本虽然篇幅短小,内容也不够全面,却是极为珍贵的韵文体的创世古歌。③三份《西岗里》后均收入《沧源县卡佤族长诗选》(油印本),现

---

① 尚仲豪、郭思九、刘允褆:《佤族民间故事选》,上海文艺出版社1989年版。

② 《司岗里》中的"司岗"二字,按照国家语委认定的佤族标准语言沧源岩帅语音,应读作"西岗",但因各地发音的不同,如还有称"德岗"、"勒岗"、"阿岗"的,学者们最早在西盟县采录到的是"司岗",这一提法就沿用下来。另外,还有"西岗"是指葫芦的观点,参见前文。

③ 一份在芒回寨收集,佤族陈老四唱,陈卫国口译,郭思九汉文记录,约130行;一份在芒摆上寨收集,佤族莫不勒等唱,王有明口译,尚仲豪汉文记录,约40行;一份在单甲区安也寨收集,佤族田绒戛唱,王有明汉文记录,约30行。

存于沧源县档案馆。此外,由刘允褆、陈学明整理的《葫芦的传说——佤族民间神话史诗》,①是第一本公开出版的司岗里神话史诗,全书分为 13 章约有 1000 行,与之相应,佤族学者魏德明(尼嘎)还整理有《佤族神话与历史传说》,共 20 章 3000 余行,是目前收集到的最长的佤族史诗,只不过因是佤文,读者比较有限。《司岗里》的最新版本是佤族青年学者王学兵的《司岗里传说》,②他用全新的提出问题、然后逐一解答问题的手法,将自己成长过程中的听闻和历时十年采访、收集的大量资料梳理出来,使之成为一部比较系统、连贯完整的"童话"故事,其形式上的创新也暗合了佤族文化一代又一代薪火相传的方式。

尽管在由《司岗里》神话衍生出来的庞大口传文学体系中,《司岗里传说》还不能说是全部,但王学兵这一讲还是讲了 33 夜,并且,这种给儿童讲故事的手法也表明,随着时代的演进,新兴的口传文学样式无论在其内容还是表现形式上都越来越服务于现实。具体看,还有抒情长诗和叙事诗、地方风物传说、各种故事、谚语、童话和寓言等样式,这些样式在内容上表现人们的日常情感,反映佤族的世界观和伦理观,与世俗生活的联系越来越紧密。若还是从功用上看,艺术创造已走下神坛,其文化价值与审美价值越来越突出了。在文化价值上,承继《司岗里》文化传承、记忆保存的传统,其他的口传文学也很注重教育作用、认识作用,如具体到故事,就有孤儿故事、爱情故事、生活故事、动物故事、机智人物故事等众多种类,其中《骄傲的老虎》《乌鸦与白鹇》《黄牛、水牛和豹子》《斑

---

① 原名《西岗里》,云南民族出版社 1980 年版。
② 王学兵:《司岗里传说》,远方出版社 2004 年版。

鸠的脚杆》等以各种动物为题材的故事特别丰富，仅现已收集整理的老虎故事就有四五十篇。虽然在这些动物故事中，动物还如《司岗里》神话中一样有感情、会语言交流，但性质已发生根本的改变，运用的是各民族民间故事中常用的拟人化手法，大多数故事将深刻的哲理、道德观念融入优美的自然景物和动物习性中，有很强的现实性。显然，此时的现实已不同于神话时代先民心中的幻象，如前所述，劳动使原本人神一体的世界逐渐分化，在为了生存而艰苦探寻的过程中，原始人发现野生的植物种子可以种植，猎获的野生动物可以豢养，于是有了农业和畜牧业的雏形，人对自然的改造和加工也不再纯粹是自然的行为，而具有了属人的社会实践性质。相应地，由于人类通过社会实践创造了一个客观真实的世界，并在使外在自然"人化"的同时不断地丰富和完善人自身，人的主体意识在社会实践活动中日益觉醒。

人类主体意识的觉醒和现实世界的日趋丰富是审美创造的主客两个重要条件，在自在自为的原始时代，种的繁衍是人类之第一要务，相应便形成了以生殖崇拜为核心的一系列巫术仪式，到原始社会后期，如何处理好两性关系以保证种族的繁衍仍然至关重要，但一夫一妻的婚姻关系取代了之前处于自然状态的人自身的生产形式，在审美意识熏陶下人的美感取代了动物的快感，对异性的爱慕和欣赏也取代了纯粹的人种的繁衍需求，于是有了真正意义上的艺术创造。如佤族定居后，以一夫一妻制的个体家庭为中心的生产生活方式逐渐形成，随之而来的便是家族之间、男女之间婚姻关系的缔结，《串姑娘之歌》《想念情人》《真心相爱不畏难》等反映青年男女恋爱婚姻状况、抒发个人情感的抒情长诗也相伴而生。佤族青年男女十四五岁就开始谈情说爱，称为"串姑娘"，抒情长诗通常反映串姑娘时,男女主人公以对唱方式相互倾诉的情景,《想念情人》①就设置了"假如我俩各在一方"、"假如我俩相距千里",是否还能相互信任、彼此忠诚等问题,向对方表白对爱情的忠贞不渝。这类文本以抒情为主线,没有什么故事情节,为了更贴切地传递情感,遵循佤族诗歌严格的音韵要求,还大量运用比兴手法,选用的物象如小黑江、红毛树(做木鼓的木材)、多依果、槟榔、箐鸡等,都具有鲜明的地域特征和浓郁的生活气息,无论在比兴、排比、对称和隐喻相结合的艺术表现手法的运用上,还是抒发的情感内容上,都已从实际功利需求中脱离出来,成为较为独立的审美文本。

虽然在少数民族传统艺术漫长的演变过程中,实用与审美或者说从娱神到娱人有很长的阶段尚处于一个共时的系统中,但不能因此就不深入探究由娱神到娱人的内在逻辑。若从主体审美心理的角度分析,由娱神到娱人的转换或者说推动审美意识产生的力量,是属人的审美需要。"审美需要在每种文化、每个时代里都会出现,这种现象甚至可以追溯到原始穴居人时代。"②如果说原始人在出于动物的习性和本能吸引异性的时候,在源自实际的需求通过交感巫术力图控制自然的仪式化操演中,体现出来的对色彩、形状、声音的愉快感受更多还是情绪性的生理反应的话,在人有了审美意识,具备了过剩的"能量"和"剩余精力"(斯宾塞语)之后,在人的"游戏冲动"(席勒语)即审美需要的推动之下,人类开始

---

① 肖岩块唱,王有明译,尚仲豪记录整理,在1961年《边疆文艺》第3期发表时改题为《恋歌》。

② 弗兰克·戈布尔著,吕明等译:《第三思潮:马斯洛心理学》,上海译文出版社1987年版,第45页。

美化自己的身体，修饰居所、劳动工具等所有的器物，载歌载舞进行情感的交流，其生物本能需求得到了"升华"（弗洛伊德语）。在此，无论是弗洛伊德的本能说还是席勒、斯宾塞的游戏说都强调了审美需要、审美创造的超越性特征，进一步说，人正是在审美需要的推动下按照"美的规律"（马克思语）进行创造，努力通过对现实人生之超越，由自在自为逐步走向自由自觉的。

具体到为何要超越、怎样超越这一系列问题上，尼采的解析最有代表性，他指出，艺术的本质是对苦难人生的慰藉和拯救，古希腊艺术就产生于人们意识到的人生的极度痛苦和难以遏止的冲突，在为苦难的、悲剧性的人生找寻存在的意义和理由时，古希腊人发现，"只有作为一种审美现象，人生和世界才显得是有充足理由的"，[①]"艺术拯救他们，生命则通过艺术拯救他们而自救"。[②] 在尼采看来，艺术超越苦难人生的方式有日神的梦幻和酒神的酣醉。日神精神表现为梦，是一种"壮丽的幻觉"，[③]人类运用想象力，创造出审美的幻象来表现审美理想，或者说通过艺术将人生审美化，使人沉浸于梦幻般的幻象中忘却人生的苦难；酒神精神则表现为醉，在酣醉狂欢中人的原始激情奔涌，在浑然忘我的癫狂中，人超越了短暂的个体生命，用审美的眼光欣赏生命世界的生生不息。

尼采的观点显然有助于解答这样的疑问：佤族是一个落后、弱小的民族，为什么有那么高的艺术创造水平，其艺术为什么有那么强的感染力？事实上，用"苦难"二字状述佤族长期受神灵观念禁

[①] 尼采著、周国平译：《悲剧的诞生——尼采美学论文选》，生活·读书·新知三联书店1987年版，第105页。
[②] 同上书，第28页。
[③] 同上书，第108页。

锢,以及物质上的贫困匮乏的并不为过,时至今日,佤山深处佤族同胞的生存状况还让人触目惊心,但同样震撼人心的是,他们对艺术尤其是对歌舞的热爱甚至痴迷,"不吃饭可以,不睡觉也行,一定要打歌",每逢重大活动,阿佤人都要通宵达旦地踏歌起舞、欢唱豪饮。酒神精神是尼采美学思想的核心范畴,他认为正是音乐、抒情诗和戏剧等酒神艺术体现了"永恒的本原的艺术力量",[①]它使人们穿越现象感悟生存的乐趣,达到和生命本原的融合,获得一种对现实悲苦人生的慰藉。可以说,歌舞已经成为阿佤人的一种生活方式,只要有酒有歌舞,无论物质上怎样贫乏,生活都洋溢着欢乐,这是"一种彻底摆脱出来的生命的自然纯真和热烈,是来自灵魂深处的歌声和舞蹈,是对现实苦难的摆脱和漠视,他们在这样的歌舞中沉醉,其间洋溢的是一种快乐、自信和坚决"。[②] 这才是"审美感情的最直率、最完美,却又最有力的表现",相形之下,"现代的舞蹈不过是一种退步了的审美和社会的遗物罢了"。[③]

这种歌舞着的生活、诗意化的栖居与佤族快乐、坚韧的民族性格相得益彰,他们的歌舞既源自情感的需求,又反映生活植根乡土,图画就直接织在衣裙上,舂米的杵棒、女子的长发就是舞蹈的道具,喝茶饮酒有歌、渔猎农耕有歌,在他们吟古唱今、自娱自乐,歌舞着迎接一个又一个黎明之时,想必已窥见了几许人类文明的曙光。

[①] 尼采著、周国平译:《悲剧的诞生——尼采美学论文选》,生活·读书·新知三联书店1987年版,第107页。
[②] 左永平编著:《木鼓回归》,云南大学出版社2008年8月版,第99页。
[③] 格罗塞著、蔡慕晖译:《艺术的起源》,商务印书馆1984年版,第156页。

第四章　中国少数民族文化的现代转型与艺术的分化

　　虽然中国各少数民族受五四新文化运动等现代事件的影响较小，但早在19世纪末20世纪初，西方殖民者就以传教等方式进行文化渗透，引发了文化冲突甚至军事冲突，只不过由于地处边缘、发展滞缓，少数民族的文化传统未在根本上被撼动。1949年新中国成立是一个重要转折点，在国家力量的强势作用下，各民族被纳入了具有中国特色的现代化进程，文化转型成为中国少数民族必须面对的现实。

第一节　佤族文化的跨越式转型

　　从新中国成立到1978年的30年间，虽然工业化、超英赶美、实现现代化的建设口号贯穿始终，但"革命"一直是中国社会发展的主导方向，意识形态在文化发展中发挥着统领一切的作用，在国家行政管理体系和计划经济体制的高度整合下，少数民族文化呈现出明显的依附性。改革开放至今，外来异质文化在全球化浪潮中不断介入和渗透，政治中心化的体制逐渐削弱，市场对社会发展的调控作用增强，少数民族文化面临消解的危险。

一、建国三十年：国家力量对佤族文化的介入

中国古代统治者一直以来都力图将少数民族地区纳入国家控制体系，但由于这些区域远离天朝王府，中央不得不实施因地制宜的策略，赋予少数民族上层管理民族内部事物的权利。沧源在汉至东晋时期隶属哀牢地永昌郡；南北朝时期隶属宁州；南诏时期为银生节度地；宋代隶属裸黑部地；元代，东、南、北部隶属木连路军民总管府，中西部隶属孟连路军民总管府；明代，分属孟连长官司和耿马宣抚司；清光绪十四年（1888）隶属永昌府镇边厅；民国时期隶属迤南道，1913年镇边厅改称澜沧县，沧源隶属澜沧县第八区，1934年又从澜沧县析置沧源设治局。[①] 在这个过程中，由于该区域地处"徼外"，早在明代就对少数民族地区施行的土司制度，直到清光绪十七年（1891）才得以推行，其标志就是封勐董之罕荣高为勐角董佤族土千总，封班洪之胡玉山为班洪土都司。清末至民国初期，因统治者忙于政治斗争，无暇顾及边疆少数民族地区，土司制度得到加强和巩固，1934年至1949年，虽然国民党政府设置沧源设治局并下设乡、镇建制，旨在"改土归流"，但在强大的地方部落势力面前，只有部分地区纳入流官统治范围，土司官衔照样保留，土司制度仍旧推行，形成了"土流兼治"的局面。

1948年，为适应全国解放战争形势的需要，彻底推翻国民党统治，中共云南省委派地下党员魏文才、民青成员王维仁等人深入沧源岩帅一带，开展农民武装革命斗争，建立革命根据地。1949

---

① 《沧源佤族自治县概况》编写组、《沧源佤族自治县概况》修订本编写组：《沧源佤族自治县概况》，民族出版社2007年版，第43页。

年3月,在澜沧人民武装暴动取得胜利的直接影响下,岩帅头人田兴武、田兴文接受了中国共产党的领导,并于5月6日率领革命武装推翻了国民党沧源县党部和设治局,沧源宣告解放。1949年11月,田兴武被委任为沧源县县长,在岩帅成立临时政府。1951年1月和3月,临时人民政府主持召开了第一、第二次沧源各族各界人民代表大会,经协商正式成立了沧源县民族民主联合政府,田兴武是第一任县长。1952年底,沧源划归云南省缅宁专区(现临沧市),县人民政府迁至勐董,班洪总管胡中华同意将班洪及其辖地划归沧源县人民政府,成为县政府下辖的区镇一级单位。至此,沧源的"改土归流"才最终得以完成,沧源也才完全被纳入到整个国家的行政管理体系中。

民族区域自治是中国处理民族问题的一项基本政策和政治制度,中国自古就是一个统一的多民族国家,各民族在经济文化上相互依存、相互学习,在生活上、情感上也有很强的亲和力,形成了你中有我、我中有你的紧密联系。新中国成立后,国家根据长期以来各民族的关系状况,特别是汉族和少数民族之间、各少数民族之间交错杂居的状况,选择了建立单一制的人民共和国,并在少数民族聚居的区域实行民族区域自治制度而不是联邦制。以云南省为例,全省128个县市,没有一个县是单一民族的;八个自治州中有两个是由两个民族联合自治,而且州又下辖自治县;29个自治县中有15个是两个以上民族联合自治的县,其中紧邻沧源的双江拉祜族佤族布朗族傣族自治县,就因为四个民族联合自治而拥有全国最长县名;在大散居、小聚居的民族地区还建立了195个民族乡,作为民族区域自治的重要补充。

早在1957年,中共云南省委就向中央呈递了《关于建立沧源

(佧)佤族自治县的请示报告》。据1958年的统计,沧源全县人口有66424人,其中佤族56866人,占总人口的85.6%;傣族3559人,占5.3%;汉族1236人,占1.8%,①其他少数民族还有拉祜族、彝族、傈僳族、哈尼族、回族、白族等,所以民族区域自治政策也完全适用于沧源这样的佤族聚居地区。

1958年12月21日,云南省人民委员会转发国务院批准设立沧源(佧)佤族自治县的决定。1961年10月,沧源县成立了自治县筹备委员会。1964年2月20至27日,沧源佤族自治县第一届人民代表大会第一次会议在勐董召开;2月28日,沧源佤族自治县宣告成立。② 在行政建制上,县政府下辖各区镇,"文革"期间,区镇更名为人民公社,后又称区公所。1988年后,区镇一级政府改称乡镇。自2005年起,沧源县辖岩帅、勐省、芒卡、勐董四镇,班洪、勐角、班老、勐来、糯良、单甲、团结七个乡,90个村民委员会,三个居民委员会,804个村民小组,一个国营农场,一个国家级自然保护区。

在新中国成立前,佤族由于内部和外部历史条件、地理条件不同,与周围民族交往程度不同而形成了不同的区域,依据其主要社会组织特征和经济状况通常分为三个地区:阿佤山中心区、阿佤山边缘区、阿佤山外围区。阿佤山中心区以西盟县为主,包括澜沧、沧源、孟连县的一部分,这一区域直到20世纪50年代,还处于原始农村公社末期;阿佤山边缘区包括沧源、耿马、双江、澜沧和孟连

---

① 云南省编辑委员会编:《佤族社会历史调查》(四),云南人民出版社1983年版,第60页。

② 《沧源佤族自治县概况》编写组、《沧源佤族自治县概况》修订本编写组:《沧源佤族自治县概况》,民族出版社2007年版,第57、60～61页。

等县的一部分以及西双版纳的佤族地区,这里在20世纪50年代已具有封建领主经济的特征,但封建领主化的过程和特征有区别,沧源班洪地区的领主制由佤族土司执掌,是在傣族影响下佤族自身发展的结果,其他地区的佤族则已经与当地傣族形成一体,受傣族土司的统辖;阿佤山外围区指临沧地区的镇康、凤庆县和保山地区,该区域50年代已与占当地人口80％以上的汉族融合甚至被汉族同化,进入了封建地主经济阶段。

从沧源在建国初的社会组织特征和经济状况上看,还有相当一部分原始农村公社的残余,私有制经济也刚刚萌生,国家层面上的一些改革方式并不切合当地实际。1952年8月,中共沧源县委根据沧源的现实状况,决定不再经过土地改革阶段,而是通过民主改革直接过渡到社会主义。由于沧源尚无民族工商业,民主改革主要在农村进行,同时又针对傣族和佤族地区的发展情况,采取了不同的民主改革措施。在佤族地区以直接过渡的方式,废除主子、头人及富裕阶层的特权,将其土地全部收归公有,调整给农民耕种。在傣族地区,则采取民主协商的方式和赎买的方式,废除土司及属官的特权,将封建领主制的官田、官俸田、份田调整给农民耕种;同时还废除了旧社会的官租、劳役、债权债务等剥削制度,给予土司、主子及属官、头人一定的政治地位,按地位高低给予生活补贴,使他们的生活得到保障,以充分调动他们支持民主改革的积极性。为了实现耕者有其田,1953年后县委就派出工作队深入村寨,在开展工作、推进区乡建政的同时,调进各种生产工具,发动农民开沟挖渠、开荒垦田。1955年底,沧源实现了土地公有制,虽然未在社会内部进行阶级划分,但民主改革已基本完成,直接过渡到了社会主义社会。① 集体经济作为公有制经济的有益补充,在这个阶段也为国家所重视并不断加以推动。1955年底,沧源县根据中共云南省委省政府提出的"大力发展互助组,重点试办合作社"的方针,在岩帅、贺南、勐角、坝卡四个乡试点开办合作社,在其他乡和村寨发动群众建立互助组。实行"入社自愿,退社自由"的办社原则,在进行土地协商,废除特权剥削的基础上对落后的生产力进行改造,如对入社的耕牛、生产用具实行折价处理,或根据群众自愿实行私有租用。1957年春,合作社已增至14个,由于政策稳定,14个合作社的粮食都大幅增产,充分显示了组织起来的优越性。1957年秋,在取得经验的基础上,结合"慎重稳进"的总方针,县委制定了发展合作社的规划,计划用五年时间基本实现合作化。但是,在全国大跃进的影响下,沧源掀起了大办合作社的高潮。到1958年底,全县合作社已迅猛发展到353个,入社农户达10115户,占总农户的79.3%,1959年,除沿边少数村寨和尚未划归中国的班老地区外(班老在1961年中缅划界后才划归中国),基本实现了合作化。而在之后直到1978年的20余年中,集体经济作为公有制的低级形式,通过人民公社化向全民所有制的高级形式过渡,尚存的少量个体经济被视为"资本主义的尾巴",一直是打击和取缔的对象。

政治、经济上的变革使佤族的生产方式发生了巨变。"吃粮靠毁林种陆稻,花钱靠种卖罂粟,吃肉靠追山打猎"是佤族传统生产方式的形象写照,由于受政治制度、自然环境、社会发展程度等诸

---

① 《沧源佤族自治县概况》编写组、《沧源佤族自治县概况》修订本编写组:《沧源佤族自治县概况》,民族出版社2007年版,第47页。

多因素的影响,佤族生产生活环境恶劣、生产力水平低下,人们改造自然和抵御自然灾害的能力很弱,农业耕作方式粗放,粮食不能自给;由于境内没有商行,奸商任意盘剥,食盐、农具、布匹等基本商品价格昂贵,各初级集贸市场仅鸦片上市季节繁华热闹,乡民只能用自己种植的鸦片与外地商家换取生产工具和日常生活必需品。新中国成立后,面对各民族缺吃少穿的困难处境,县委县政府首先组织马帮到内地调运各种紧缺商品赈济贫苦群众。与此同时,政府还组织调运各种生产工具扶持生产,发动群众开挖沟渠,垦荒开田,并引进了甘蔗、茶叶、油菜等经济作物和经济林木种子,发动群众推广种植,为农业生产的发展奠定了基础。①

由于社会经济和各项事业的较快发展,佤族的生活方式也从根本上发生了变化。1953年,县邮电局设立并架通长途电话,缩短了边疆和内地的距离;1958年11月,勐沧公路通车,沧源与临沧的交通运输全线打通;城乡的商业网点建立,民族贸易和边民互市得以开展,民众的消费结构日趋多样,在日用小商品外,60年代后出现了缝纫机、收音机等高档商品。1954年,县粮食局在勐角粮管所建立大米加工厂,创立沧源第一家国营工厂,1956年政府又组织起冶铁业、犁头、缝纫等专业性手工生产,1957年,建起陶器、砖瓦、铁业三个社。在"大跃进"运动中,沧源也掀起了大办工业的高潮,兴办了包括煤炭、农具制造、冶铁、印刷、电力等行业的15个国营性质的工业企业,到60年代末70年代初,在对不具备条件的企业进行关、停、并、转后,只保留了印刷、发电、煤炭、粮油

---

① 《沧源佤族自治县概况》编写组,《沧源佤族自治县概况》修订本编写组:《沧源佤族自治县概况》,民族出版社2007年版,第82~83页。

加工、农机制造等行业,虽然这些行业技术相对落后、规模也很小,但对于在发展上长期滞后的佤族社会来说,已是极大的跨越和进步。

当然,少数民族社会在政治、经济、文化方面取得巨大进步的同时,在政治意识形态统领下某些"大跃进"的做法,也背离了少数民族地区的实际情况和生产力发展水平,引发了一系列的问题:

首先是对自然环境的破坏。1958年,沧源像全国各地一样大办公共食堂,吃起了"大锅饭"。在农业上,开展了"向石头开炮,向土地要粮","向自然进军,向鬼神算账","变荒山为良田"的生产运动。在工业上,不顾阿佤山缺乏能源、没有丰富矿藏的实际,大办各种企业,提出"千吨铅,万吨焦"的指标,并进而大炼钢铁铜,一个仅有数万人口的小县投入"大战钢铁铜"的人力就达3000多人。这样做的结果不但工农业上的"卫星"放不出去,自然生态环境还遭到了严重破坏,在之后的"文革"期间,更是违背当地的山坡地适宜种植旱谷的自然规律,认为"种旱谷是修正主义路线,种包谷才是毛主席革命路线",甚至不惜将长出的旱谷拔去改种包谷,脱离了边疆民族地区的实际,这挫伤了农民的生产积极性,导致生产极度混乱,粮食大幅减产,民众不得不挖山薯、野菜充饥。

其次是对文化传统的冲击。在"大跃进"中,沧源县大搞民主革命补课,一哄而起进行阶级划分,开展斗地主、斗头人,挖底财、收浮财等专政运动,继之而来的"反右"、"反右倾"和"肃反"使民族关系更加恶化,经境外盘踞金三角的敌对势力煽动策反,边境一线的大量民众外逃。1967年"文革"波及沧源,1969年后"破四旧,立四新"运动启动,"极左"思潮空前泛滥。在政治统领一切的原则下,边疆民族地区的直接过渡政策与和平协商土地改革遭到否定,阶级斗争愈演愈烈,由于不顾佤族社会发展的客观实际,乱批乱斗、乱划阶级成份造成人际关系紧张、阶级关系混乱。"文革"对佤族地区的社会发展是一场灾难,它导致民族地区社会动荡,边民又大量外逃缅甸,"文革"也是一场文化浩劫,它对少数民族传统文化造成的冲击,是在此之后无论付出多大努力都难以挽回的。

二、改革开放后:市场对佤族文化资源的调控

1978年12月,十一届三中全会确立了把工作重点由"以阶级斗争为纲"转移到经济建设和实现四个现代化上来的发展方向,中国从此逐步由计划经济体制向市场经济体制转化,当然,由于国情的关系,中国必须稳妥地发展市场经济,在一些少数民族地区,传统意识和观念还极大地阻碍着商品经济的发展,扶贫济困还是最首要的工作。正因如此,2008年初国家民委从民族工作的实际出发,提出对全国特别贫困的少数民族给予特别关注和扶持,形成了"特困民族"的概念。全国特困民族共有六个,分别是云南省的佤族、景颇族、拉祜族和傈僳族,甘肃省的东乡族,内蒙古地区的达斡尔族。这些民族是由于特殊原因形成的特别贫困群体,都属于新中国成立后从原始社会末期、奴隶社会初期等社会形态,直接过渡到社会主义社会的"直过"民族,发展起点低,基础差,呈现出整体性贫困,而且与其他民族间的发展差距出现拉大趋势,有被市场经济边缘化倾向。因此,对这些民族加以扶持和引导,发展社会主义市场经济,将有助于改变其贫困落后面貌,消除各民族在社会发展上的差距和民族之间事实上的不平等。

随着改革的不断深入,虽然官方文化仍然在社会文化发展中起着主导作用,但新中国成立后30年来意识形态统领一切的局面正在成为过去,中国政府围绕经济建设这个中心,以中华民族的复

兴为己任,致力于探索有中国特色的、可持续发展的现代化道路,在政治体制、经济体制、文化体制上实施了一系列改革。如在经济发展中也越来越注重立足自身实际、体现不同特色,已不再一刀切地将工业化指标作为衡量少数民族地区社会发展水平的单一标准,对自然生态和民族文化传统的保护意识不断增强。与此相应,从改革开放30年来沧源县委县政府有代表性的几个工作报告上,便可更具体地窥见政府调整工作重点的基本轨迹。

沧源改革开放之初政府工作的重点是在农村进行经济体制的改革,在1979年的第三届人民代表大会第一次会议上,县革委会工作报告的标题就是:《树雄心、立壮志、解放思想、大干快上,为高速发展我县社会主义现代化农业而奋斗》,形成了"振兴沧源的基础是农业,脱贫致富的起点在农业"的共识。1980年,沧源取消人民公社制,恢复了区乡建制,在农业生产上,一开始是生产合作社内部分组大包干的生产责任制,实行联产、工分计酬相结合的分配制度。1981年以后政府对生产关系做了进一步调整,在土地公有制的基础上,推行家庭联产承包责任制,全县划定"两山一地",明确山权、林权和自留山界线,将集体土地按家庭人口分配给农户承包,将耕牛、农具折价处理给农户私有,原合作社的茶场、果园等经济林地也逐渐承包到户。分配到户的土地不得买卖、转让和放荒,农户在完成国家任务和上交集体的提留粮、款后,其余所得全部归自己所有。家庭联产承包责任制克服了不适应少数民族地区生产力发展的管理机制和分配制度,有了生产自主权的农户生产积极性和自觉性得到提高,很多"超支户"甩掉了以往留下的沉重经济包袱,正逐步实现由"刀耕火种"的原始农业向精耕细作的现代农业转变。

沧源是国家重点扶持的贫困县,在 1980 年就被列为经济最不发达的受援县之一,享受国家的发展基金扶持,沧源的实际和特点可用"老、少、边、山、穷"五个字来概括。1948 年 8 月,中共云南省委派地下党员李培伦等人到岩帅一带开展农民武装革命斗争,建立革命根据地,1949 年 5 月就率领当地民族武装解放了沧源。沧源是少数民族聚居区,除汉族外,沧源有 24 个少数民族,少数民族人口占总人口的 90% 以上,主体民族佤族占总人口的 80% 以上。县域内中缅边境线长达 147.08 公里,距云南省省会昆明远达 876 公里;沧源还是一个典型的山区县,在全县 2245 平方公里的土地中,山地面积就占 99.2%。较之内地特别是沿海发达地区,沧源工业生产起步晚,技术落后,基础设施差。由于没有工业在地方经济中发挥支撑作用,直到 1994 年,全县地方财政收入仅 1400 多万元,财政支出则近 4000 万元,大量的缺口资金还须国家补贴,"吃粮靠外调,工资向上要"的局面没有根本性改变,全县农民人均纯收入超过 500 元者仅仅占 16%。可以说,贫困一直是长期困扰当地政府和民众的最现实的问题。

正因如此,扶贫助困一直是沧源历届县委县政府工作的重点。在沧源县第八届人民代表大会上,政府工作报告的标题是:《总结经验、团结奋进,加快步伐奔小康》,县委县政府将调动一切积极因素进行扶贫攻坚,以改变民族地区贫困落后面貌作为努力方向。在实际工作中,根据沧源经济基础差、市场竞争力弱的实际,将国家投入的发展资金用在能脱贫致富、周期短效益好的项目上,在不放松粮食生产的同时,调整产业结构。在山区、半山区重点扶持茶叶生产,在坝区和丘陵地区发展甘蔗,在亚热带河谷区重点扶持紫胶和橡胶生产,并以此为原料建起了茶厂、酒厂、虫胶厂、制革厂、白糖厂等加工业。经过十多年的努力,沧源以粮食生产为重点、优势产业为骨干的粮、茶、蔗、胶、林、牧、副、渔全面发展的农业经济体系逐步形成。与此同时,在全国实施经济体制改革的大背景下,工商财贸以市场为导向,以建立现代企业制度为目标,市场流通秩序不断规范,对外开放程度不断提高,城乡经济日趋活跃。

进入21世纪,全面建设小康社会、和谐社会成为中国社会发展的主导方向。虽然改革开放以来已为社会的发展打下了一定的物质基础,但在少数民族地区地处边缘,工业基础薄弱,各种资源有限的条件下,如何把有限的人、财、物等资源,不断地以最优化的方式合理地分配到社会生产的各个领域,满足人们多种多样的需求,或者说如何进一步调整产业结构,转变经济增长方式,实现少数民族地区经济的可持续发展,是民族自治政府必须面对的新问题。

2006年,沧源总人口170115人,少数民族人口比例为94.0%,其中佤族138813人,占总人口的81.6%;汉族10207人,占6.0%;傣族7828人,占4.6%;拉祜族3697人,占2.2%;彝族1582人,占0.9%;其他民族8028人,占4.7%。① 但直到2007年,沧源还有贫困人口85160人,②虽然地方财政收入已经提高到5283万元,但收支矛盾仍然很突出,扶贫攻坚的任务很艰巨。在2007年年初的县委十一届四次全体会议上,县委工作报告题为《坚持又好又快的科学发展观　全面建设富裕文明开放和谐的新沧源》,报告中提出了沧源在当前和今后一段时期的发展思路。与之相应,新

---

① 沧源佤族自治县地方志办公室编:《沧源佤族自治县年鉴》(2007年),第35页。

② 沧源佤族自治县2007年《政府工作报告》(内部资料)。

一届政府按照县委提出的实施"生态立县、农业稳县、工业强县、旅游富县、文化名县、开放活县、人才兴县"七大战略,培育核桃、茶叶、橡胶、畜牧、蔗糖、矿电、竹木、建材、文化旅游、生物能源十大产业的发展思路和要求,以富民强县为根本,将建设生态文明县作为目标,努力实现沧源经济社会的可持续发展。

具体看,当地政府着力强化生态意识,将农业、工业和新兴的第三产业表述为绿色一产、环保二产和生态三产,并将之悉数体现在其社会经济发展规划中:沧源自然气候条件优越,非常适宜发展农业、林业和畜牧业,政府将继续发挥这一优势和特色,在巩固甘蔗、稳定粮食生产的基础上,通过自主发展、招商引资等多种方式,大力发展核桃、茶叶、橡胶、竹子、西南桦、木薯、膏桐、紫胶等绿色产业和以高峰黄牛为主的畜牧业,并实施退耕还林工程提高全县森林覆盖率,以实现经济效益和生态效益双丰收;以搭建平台、服务企业发展为重点,积极招商引资,依托矿产资源和丰富的农林产品,大力发展矿、电产业和农林产品加工业,推动工业经济的发展,提高工业经济增长的质量和效益,并提出要切实把工业发展与生态保护、能源节约、减少污染、提质增效结合起来,走新型工业化道路;将以特色文化产业建设为出发点,以打造佤文化品牌为基础,充分保护利用好得天独厚的佤文化资源和丰富的自然资源,科学谋划、高起点地做好全县旅游发展规划,使优美的景区景点、原生态的民俗文化、原生态的饮食医药在旅游市场上形成特色,[①]从而全方位挖掘佤文化潜力,彰显出"世界佤乡"的独特魅力。

正是在各级政府调整产业结构的过程中,"生态三产"成为少数

---

① 沧源佤族自治县《政府工作报告》(内部资料),2008年2月24日。

民族地区经济发展新的增长点,以沧源为代表的少数民族地区在文化资源上的优势也凸显出来;沧源是世界著名的崖画之乡,还有广允佛寺、班洪抗英盟誓遗址、农克硝洞遗址、翁丁佤族原始村落等众多的文物古迹和人文景观;沧源是全国仅有的两个佤族自治县之一,佤族人口占中国佤族总人口的40%,是全国最大的佤族聚居县,原始古朴的佤族风情习俗、内涵丰富的佤族文化使之成为中国佤文化的荟萃之地;沧源还是自然资源的富集之地,有以南滚河国家级自然保护区、崖画谷和天坑为代表的原始生态资源和自然景观资源,是野生动物的乐园和植物基因库;沧源与缅甸北部的金三角毗邻,县城勐董镇是国家二级口岸,全县有勐董、芒卡两个主要边境贸易区和32条入境通道,是通往缅甸和东南亚的陆上捷径。随着中国加入世界贸易组织和中国与东盟自由贸易区的建立,尤其是云南与缅甸等七个周边国家"澜沧江—湄公河跨区域旅游圈"的建立,沧源立足于资源优势发展文化旅游业的前景越来越被看好。

沧源旅游业起步于90年代初,在1998年沧源县成立旅游局之前,县域内还没有旅游管理的机构和设施,各旅游景点不收门票,年旅游收入仅750万元左右,1998年以后,沧源的旅游业才逐渐走上正轨。在"十五"期间,沧源县相继出台了一整套发展文化旅游业的政策和措施,申报和公布了一批佤族传统文化保护名录,培育出了一批文化旅游从业人才,创作了一系列佤族民歌和歌舞精品,出版发行了一些佤族优秀民歌光盘,建成了崖画谷、翁丁佤族生态村等一批旅游景点,特别是2004年庆祝沧源佤族自治县成立40周年大会暨首届"中国佤族司岗里狂欢节"的成功举办,提升了佤山沧源的对外知名度,促进了旅游业的快速发展。经过"九五"、"十五"期间的努力,沧源在文化旅游业的开发上取得的成绩备受瞩目,旅游业收入占全县 GDP 的比重由从"九五"期末的 7%上升到"十五"期末的 14.2%。正因如此,在云南省"十一五"规划中,沧源被列为旅游经济强县建设和云南省 10 个特色文化产业试点县之一。

文化产业是文化产品与文化服务的生产经营活动以及为这种生产和经营提供相关服务的行业,根据国家统计局《文化产业分类》和《云南省文化产业统计指标体系的构建》的要求,云南省将文化产业范围界定为九大类 89 小类,这九个大类是新闻出版业、广播影视和音像业、文化社会娱乐服务业和商务服务业、文体艺术和体育业、文化产品制造业、文化用品印刷和纪录媒介复制业、文化信息传输服务业、文化用品批发零售业、科学研究技术服务和地质勘查业。由于具体条件不同,各地往往会有选择,有重点地开发自己特色产业。沧源发展文化产业的主要行业是文化演艺业、文化旅游业、艺术培训业、民族工艺品、佤医佤药业等几个小类。其中,文化演艺业和文化旅游业是发展的重点:文化演艺业是佤文化产业中开发得比较早的行业,在全省乃至全国都占有一定的市场份额;文化旅游业是佤文化产业建设中最具开发潜力的行业,它可以带动相关产业,形成联动开发的效应,如旅游开发中吃、住、行、游、购、娱六大要素的配套,可以带动和促进生态农业、特色产品加工、交通运输、商业贸易、休闲娱乐、特色文化等相关产业的全面发展。

市场化运作是文化产业的最重要特性,该产业的发展有赖于消费者的消费需求和消费能力。随着沧源经济的持续发展,城乡群众的生活水平有所提高,人们除了对物质生活的需求外,对精神文化产品需求越来越大,投入到文化消费的支出逐年增加,文化市场逐渐繁荣起来。为满足人们对文化产品的需求,城区内相继建成了文体广场、佤山公园等一批文化基础设施和旅游景点景区,全县共有五支专业文艺表演团队,文化娱乐方面还有音乐茶座、音像制品、歌舞厅、网吧、摄影、电子游戏厅、书店、溜冰场等经营单位160多家。另外,11个乡镇全部实现有线电视网络覆盖(到乡),仅2007年就完成广播电视"村村通"工程233座(点),广播电视覆盖率分别达到93%和92%。

但较之中东部地区,中国少数民族地区由于贫困面较大,一直以来对文化产品的总体消费水平都不高,所消费的数量有限的文化产品,大多数还是由中部、东部甚至是其他国家提供的。从整体上看,一个地区文化产业的发展,首先必须依赖于一个容量较大的本地市场,并且这个大容量的本地市场,与该地区的经济发展水平、居民的富裕程度,当然还有消费偏好密切相关。此外,城市发展水平和城市人口数量,也是影响和制约少数民族地区文化产品生产和消费的瓶颈。因此,在文化产品的生产和消费上,与很多经济发展滞后的少数民族地区一样,沧源文化产品的生产是借由对民族文化资源的开发得来的,最大的文化市场则由旅游业的发展所带来的有消费能力的外来人口构成。旅游的本质是寻求新的感觉、新的体验,从而激发新的活力、新的兴趣,而旅游中的新感觉、新体验主要是由异文化所提供的。因此,在少数民族地区文化产业的发展中,民族文化在一个新的更大的经济活动范畴内成为一种可转化为资本的资源。也正是依托在佤文化资源上的优势,沧源以文化旅游业和民族歌舞演艺业为龙头的文化产业得到了快速的发展。

经过产业结构的调整,沧源县委县政府举全县之力打造佤文化品牌:连续举办一年一度的"中国佤族司岗里狂欢节",节庆盛况在中央电视台《乡村大世界》栏目播出;阿佤山歌舞团、司岗里艺术团和黑旋风艺术团等艺术团队也在国内外进行佤族歌舞展演,不断扩大对佤文化的宣传;通过对佤文化的挖掘整理、创作提升,相继推出了《月亮升起来》《加林赛》《木鼓舞》等歌舞艺术精品;协助拍摄了《不熄的火塘》《玉蝴蝶》《云南往事》《佤山木鼓》《赛玛175》《边疆》等电影、电视、纪录片,发行了《走进佤山》《佤山风》等VCD、DVD影像制品,大大提高了"世界佤乡"的知名度。经过努力,司岗里狂欢节已被列入云南十大"民族狂欢节"之一;司岗里崖画谷原生态旅游景区初评为国家AAA级旅游景区;翁丁佤寨原生态民俗村落2007年被列为云南省非物质文化遗产保护单位,被命名为云南省历史文化名村;《佤族木鼓舞》成功申报为国家级非物质文化遗产保护名录;佤族舞蹈《黑色风》参加第六届中国民族民间舞蹈"荷花奖"比赛,获"十佳作品"和"十佳表演"奖。2008年,沧源县与云南艺术学院文华学院联合推出大型原生态歌舞乐《重彩·佤山》,作为沧源的"文化名片"在文化市场推出。从经济效益上看,以佤文化为特色的民俗风情旅游已初具规模,2007年全年共接待国内外旅游者31.58万人次,比2006年同期增长52%;旅游业总收入超过1亿元,同比增长10.29%,沧源以文化旅游业为龙头的文化产业正在成为重要的支柱产业。

三、外来冲击与内在转化:佤族文化传统的消解

通过上述事实不难看出,文化的现代转型对少数民族文化的存续产生了前所未有的影响,它使少数民族文化面临彻底的转换和重组。这种影响在新中国成立之初的30年和改革开放后30年

的具体表现还有所不同:第一个30年,政治意识形态对少数民族社会的影响最深,国家通过自上而下的一系列政治运动,将各少数民族都纳入到国家的行政管理体系和计划经济体制中,社会组织结构、权力结构由此发生彻底改变,生产方式、生活方式也相应发生变化;第二个30年,随着经济体制改革的不断深入,市场对少数民族文化的冲击最大,少数民族文化传统的消解之势愈演愈烈,在新的历史条件下,中国各少数民族同样面临经济发展与文化保护的矛盾、经济发展与环境保护的矛盾、求同与尚异的矛盾、永恒与变化的矛盾等世界性的难题。

具体看,具有中国特色尤其是少数民族特色的文化转型表现为由上述制度层面、物质层面、行为层面的变革,逐渐引发心理层面、观念层面的变化,或者说文化转型的过程通常是从外在的变革到内在观念的转化,在经由内在的转化后,新的文化观念又转而推动文化的一系列深层变革。只不过,文化观念的转化并不是单一外力作用的结果,必须经过文化主体自己的选择,如阿佤人在文化观念上就经历了一个从最初的不适应到主动接纳的过程。

在新中国成立之初,为了改变少数民族地区的落后观念,政府将发展文教和医药卫生事业当做重要任务来抓。在这个过程中,少数民族文化转型中文化不适应的问题也愈发凸显出来。面对外来文化的强势介入,新旧文化观念之间的巨大反差引发了民族成员的文化心理障碍,其突出表现就是对文化变革的排斥心理。例如,要在阿佤山从无到有发展教育,教师几乎都是从内地派去的汉族和其他民族,教育费用也由国家全部负责,对佤族学生和其他少数民族学生最初还特别采取了包干措施,完全负担他们的学费和食宿费。但即便如此,由于历史上民族间的隔阂和对现代教育的不理解,很多佤族不愿送孩子入学读书,因为怕汉族教师把孩子教成汉人,甚至还有人认为把孩子送去读书就是给学校当雇工,应该向学校索取工钱。

此外,新中国成立前,阿佤山缺医少药,疟疾、麻疹、天花、伤寒等流行时,常常造成人口大量死亡。在瘟疫面前,当地民族不了解诱发疾病的原因,认为"病由鬼生,祭鬼才会好",于是生病时就杀牲祭鬼,结果往往是浪费了大量财物,患病者的病情非但没有好转,还不断加重甚至死亡。新中国成立后,政府抽调一批以汉族为主体的医务工作者到这些地区免费治疗,还教育当地群众如何养成良好的卫生习惯,以尽量避免疾病的发生和流行。但在科学与迷信较量之初,迷信一方往往拒不接受治疗,不肯服用科学一方发放的"毒药"。当然,经过医务工作者的耐心说服教育,特别是多次祭鬼都没有治好的病经"毒药"治好之后,佤族逐渐认识到现代的医生比传统的魔巴高明,看病吃药比杀牲祭鬼有效,生病请魔巴祭鬼神的活动越来越少。而通过广大医务工作者的努力,痢疾、疟疾的发病率大大减少,伤寒、天花等疾病逐渐被消灭了。

同样,佤族也逐渐接受了现代教育的方式,越来越多的民族子弟被送进学校读书,沧源县1952年建立了六所小学,学生只有290多人;1957年小学就发展到24所,有学生2600多人。① 到1976年,沧源县已有小学268所,在校学生19926人,占适龄儿童的93.5%。1958年创办沧源中学,开始招收初中学生,1971年招收了两个高中班,结束了沧源没有高中的历史。截至1977年,全县有完全中学两所,初级中学六所,小学附设初中班发展到45个

---

① 罗之基:《佤族社会历史与文化》,中央民族大学出版社1995年版,第428页。

班,高中在校生 389 人,初中在校生 1740 人,小学附设初中班在校生 1578 人。① 与之相应,教师队伍也不断壮大,到 1978 年,佤族和其他少数民族教师已占教师总数的一半。

　　由于在科学与迷信的较量中科学逐渐占了上风,少数民族的一些传统文化观念自然而然也发生了变化。如前所述,"阿佤理"是佤族传统社会评判和调整各种社会关系的重要依据,这些依据和规范在学理上被表述为习惯法,虽然时至今日,传统社会沿袭下来的习惯法变异为村规民约等形式还在乡村普遍存在,但习惯法的效力已大为削弱,其具体内涵也在发生变化,这其中,最突出的表现是神判方式的消解。神判是在处理偷盗事件时,为确认偷盗者而采取的一种原始的审判方法。审判的第一步是请魔巴杀鸡看卦以判定偷者,若被确定的偷者(被疑者)不承认,就进行第二步的审判,这一步包括失主和被疑者互相摩掌、互相打头、双方都用竹签扎手三种方法。"摩掌"即失主和被疑者各出一手,两手掌摩擦至一方出血为止,出血者就是有错,若双方都出血则两人都不错;"打头"是用同样的两根木棒互相打头(在一定条件限制下),同样根据出血情况判定对错;"扎手"一般是请来公正的老年人,用两根同样的竹签扎双方的手背,扎下去很快拔出,出血急者为错,出血缓者不追究,若同时出血则两个都不错。如果是失主错了,要听被疑者处罚(一般是拉猪或拉牛,甚或抄家);如果是被疑者错了,不管偷没偷都要接受处罚,赔偿失物,或被抄家甚至被处死。② 显然,这样的原始审判方式在现今已经没有存在的必要和可能,究其

---

　　① 《沧源佤族自治县概况》编写组、《沧源佤族自治县概况》修订本编写组:《沧源佤族自治县概况》,民族出版社 2007 年版,第 212～213 页。
　　② 云南省编辑委员会编:《佤族社会历史调查(二)》,云南人民出版社 1983 年版,第 26、40 页。

原因,在外在方面是现代社会法律制度的不断健全完善,内在方面就是民族文化主体文化观念的转变。

当然,有的传统文化观念的转变起来则没有这么容易。对佤族而言,最艰难的莫过于"猎头"习俗的革除。砍人头祭鬼是基于佤族的原始宗教信仰,以人头来"血祭"的一种极端形式,佤族有关砍头祭鬼习俗产生的缘由虽有不同的说法,但诉求与其他民族基本相同:根据西盟佤族的传说,在很久以前人类遇到天灾人祸,人们用各种兽头祭鬼神以求救,但都无济于事,后来砍人头祭神才好了。沧源的佤族传说,佤族的祖先长期不会种庄稼,靠采集野生瓜果和打猎为生,后来有个老妈妈教会佤族种庄稼,人们有了稻谷生活才美满,可后来老妈妈被坏人杀死,谷子便年年歉收。地震神告诉人们,要杀死那个坏人祭谷,谷子才能长得好。人们遵从地震神的旨意,砍了那个坏人及亲属的头来血祭,谷子果然长得很好,于是人们年年都去砍仇人的头祭稻谷。①

新中国成立前,佤族村寨之间的械斗很多,每个村寨都有仇家寨,而结为仇家的主要原因既不是侵占土地,也不为掠夺人口,就是互相猎人头而引发血族复仇。猎头习俗给佤族带来了极大的灾难,严重地影响其生产和生活,由于村寨之间的仇恨世代相传,村寨成员都牢记与仇家寨仇深几代,互相砍了多少人头。每到春播和秋收之前的猎头季节,各村寨戒备森严,村寨成员下地劳动都要结伴而行,遇到紧急情况时,往往紧闭寨门日夜警戒,这对民族生产生活的影响,包括对民族成员心理上造成的压力和苦痛,实在是难以言表的。佤族女作家袁智中在《远古部落的访问》中,描述了

---

① 赵富荣:《中国佤族文化》,民族出版社 2005 年版,第 260 页。

21世纪初她在沧源单甲乡嘎多的见闻。嘎多与缅甸阿佤山中心区仅一山之隔,是距单甲乡政府最远、很少有外人涉足的佤族村寨,在村寨成员中,还有半个世纪前猎人头活动的亲历者。

  在古朴和神秘中,我们与村民肖安姆块老人相遇,肖安姆块老人向我们讲述了我们到达嘎多后听到的第一个关于猎人头的故事。这个故事虽然距离现在已有半个世纪,但故事中所蕴涵的伤痛仍然显而易见,这种伤痛在老人脸上细密的皱纹中蔓延开来,传递给每一个在场的人。支书说,老人一生的苦难便是从丈夫死的那一天开始,如果不是新时代来临,她的苦难还将不断延续。肖安姆块老人讲:丈夫被猎头的前几天,她梦见天上飘着雨,落在她家的竹楼上的时候变成了血,像冰雹一样一颗一颗地结在一起。她看见,丈夫和三个被猎头的同寨人站在一座独木桥上对着她笑,洪水突然倒流把丈夫和木桥给卷走了。接着两天,她一直做着同样的梦。寨子的魔巴告诉她,她的丈夫不会死在家里,会死在野外,就是杀再多的鸡、杀再多的猪、看再多的卦都改变不了,这是她的命。过了几天,丈夫去卖篾笆回家的路上,在途中的一座独木桥边被猎去了头颅,流淌一地的血就像梦中一样。那一年,她刚30岁,是两个女儿和一个儿子的母亲……尽管已经过去了半个世纪,老人讲起这些往事的时候眼圈仍禁不住红了起来,干涩的眼睛里渐渐充满着泪水。她说,这是在丈夫死后的半个世纪里,她第一次和外人讲起自己的丈夫和自己所经历的不幸……从我们的穿戴和全身所洋溢着的气息,老人断定我们是政府的人,这种判断让她产生从所未有的温暖,这种温暖足以让她讲出深藏于内心的故事。政府的力量足以压倒所有的邪恶。①

嘎多的最后一次猎人头是新中国成立之初,阿佤山中心区西盟和缅甸阿佤山区彻底告别猎人头习俗则是在20世纪50年代末。有关猎人头习俗的革除,还有一次历史性的对话——建国初,西盟佤族大头人岩所随民族参观团到北京,受到毛泽东主席接见。毛泽东专门提及猎人头之事,希望佤族同胞用其他方式代替猎头习俗。

事实上,在新中国成立之初,阿佤山村寨之间、部落之间、民族之间因多年的血仇还经常发生械斗,为了平息纠纷,人民政府做了大量的协调工作,让仇家进行"洗手"或其他和解仪式,有的还订立了"团结公约"。不过,要化解这些世仇,仅凭外在的力量是不够的。毛泽东接见岩所时,就传递了充分尊重本民族的意愿,因为只有这样才能从根本上解决问题。毛泽东的意见传到阿佤山后,佤族上层和民众经过激烈的辩论,在革除猎人头习俗的问题上最终达成了一致,1958年,猎人头习俗被彻底废除了。然而,这种习俗在民族成员心灵中投下的阴霾,直到21世纪还没有完全散去:

> 当我们这些穿着奇装异服的山外人从他们房边走过的时候,他们便会停下手中编着的篾箩或是正在劈着竹篾的刀,透过栅栏久久地窥视着我们。我相信,这样层层叠叠保护式的建筑和挤挤密密的村落布局,曾经让很多部落族人幸免于被

---

① 袁智中:《远古部落的访问》,云南民族出版社2007年版,第6~9页。

猎头的命运,让部落族人在猎头祭祀盛行的年代产生更多的安全感。但这种几乎完全封闭的状态,阻隔了部落族人与其他部落族人之间以及外面世界的心灵通道,让他们在这种自闭中将自己的精神世界拱手交给了神灵……尽管这里的人们仍然渴望像外面许多佤族村寨一样,能够拥有一种全新的生活,但他们仍然担心,任何一种改变,哪怕是一条道路的走向,甚至于一个石头的位置,都会打破了神灵世界的平静,打破人与神灵之间长期建立起来的默契,导致各种灾难的来临。他们希望这种改变来自于政府的力量,因为政府的力量能够压住所有的恶鬼,让他们在获得全新生活的同时,又免于神灵的惩罚。①

在沧源的阿佤山边缘区,情况与中心区又有所不同,班洪地区因为佛教的传播和影响,凡是信奉佛教的佤族村寨都忌杀生、戒荤食,据说佛教传入后猎头祭谷的习俗就革除了。在这些地区,行酒礼已演变为行茶礼,每年铺路搭桥时节世俗的"拉木桥"游戏代替了神圣的"拉木鼓"仪式,娱神也转化成了娱人。男女青年边唱边劳动,"拉木桥"的过程宛若表演,木桥搭好后,人们还要在村寨里歌舞狂欢,整个庆典仪式充满了吉祥轻松的气氛。

由猎人头习俗对民族成员造成的心理伤害也可纠正以往认识上的某些偏差——其实原始时代人与自然和谐的背后,还饱含着人类在自然面前的弱小、无奈和痛苦,人们甚至不得不以自己的生命献祭,以谋求人与自然之间的所谓和谐与平衡。因此,

---

① 袁智中:《远古部落的访问》,云南民族出版社 2007 年版,第 19~21 页。

当现代的气息渗进遥远封闭的少数民族村寨时,文化主体自身是借助政府,或者说借助强势文化的力量来挣脱枷锁之愿望的,他们希望世界更加宽广,物质生活更加丰裕,精神世界更早地从神灵的阴霾中解脱出来,从而轻松地走向未来。也正因如此,如果说少数民族社会迈进现代的初始力量是源自外部的,那么时至今日,现代化也是少数民族文化主体自身的需求和选择,而这才是民族文化转型最内在的动力机制。行文至此要特别补上一笔:在 2008 年 12 月 21 日的《春城晚报》上,有一则报道,[①]云南拍摄的民族文化电影《边疆》采用戏中戏的方式,把采访融入故事情节,征用了若干业余演员。无独有偶,正是嘎多村的肖安姆块老人(又音译为肖安块)和其他村民在电影中演了一回自己,足足地过了一把"现代"瘾。

严格地说,猎头陋习在新中国成立后的革除才是现代意义上的,上述情形也在警示现代人,由于少数民族文化经历的是千年跨越,时至今日,对少数民族成员文化观念上的祛魅或者说启蒙的工作远未完成。具有同样意味的是,改革开放后,中国社会才逐渐改变了政治意识形态统辖的、高度中心化、一体化的状况,开始了真正具有现代意义的转型。这其中,由于计划经济向市场经济的转化,市场在社会发展中的调控作用越来越强,市场经济的观念对国人包括各少数民族的影响也越来越大了。

佤族在中华人民共和国成立之初还处在自然经济甚至原始自然经济阶段,在原始封闭状态下粗放型、小规模生产的目的,只是

---

① 马军艳、高伟:《电影〈边疆〉下周杀青 业余演员超乎想象》,《春城晚报》2008 年 12 月 21 日。

为了满足家庭成员的基本生活需要,"养牛为了种田,养猪为了过年,养鸡为了换油盐"①的观念根深蒂固。在自给自足的生产方式影响下,佤族民众重农轻商,在粮食生产之外很少种植经济作物,一般的产品交换都是在部落内部进行,产品的交换形式是以物易物,私有制产生初期少数富裕家庭的资本积累都是通过自己的劳动逐渐积累并以实物的方式储存,在市场上的商品交换被视作不光彩的行为。佤族这种原始和朴素的思想观念、思维方式,还具体表现为平均主义、重义轻利的倾向,从积极方面看他们淳朴善良、亲和团结,但从消极方面看却又安于贫困、抱残守缺,阻碍了生产力的发展。与此同时,阿佤山在客观上山高林密、交通不便,文化教育事业起步晚、发展滞后,也影响了商品经济的发展,所以直到20世纪六七十年代,由于原始封闭的价值观念和国家经济政策的影响,佤族社会经济发展的水平还很低,与发达地区的差距越来越大。

改革开放后,无商不富的观念逐渐为少数民族成员所接受,有条件的开起小卖部或办起加工厂,资金有限的走村串寨收购农副产品到集市去卖,还有越来越多的乡民以劳务输出的方式远走他乡,这些人又将更多的现代观念带回阿佤山。如果说新中国成立后的第一个30年,国家力量对少数民族社会的影响更多还局限在外在的制度层面,改革开放后,少数民族社会发生了全面深入的变革,少数民族文化艺术也面临新一轮的冲击:一是传统社会向现代社会转型,这在社会结构上表现为由整合转向分化,文化在与政

---

① 陈卫东:《浅析沧源经济发展的制约因素及其对策》,《佤山文化》1995年第4期。

治、经济的区分增大的同时,自身也日益分化而具有相对的独立性,少数民族文化艺术正失去赖以生存的土壤;二是存在于民族成员中的那些传统的价值观念、行为方式、审美取向、情感认同等都在不断丧失,民族文化主体对自身文化艺术的保护意识越来越淡薄;三是社会的开放性增强,商业文化、消费文化的强大示范作用拉动少数民族传统文化向同质化方向发展,而在经济利益的驱动下,少数民族文化艺术的形式被市场大量"征用",而真正的内涵却在逐渐消解。以上原因致使民族文化艺术的传承显得十分脆弱,民族文化艺术即便在原生地也成了稀缺之物。这其中,民族社会的转型是最根本的原因,民族文化主体文化诉求的缺失是最直接的原因,市场的冲击是外在原因。

由此看来,由传统走向现代虽然是人类的巨大进步,但与此同时文化转型必然对少数民族传统文化带来极大的冲击,特别是现代人主体意识觉醒导致的自然的"祛魅"和改革开放后市场经济观念的渗透,在客观上加速了少数民族传统文化的消解。

第二节　多元力量作用下佤族艺术的分化

正是由于社会发展、核心观念的转变和改革开放后外来异质文化的入侵,中国文化的发展格局也发生了变化,文化开始现代意义上的分化转型。在学理上,文化的概念也有了广义和狭义的区分,广义的文化又被划分为物质文化、制度文化和精神文化三个部分,与这三部分相对应的是经济、政治与文化三类活动。人类的这三类活动性质不一样,目标也有区别:经济实践活动是物质生产活动,是求"利"的活动;政治实践活动是不同群体间的生存空间和生存资源的分割活动和群体内的秩序确立活动,是求"权"的活动;文化实践活动则是人类群体为寻求自己的生存意义、表达思想情感、增强群体认同的活动,是求"意"的活动。尤其在改革开放后社会文化分化的过程中,各级政府、市场、精英、民间的力量多元竞生,具体看,官方文化、民间文化、大众文化、精英文化都有自己的文化诉求,它们相互交织、相互作用,构成了少数民族文化转型的现实场域。与此相应,少数民族艺术的表现形态也日益多样化,除了上述源自民族民间的传统形态,现代以来还分化出具有中国特色的官方文化形态,衍生出在外来文化影响和叠压下的精英文化形态和大众文化形态。

一、主旋律引领下艺术的依附性表达

在现今收集整理的各少数民族文学艺术创作资料中,歌颂毛主席、共产党,歌颂各民族大团结,反映社会主义新时代美好生活的文本占了很大比例。以佤族的文学创作实际为例,既有民族民间的创作,也有外来作家和后来成长起来的本民族作家的创作,这些创作因饱含对中国共产党领导各民族翻身解放,实现千年跨越的热情赞美和真诚感激,努力弘扬新时代的主旋律而表现出一定的依附性特征。

在外来作家中,最早涉及佤山题材的作家是马子华先生,他的《滇南散记》于1946年出版,其中用四分之一的篇幅,以《岩帅》《岩帅王子》《剽牛》《血手》《葫芦王地的火焰》为题,记述了新中国成立前阿佤山的原始风貌。新中国成立后,国家选派大批干部深入阿佤山区开展工作,在这些干部中成长起来的作家和南下的军旅作家一起，创作了一大批讴歌民族团结、颂扬军民联合保边疆的业绩，反映神奇的边地生活和阿佤山巨大变迁的作品，其中影响较大的短篇小说有李乔的《拉勐回来了》，长篇小说有郭国甫的《在昂美纳部落里》，吴源植的《金色的群山》，林予、彭荆风、姚冷的《塞上风烟》（后改编为影片《边寨烽火》），另有田间的长诗和吴源植的同名小说《阿佤人》。改革开放后，又有彭荆风的中篇小说《蛮帅部落的后代》，苏策、彭荆风、陈希平的话剧《阿佤姐妹》，王绍志的京剧《佤山雾》，王松长篇小说《布绕克姑娘》，以及《李钧龙风情小说选》等佳作，其数量之多，在中国少数民族现当代文学史上都是空前的。

  彝族作家李乔的短篇小说《拉勐回来了》，是建国后较早涉猎佤山题材的作品。李乔1950年参加中央西南民族访问团，1951年进入阿佤山区工作，小说的主人公拉勐即是与毛泽东主席就猎头习俗进行对话的佤族大头人岩所——孟连土司曾封其为"拉勐"（官名），小说用写实的手法记录了岩所随西南民族访问团到内地参观、参加建国一周年国庆观礼的曲折经历。从小说创作依托的史实看，由于历史的原因和当时境外国民党残部、外国传教士的造谣挑拨，在解放初期佤族与中央政府的隔阂还很深，在共产党委派干部做工作动员拉勐去北京时，他深表疑虑，并指着自己当年抗英时缴获的英军宽檐帽说："英国人来了我们打英国人；日本人来了我们打日本人；'黄皮兵'（指国民党军队）来了我们打'黄皮兵'；'解放'来了我们还没有打'解放'……"面对如此情形，做工作的干部趁着拉勐还没有想好要不要打"解放"，做了大量耐心细致的工作，最后甚至不得不用自己的儿子做人质，才终于完成了上级下达的艰巨任务。① 由于此行路途遥远且当时交通极为不便,云南20多个少数民族的代表9月中旬于昆明集结完毕,在接受毛泽东等党和国家领导人接见、结束国庆一周年的观礼活动后,中央政府又组织他们到天津、上海、南京、武汉、重庆等地的工厂、农村、学校、机关、部队参观访问,直到年末才回到家乡。这期间,阿佤山谣传不断,其基本内容就是汉人把拉勐杀了,他再也不可能回来,拉勐的儿子不明真相,已经率众抬出弓弩、火枪,准备殊死一搏,幸而拉勐及时赶回,谣言不攻自破。小说《拉勐回来了》就是在这段史实的基础上,用生动的笔触反映了阿佤人对新中国民族政策从怀疑到逐步了解,最终积极拥护的过程,并将主题提升到歌颂民族团结的高度。

在新中国成立前,大多数民族头人虽然知道在中国的北方,有一个管辖他们的"天朝",但历史上"天朝"给予各少数民族的,是太多的压迫和歧视,然而此一时已非彼一时,各少数民族的代表经过这一次旅行之后,真正了解了自己在中华民族大家庭中的主人翁地位。此后,少数民族参观访问团的形式一直沿用下来。据记载,仅1950年9月至1956年底,单是云南省组织的少数民族参观团就达103次,共13515人次。② 而拉勐以佤族历史上第一个进京使者的身份回到阿佤山后参与的又一件大事,就是在当地各民族举行的民族团结千人大会上担任剽牛手,各族代表还遵从佤族的结盟仪式喝咒水,齐声高呼"我们起誓!生死同在!民族团结!永久维护!"作为这段历史的见证,刻有盟誓誓词的碑石现已作为云

---

① 黄尧:《世纪木鼓》,云南人民出版社1998年版,第187～193页。
② 同上书,第218页。

南省级文物保存下来。

　　虽然在这次盟誓之后,由于境外金三角地区国民党残部的干扰还有过反复,但随着中华民族凝聚力的不断增强,各少数民族包括佤族这样的原始民族都跑步进入了社会主义。阿佤人民满怀翻身解放的喜悦,积极投入到现代民族国家的革命和建设中,并饱含对毛主席、共产党的赞美之情讴歌新时代的到来:

　　　　村村寨寨哎,打起鼓敲起锣,阿佤唱新歌。毛主席光辉照边疆,山笑水笑人欢乐,社会主义好哎,架起幸福桥哎,道路越走越宽阔,越宽阔,哎江三木罗!①

　　　　山山岭岭哎,歌声起红旗飘,闪闪银锄落。毛主席号召学大寨,清清河水上山坡,茶园绿油油哎,梯田翻金波哎,幸福花开千万朵,千万朵,哎江三木罗!

　　　　各族人民哎,团结紧向前进,壮志震山河。毛主席怎样说,阿佤人民就怎样做,跟着毛主席哎,跟着共产党哎,阿佤人民唱新歌,唱新歌,哎江三木罗!

　　这首《阿佤人民唱新歌》曾唱遍中国的大江南北,其作者杨正仁并不是专业作家,作为一名在这里对战斗过、生活过,对阿佤山有深厚感情的解放军战士,他在创作时恐怕也未曾料到,这首歌甚至成了特定时代的标志。为了感谢杨正仁对阿佤人民的深情厚谊,包括《阿佤人民唱新歌》一直以来在佤文化宣传中的积极作用,

---

① 在佤语中,"江"有"秤"的意思。"三木罗"有时又译为"三木洛",是阿佤山民间故事中的一个机智人物,据说"三木罗的秤"是最好最公正公平的。因此在此歌中江三木罗就是非常好的意思,包含了对新时代的赞誉。

沧源县已特聘他为荣誉公民。

除了外来作家的创作以及"大跃进"和"文革"中带有浓厚政治色彩的作品,在民间还涌现了大量佤族民众自发创作的作品,这些民歌经专业文艺工作者采集整理出来,在少数民族现当代文学史上被称作"新民歌",其中,就包括源自对毛主席、共产党真诚的感激之情,带有明显的颂歌性质的一大批作品。

歌颂毛主席的如《毛主席胜过红太阳》:①

> 是什么在天上闪光?是星星在天上闪光;是什么在地上明亮,是共产党的光芒。太阳从东方升起,射出美丽的红光;毛主席在北京出现,胜过太阳的红光。

歌颂共产党的如《花儿鲜,果儿大》:②

> 过去,穷人好比无架的南瓜,遍地乱爬,不结果,不开花。
> 现在,共产党给南瓜搭上架,越爬越高,花儿鲜,果儿大。

歌颂社会主义的如《一棵竹子不成篷》:③

> 一棵竹子不成篷,三五棵竹子成一篷。一个人干活力量

---

① 中共沧源县委宣传部、云南民族民间文艺沧源调查队:《沧源县佤族民歌选》,1960年11月合编,油印本。
② 引自《金花银花献给毛主席》,云南人民出版社,1978年版。
③ 引自郭思九、尚仲豪:《佤族文学简史》,云南民族出版社1999年12月第1版,第345页。

单,集体的力量大如山。全世界道路千万条,惟有社会主义道路好。

新民歌沿用了传统民歌朴素、明朗风格,多用鲜活的形象说明深刻的道理,《一棵竹子不成篷》还完全用佤族民歌"调子"的形式演唱,前两句是一句佤族谚语,巧妙地用来起兴,由于具有浓郁的民族特色,这首歌在阿佤山广为流传。

改革开放后,虽然佤族文学的反映对象打上了新时代的烙印,但在表现形式上同样具有鲜明的民族民间艺术特色,如将"文革"前采录的传统《牛铃歌》[①]与1991年采录的新民歌《社会主义带了幸福来》比较,就不难发现它们之间的密切关联——

《牛铃歌》:

叮铃咚隆牛铃响,不是汉家马帮来;不是傣家牛队到,而是爹妈赶街来。现在我家牛满厩,现在我家粮满仓,爹妈赶牛卖余粮,四山满驮幸福载,我和爹妈笑眼开。

《社会主义带了幸福来》:

叮铃咚隆牛铃响,不是汉家马帮来;不是傣家牛队到,而是爹妈赶街来。现在我家牛满厩,现在我家粮满仓,爹妈赶牛卖余粮,驮着幸福回山寨。

---

① 郭思九、尚仲豪:《佤族文学简史》,云南民族出版社1999年版,第348~349页。

爸爸夸奖:"联产承包政策好!"妈妈赞扬:"勤劳就是能致富!"我和爹妈笑颜开,改革开放就是好,脱贫致富全靠它。我同爹妈齐欢唱:共产党指引光明路,社会主义带了幸福来!①

除了民间文学形态的新民歌,还有佤族文化精英的创作型作品,如由陈本亮词曲并编导的佤族铓锣弹唱《社会主义幸福多》:

哎,唱起了呀跳起来,大家来唱幸福歌,毛主席领导好,社会主义幸福多,跳起来呀唱起来,同声齐唱幸福歌。敲响金铓锣,敲响金铓锣,民族团结力量大,社会主义幸福多,社会主义幸福多。来呀来呀嘿嘿哎哎,阿佤热爱共产党,社会主义幸福多。

哎,唱起了呀跳起来,边疆一片丰收乐,拖拉机绕山跑,社会主义幸福多,跳起来呀唱起来,同声爱唱幸福歌。爱唱幸福歌,爱唱幸福歌,共产主义就是好,社会主义幸福多,社会主义幸福多。来呀来呀嘿嘿哎哎,阿佤热爱共产党,社会主义幸福多。②

在 1976 年的云南省少数民族歌舞曲艺大赛上,《社会主义幸福多》获得一等奖并选送北京参赛,进京的沧源文工队队员们在登台表演之余,还跑到向往已久的天安门广场,高唱《东方红》和《佤山连北京》。总之,这类带有一定的政治色彩,但又的确满怀真挚

---

① 梁红伟采录,《佤山文化》1991 年第 2 期。
② 唐萍主编:《司岗里之声》,远方出版社 2004 年版,第 135~136 页。

的感情,感谢毛主席、共产党帮助佤族翻身解放,带领民众脱贫致富的作品还很多,可以说,进入新世纪的阿佤人民仍然在边走边唱,在中华民族大家庭中向往着更美好的未来:

> 春风吹来阳光亮,村村寨寨歌声扬。阿佤又唱幸福歌,阿佤人民多富强。木鼓声声震天响,水酒杯杯分外香。站在佤山望北京,幸福歌声唱不完,幸福歌声唱不完。贺浪里嘿!
> 电话电视新米香,欢乐佤山像天堂。阿佤又唱幸福歌,阿佤人民奔小康。公路宽宽车如潮,财源滚滚进佤山。建设佤山情满怀,架起金桥奔小康,架起金桥奔小康。贺浪里嘿!①

二、佤族文化在民间的传承和嬗变

沧源虽然经过40多年的市政建设,一座功能齐全、环境优美的边境园林城市已初具规模,但至今非农业人口只占全县总人口的12.6%。正是由于少数民族社会在整体上还是乡土社会,民族民间文化才仍然保有一个较大的存续空间。

据《司岗里传说》的作者王学兵介绍,他的外祖父尼劳奥是一个人缘极好的铁匠,各方来客常在老人家中开"故事会",交流各地的司岗里传说,这个传统为王学兵的创作打下了基础。除此之外,王学兵还在广征博引前人书面材料的同时,继续进行抢救性发掘,深入佤族地区包括缅甸一方,收集整理了大量第一手资料,可以说,如果没有佤族文化艺术在现实中的存续,作者必定难以写成目前最完整、最连贯的《司岗里传说》。

---

① 唐萍主编:《司岗里之声》,远方出版社2004年版,第154~155页。

当然更重要的是,民族民间文化是少数民族传统文化的载体,也是少数民族艺术存续的重要依托。半个世纪以来,在收音机、电影特别是电视的冲击下,阿佤人讲故事的岁月正在逝去。但 2006 年,一些学者在阿佤山中心区调研时发现,司岗里在民间"仍然活着":西盟马散寨 60 岁的魔巴岩义、阿佤莱年近 80 岁的魔巴岩金和大岩坎说起司岗里,都能现场吟诵;岩金 85 岁的姐姐娜颂更能唱,她还专门换上佤族传统服饰为调查者演唱。① 不过,从学者们发现活形态司岗里时的惊喜和演唱者的年龄看,即便在最边远的山寨,少数民族传统文化艺术亦处于濒危状态。为此,来自政府、学界、民间的各方力量也开始致力于对民族民间文化艺术的整理、保护。2005 年,沧源县就专门组织工作队深入各乡镇,开展民族传统文化艺术的普查工作(统计结果参见附录一),在普查工作结束后,沧源县旋即将佤族甩发舞传人肖叶弄、佤族跳新房传承人李岩板、佤族祭祀舞蹈拉木鼓传人陈尼门等 35 人申报云南省民族民间传统文化传承人,同时还对这里的文化艺术类别进行抢救,收集整理、录音摄像,并申报云南省民族民间传统文化濒危项目。

从普查的结果看,佤族传统文化艺术在民间存续的门类还较为齐全,但在功用上,传统社会娱神的内涵已趋于消解,在现实中的作用一是民族自身文化的延续传承,二是演变为日常生活中的礼仪活动和娱乐活动。如上述传承人中很多是佤族原始宗教的掌门人魔巴,时至今日,这些掌握着"地方性知识"的魔巴在佤族的日常生活中还必不可少,民间的婚丧嫁娶、生儿育女、盖新房等重大

---

① 左永平编著:《木鼓回归》,云南大学出版社 2008 年 8 月第 1 版,第 114~115 页。

活动,都要请魔巴念咒主持,只是"目前人们对魔巴进行的'做鬼'活动,已不完全相信,更多是一种风俗习惯和心理安慰而已……在采访魔巴岩金时,他刚好从村卫生所打针回来。问他自己做鬼不行吗?他说生病还是看医生信医生,当然自己也要做鬼"。① 总之,上年纪的老人大多仍相信魔巴,年轻人则基本上不相信会有什么鬼神,魔巴的"做鬼"活动更多已作为一种风俗礼仪保存下来,成为民族文化传统的重要传承场。

同样,司岗里以前是在猎头祭谷、剽牛、砍牛尾巴等重大祭祀活动时唱,而如今则是在撒谷子、盖新房、过年过节时唱,佤族民间对年轻一代在风俗习惯、传统道德方面的教育基本上还是用这种方式进行的。司岗里的传唱方式分为有节奏的吟诵和有固定旋律的歌唱两种,魔巴或老人在演唱司岗里时,旁边的人们会不断地端茶敬酒,以示对表演者的尊重和对传统文化的崇尚。与此同时,在少数民族艺术的娱人功用不断强化的今天,吟唱司岗里也成为佤族村寨大型活动中的娱乐项目之一,受现代文明影响的年轻一代不再关心歌词的内涵,而更多地沉浸于传统仪式活动营造的热闹、欢乐的气氛中,传统的祭祀性舞蹈也被娱乐性极强的打歌活动取代。

为了激发民间艺人在民族社区传承技艺的热情,沧源县有关部门组织了丰富多彩的文艺活动,从20世纪80年代末开始,每两年就组织一次全县各乡镇的农民文艺汇演,特别是从2004年开始,在每年的司岗里狂欢节上,来自各乡镇的代表队都要进行各种文体项目竞赛,全社会办文化体育的积极性高涨。据不完全统计,

---

① 杜巍编:《思茅民族文化研究》,云南大学出版社2006年版,第58页。

仅有10多万人的沧源县除了十支专业艺术团、三支少儿艺术团，还有民办的西捏然民间艺术团，夕阳红、国税、门佤老年艺术团，全县93个村（居）民委员会更活跃着100多支农村业余文艺队、打歌队，这些文艺团体的组建，一方面是为了复兴民族传统文化，另一方面，是在假日节庆、婚丧嫁娶、日常休闲活动中发挥自娱的功用。

在众多的民间文艺团体中，门佤民歌艺术团是自觉彰显佤族传统文化的典型。"门佤"在佤语中的大致意思是人很多、很集中的地方，门佤民歌艺术团以此为名，含有努力走出封闭的大山，将佤族传统文化发扬光大的寓意，故而自诞生之日起，门佤就以抢救、保护佤族民歌为己任，挖掘、整理了《我是崖画的子孙》《岩帅姑娘去赶街》《只要我俩真心爱》《薅旱谷》《好年好月盖新房》《无头蛇》等几十首民歌。门佤民歌艺术团刚成立，就因为在首届司岗里狂欢节上的精彩表现受到广泛关注，并在之后的云南省老年杯金秋风采舞蹈大赛上取得第一名，在临沧市民间打歌比赛中获得一等奖。据门佤民歌艺术团团长杨赛亮的回忆，2005年10月到昆明参加全省的金秋风采舞蹈大赛是该团的大多数成员第一次走出阿佤山，他们带去的节目《佤山丰碑》《激情火塘》和民歌联唱《跳新房》成为比赛的最大亮点，场内掌声一浪高过一浪，佤族的民歌民俗和佤山的热情质朴征服了评委和观众。在之后的几年中，中央电视台西部频道，湖南、浙江、云南、临沧等省市媒体多次采访、报道了门佤艺术团的活动情况，进一步扩大了佤族传统文化艺术的影响。

在只有几万人的沧源县城勐董镇，虽然打歌场变成了运动场，钢筋水泥正在支撑起一个现代化的边城，但城里的人们也以另一种方式延续这种歌舞人生。夕阳红艺术团等由各企事业单位退休职工自发组织的佤族民间艺术团体十分活跃,每逢节假日,老人们都在县城的街心花园打歌唱调。在打歌活动中,佤族新兴的集体舞蹈加林舞备受欢迎,它源自佤族一首名为《加林赛》的歌曲,"加"是成双成对或排起队来的意思,"林"有玩笑、娱乐、歌舞之意,"赛"是语气词,加林赛意即"大家手牵手排起队来唱歌跳舞吧"。加林舞舞步简单、固定,歌舞的人们以弹三弦和吹芦笙的为中心围成几圈,手拉手沿逆时针方向边转边跺脚,随着领唱者边唱边舞:

> 你来我来嘛大家来哎,打起歌来心头乐,加林加林赛,加林加林赛。敲起木鼓打起歌,打到日出月亮落,敲起木鼓打起歌,打得日出月亮落,加林加林赛,加林加林赛。
>
> 你来我来嘛大家来哎,歌场不分你和我,加林加林赛,加林加林赛。男女老少一起来,唱出那火红的生活来,男女老少一起来,唱出那火红的生活来,加林加林赛,加林加林赛。①

很多路人、游人不管是否相识都受到感染加入其中,在弦乐声与唱调声中,大家恍然间仿佛又回归乡土,踏上了文化的寻根之旅。

三、佤族歌舞在市场的表演化倾向

可以说,在少数民族民间文化存续过程中,无论是娱神、娱人,还是民族文化自身的传承活动,通常都要借助仪式表演或口传表演的形式,于是在人类学的研究视域中,就有学者提出了表演人类

---

① 唐萍主编:《司岗里之声》,远方出版社2004年版,第55~56页。

学、表演民族志的概念,①族人进行文化艺术表演的目的是:"我们作为一个文化或社会在这类活动中反思自己,明确自己的本质,以戏剧化的方式表现我们的集体神话,为自己展示其他选择,最终在某些方面改变自己而在另一些方面则保留自己的特色。"②进入现代社会,文化艺术表演的目的有多种,除了本民族成员旨在进行内部交流、传承民族文化的表演,还有官方或民间组织的,与其他民族进行文化交流或昭示民族团结的表演,在市场介入之后,民族文化艺术还成为一种向消费者展示的表演性存在,而表演交流的空间亦由本土向外不断扩展,甚至进入世界性的文化舞台。

如前所述,20世纪90年代后,经济力量逐渐渗透到少数民族地区,少数民族文化在文化市场的差异性优势逐渐显现出来,在少数民族地区经济发展中,立足于民族文化资源优势的文化产业正成为新的支柱产业,尤其在沧源这类文化旅游业发展较快的区域,民族歌舞演艺业成为阿佤人民脱贫致富奔小康的道路上努力要唱好的"新歌"。为了顺应时代发展,各级政府通过文化体制改革转变职能,充分发挥市场对民族文化资源调控作用。20世纪90年代中期以前,沧源一直停留在把文化建设视为一项事业来抓,只注重社会效益而忽视经济效益。从90年代中后期开始,政府逐渐转变对文化演艺业和文化旅游业的领导方式,强化自身在文化产业中的政策调节、市场监管、社会管理和公共服务的职能,实现从"办"文化向"管"文化,从管微观向管宏观的转变,做到政企分开,政事分开,逐步建立党委领导,政府管理,行业自律,企事业单位依

---

① 麦克尔·赫兹菲尔德著、刘珩等译:《什么是人类常识:社会和文化领域中的人类学理论实践》,华夏出版社2005年版,第313页。
② 同上书,第282页。

法运营的文化管理体制。这其中,阿佤山歌舞团40多年的历程特别是近十多年来的发展,就是文艺团体从计划经济向市场经济、由文化事业到文化产业演变的典型例证。

阿佤山歌舞团的前身是沧源佤族自治县文工队。1964年,刚成立的沧源佤族自治县县委考虑到阿佤山文化生活贫乏,需要一支文艺工作队用人们喜闻乐见的文艺形式宣传党的路线、方针和政策,文工队7月19日建队,8月13名佤族青年就在第一任队长周天相的率领下,到边防哨所宣传演出。一直到80年代中期,在计划经济体制下,文工队克服地方财政紧缺的困难,创作了一系列深受佤山人民喜爱的文艺作品,为佤族优秀传统文化的传承和保护做了大量工作。1988年,沧源文工队应邀参加川滇九地州市经济协作会,首次尝试商业性演出。2003年,沧源县文工队进行改制,更名为沧源县阿佤山歌舞团,2006年又组建了以阿佤山歌舞团为主体的司岗里文化经营公司,经营以佤族歌舞和佤族风味饮食业为主的司岗里文化园。经过不断的探索,沧源的民族歌舞演艺业不仅与文化旅游业相辅相成,立足于本土开发市场,还走出阿佤山进行商业性演出,参加商贸活动推介产品或参加文化交流活动,创造了良好的经济效益和社会效益。到目前为止,改制后的阿佤山歌舞团已在北京、上海、广东、昆明等十多个省市进行文艺交流和商业性演出2000多场次。这支"佤山乌兰牧骑"在新的历史条件下,以新的方式打造着"世界佤乡"文化品牌。

与此同时,民营资本也投入民族歌舞演艺业的建设,带动了司岗里艺术团、黑旋风艺术团等一批民营文化企业的发展。司岗里艺术团成立于1996年,当时的县文化馆馆长茶红明辞去公职,从各山寨征集了150多名佤族青年进行商业性演出,备受欢迎,"东方的黑珍珠"、"亚洲的黑玫瑰"、"云南的黑牡丹"等称谓经常出现在传媒的报道中。佤山黑旋风艺术团成立于2001年,该团以佤文化旅游宣传促销为宗旨,以国内举办的各种旅游交易会和旅游景区(景点)为宣传阵地,开展佤族民俗风情歌舞表演。艺术团成立以来先后到昆明、上海、缅甸等地进行佤族文化宣传促销演出,演出节目受到中外宾客的热烈欢迎。在中国昆明国际旅游商品交易会和第二届中国上海国际商品交易会上,受到组委会的高度评价,在全国12个旅游艺术团展演中,佤山茶韵——云南民俗风情歌舞展演获优秀表演奖和最佳表演奖。黑旋风艺术团成立以来,共演出257场次,观众13万多人,通过向国内外游客展示佤族歌舞艺术风采,达到了让佤族歌舞走向舞台,走向世界,让世界认识沧源、了解沧源的目的。

此外,民族歌舞人才输出也成为沧源劳务输出工作的特色。为了解决农村富余劳动力的就业问题,沧源成立了专门的劳务输出领导小组,办公室设在县农业局,由局长兼任办公室主任负责抓具体业务,各乡镇也相应成立了组织机构,做好组织协调工作。劳务输出办公室以调整农村就业结构、提高农民素质、促进农民增收加快脱贫步伐为目的,以市场需求为导向,本着"先培训、后输出"的原则,依托沧源文工队、县农广校、职业学校、农机职业培训学校等培训基地,组织富余劳动力参与佤族歌舞、家政服务、实用技术、职业道德、职业守则、安全常识、法律法规等方面的培训,通过开展定单培训、定性培养、定向输出,努力促进农村劳动力向非农产业转移。根据劳务输出办公室历年的统计,几个培训基地累计培训人员上万人次,而作为沧源劳务输出工作的特色,沧源县已有2000多名佤族青年分布在全国各地的旅游景点和宾馆酒店从事民族歌舞表演,并且省内外对这类人才的需求还处于上升趋势。根据县劳务办公室2007年的跟踪调查,输出的务工人员平均年纯收入在8000元以上,是全县农民平均年纯收入的七倍,已成为民族成员脱贫致富的一条有效途径。与此同时,佤族歌舞人才的输出在佤文化宣传上的社会效益也日益凸显,劳务输出办公室因此确立了充分发挥佤文化优势,以佤族歌舞表演为突破口,依托佤文化品牌带动劳务产业发展的方向。

就在通过上述途径外出打工的年轻人中,李伟、李勇兄弟俩还回乡创办艺术学校,组建了艺术团,实现了从打工到创业的转变。1993年,初中刚毕业的李伟参加了沧源县文工队举办的舞蹈培训班,结业后他先后到昆明的云南民族村、深圳的中国民俗文化村从事佤族歌舞表演。李伟就是在纵情歌舞、为热情的观众展示佤山风情和阿佤小伙的彪悍勇武的过程中,萌生了创办舞蹈职业学校培养民族舞蹈人才,组建民间歌舞艺术团,将佤族歌舞资源优势转化为现实的市场需求和竞争优势的构想。1999年,桑嘎艺术职业培训学校在临沧创立,桑嘎以培养佤族歌舞演艺人才和劳务输出为己任,注重与沿海主题公园等用工单位的沟通衔接,建立长期的演艺人才供求订单,积极组织劳务输出,十年来已成功地为深圳锦绣中华民俗文化村、烟台市中华历史文化园、云南印象剧组等输送了上千名以佤族为主的少数民族舞蹈演艺人才,大批贫困山区的少数民族青年靠歌舞走上艺术就业道路。桑嘎艺术歌舞团下设四个分团,常年活跃在各大城市展演,他们编创的《木鼓舞》《剽牛舞》《狩猎舞》《甩发舞》《黑马王子与黑雪公主》以佤山欢快热烈的旋律,粗犷奔放的舞姿,尽情展示了佤族歌舞独特的魅力。桑嘎艺术团的演员也因此被观众誉为"舞神"。

市场对佤族歌舞人才的需求,体现了少数民族文化资源在文化市场上的差异性优势,但市场经济条件下少数民族文化发展的一些不和谐因素也凸显出来。从民族文化艺术产品的消费市场来看,少数民族地区的途径主要有两个:一是立足于本土建立市场,一是走出大山开拓市场。除了本身数量不多的固定的城市人口构成外,本土最大的市场是由旅游业所带来的有消费能力的流动人口所构成的。以旅游业为主体,可以带动其他产业形成产业链,如娱乐业、休闲业、健身业、探险业、科学研究考察、会展业等。正是在以旅游经济为典型的体验经济的发展中,少数民族文化在一个新的更大的经济活动范畴内成为一种资源,一种可转化为资本的资源。但文化资源的特性与自然资源有所不同,是一种活的、具有生展性的资源,主要有以下特点:文化资源具有持续性,它不会因发掘、利用而减少或损耗;文化资源具有易变性,它可能因环境的改变而改变甚至消失,并且一旦消失就难以为继;自然资源所面对的人相对而言差别较小,文化资源所面对的人却有"自我"与"他者"的差别。因此,对民族民间文化资源的利用比对自然资源的利用更为复杂,存在的问题也更多。

格林伍德指出,在现代旅游业中,寻求真实已成为一种主题,来自"文明"社会的旅游者渴望了解和体验"原始"的土著民族和异国情调,为了迎合消费者的这些需求,在文化市场上展演的少数民族文化艺术,因脱离原有语境而失去了原真的含义,成为注重与他者交流,以牟取交换价值为目的的大众文化形态。事实上,随着少数民族社会的现代转型,存在于民族成员中的传统价值观念、行为方式正在不断丧失,民族文化即便在原生地也成了稀缺之物。如沧源在旅游发展规划中的定位是"边地原生态民族文化旅游",但严格说来,这里强调的原生态大多是市场化的包装。较之原生形态,市场形态的民族文化通常突出其感性的一面,强化民族文化在形式上的特征,突出文化的异质性,以迎合消费者的文化猎奇心理。在以往对民族文化资源的开发中,为了实现利润的最大化,虚假的表演、过度的包装使相当一部分旅游景点成了刻意满足旅游者想象的伪民俗。

正因如此,在少数民族艺术现代转型的进程中,市场形态引起的关注和非议也是最多的。此外,不仅只是立足于本土的旅游产业,在中国以少数民族文化资源为依托的文化产业发展中,民族艺术面临的最大危险,是被大众文化主导的市场同化,最后沦落为大众文化的附庸品甚至文化垃圾,而在市场的作用下,被改造过的所谓民族文化反过来影响原生地民族艺术的保护。

四、佤族文化精英主体意识的觉醒

通过上述分析可以看出,在少数民族文化现代转型的过程中,伴随着人之主体意识的觉醒,民族成员克服文化心理障碍,通过对自然的"祛魅"以摆脱神灵禁锢的取向是历史的进步。但随着社会的转型和文化的分化,政治、经济对民族文化的影响和冲击越来越大,少数民族文化传统的衰减之势愈演愈烈,在如此情势下,如何处理好少数民族传统文化保护与开发的关系问题日益凸显出来,因为保护不单是开发的重要前提,更是一个民族修复失落的精神家园、保有其文化独特性,实现可持续发展的基本保障。在中国当代的文化格局中,对少数民族传统文化的保护,在外在方面需要主导文化的引导和扶持,在内在方面则需要少数民族文化主体民族意识的觉醒。这里所强调的复兴不是简单地回归原始,而是站在文化自觉的高度处理好祛魅与复魅的关系、保护与开发的关系，在传统与现代的张力中构建一个民族未来的文化。

从现代民族国家的层面上看，从20世纪50年代初开始，中国各级政府以及文化艺术部门就组织了数以万计的人类学、社会学专家和文学艺术工作者，深入到少数民族聚居区，收集整理、抢救流传在民间的传统文化艺术。80年代初，政府又投入大量资金和人力物力，收集整理各民族民间文艺资料，编撰了《中国民间歌曲集成》《中国戏曲音乐集成》《中国民族民间器乐集成》《中国曲艺音乐集成》《中国民族民间舞蹈集成》《中国戏曲志》《中国民间故事集成》《中国歌谣集成》《中国谚语集成》《中国曲艺集成》等包括各民族文学、音乐、舞蹈诸门类的十大文艺集成，全部出齐约450卷，约4.5亿字。1956年，全国人民代表大会民族委员会组建的以费孝通教授为首的云南少数民族调查组来到云南，在云南省有关部门的配合下对少数民族开展了大规模的调查。1958年，为配合编写各民族简史和简志，对民族社会历史的调查工作继续进行，为研究少数民族文化积累了大量资料。改革开放后，云南省民族问题五种丛书编辑委员会在国家民族事务委员会的领导下，将新中国成立后历年对云南各少数民族民主改革前的社会历史资料分别编辑成册，陆续出版。

这一时期，到沧源调查的学者有田继周、陈炯光、罗之基等人，他们为佤族社会历史的研究收集整理了大量有价值的资料。20世纪60年代初，云南省委宣传部和中国作家协会昆明分会又联合组织了由冯寿轩等人组成的云南民族民间文艺沧源调查队赴沧源，对佤族民间文艺进行全面普查。当地政府积极配合，抽调周天相、黄伦、王有明(佤族)、周建明(佤族)、沈应明(佤族)等人参加调研，这是佤族自己的文化精英参与文化抢救、保护工作的开端。通过近10个月的调研，工作队收集了上万件资料，编印了《沧源县佤族民间故事选》《沧源县佤族民歌选》《沧源县佤族民间长诗选》《沧源县佤族民间音乐曲调选》等五部选集，撰写了《沧源县佤族音乐调查报告》和《沧源县佤族文学史概略》（油印本）。到目前为止，这七本选集和研究成果，仍是内容最丰富最全面的佤族民间文艺集子。[①] 改革开放之后，对少数民族传统文化的保护问题日益凸显，佤族的文化精英特别是受过现代教育的精英的主体意识越来越强，如魏德明、赵富荣都是著名的佤族史专家，当年协助云南民族民间文艺沧源调查队工作的王有明将中国古代的寓言故事翻译为佤文结集出版，他还收集整理、编著了《佤族动物故事选》(佤文)、《西盟佤族民间故事选》(佤文)；鲍志明、李伯松、陈卫兵收集整理、编撰了《佤族民间歌曲100首》(佤文)；王学兵著有《司岗里传说》……与此同时，沧源也投入大量的人力、物力编辑整理了《佤族民间文学集》《佤族民俗研究》《佤族民歌集》《佤族歌舞集》《佤族风情》等，加强了对佤族语言文学、历史文化、艺术作品的研究，为打造佤文化品牌奠定了坚实的基础。

在20世纪90年代以后的中国，"精英"一词的使用频率越来越高，却并没有确定的内涵。从总体上看，文化精英是在现代转型过程中以精神引导和文化批判为己任的知识分子群体，因而精英文化与传统社会中的高雅文化是有区别的，在社会由传统向现代转型之初，知识精英们努力以理性之光驱逐人性的蒙昧与黑暗，对大众进行文化启蒙。在之后的现代转型过程中，面对都市大众感

---

① 郭思九、尚仲豪：《佤族文学简史》，云南民族出版社1999年版，第352页。

性的沉沦和物质文化对精神文化的压制,精英们又以文化批判为启蒙的重要武器,以对人的终极关怀为旨归,对转型期失范的文化进行清理,努力实现对现实的审美超越。但随着现代的科层化、合理化在社会各个方面的渗透,越来越多的知识精英成为现代体制的一部分,在国家机关、学校、媒介等部门谋生。虽然拥有相当的文化资本,但他们的影响是有限的和受到制约的,因而被布尔迪厄称作"统治者中的被统治者"。

  本文中民族文化精英概念的范畴要广一些,主要用来指称掌握着"地方性知识"的少数民族知识分子群体,特别是受过现代大学教育,具有一定文化启蒙意识和文化批判精神的少数民族知识分子。由于长期以来处于一种高度整合状态,少数民族社会分化、文化分化相对较慢,传统社会少数民族文化之"大传统"的传承人主要是民族宗教的掌门人,如纳西族的东巴、彝族的毕摩、佤族的魔巴等。新中国成立后,少数民族地区旋即被纳入到国家高度一体化的行政管理体系中,并没有形成特指能担当思想启蒙和文化批判责任的精英群体,特别在民族区域自治的政策施行后,有相当一部分民族文化精英被征用到各级政府部门成为体制中人。改革开放后,随着社会分化的加剧,民族文化精英有了不同的选择,有的人如司岗里艺术团团长茶红明就辞去公职进入文化市场,成为本民族最早的"闯海人",但大多数民族文化精英还是在政府各部门尤其是文化事业单位任职。或源自工作的需要,或是在本民族文化传承的使命感促使下,他们为自身民族文化的抢救和保护做了大量工作。

  在沧源,对佤族文化艺术的传承保护有两个重要的平台:县刊《佤山文化》和佤文化研究会。1983年,由县文化馆主办、馆长周天相任主编的《佤山文化》创刊,创刊之初叫《沧源文化》,是用蜡板刻印,1986年更名为《佤山文化》并改为铅印,之后又改为胶印。在《佤山文化》办刊之初,就确立了民族性、时代性、资料性、文艺性的办刊方向:着力反映以佤族为主的各民族风土人情、历史文化、自然风光;登载的文章紧扣时代脉搏,反映各民族的新生活、新面貌、新精神、新创造和理想追求;抢救散落在民间的以佤族为主的各民族的传统文化资源,如民间故事、民族逸闻趣事,进行佤文化的理论探讨;不断提高作者的文艺创作水平,尽力向更高刊物冲刺。经过20多年的努力,《佤山文化》已成为宣传佤山沧源、展示佤文化的窗口。《佤山文化》挖掘整理了大量民族文化遗产,后来编辑出版的多种书籍如佤族民间故事等,其有文字记录的最早出处都在《佤山文化》。《佤山文化》上刊载最多的是文艺作品,张云、李明富(佤族)、陈建华(傣族)、袁智中(佤族)、肖则贡(佤族)、王学兵(佤族)等很多沧源作者都是从这里走出佤山的。[①]

《佤山文化》在2004年以后,同时成为"沧源佤族自治县佤族文化研究会"的会刊,从研究会的会长、副会长、理事会人员名单和专家委员会名单看,研究会已将本县的文化精英特别是佤族文化精英"一网打尽"。与佤文化研究会相应的是沧源佤族自治县中国佤文化研究开发中心,开发中心负责沧源民族民间文化、人文、服饰、旅游食品、民间工艺、美术品的研究开发工作。在成立的当年,研究会就报送了《关于举办中国沧源佤族司岗里狂欢节的意见》并被县委县政府采纳,2004年以来,每年5月初的司岗里狂欢节已成为沧源宣传佤文化,推动县域经济文化发展的重要载体。虽然

---

① 崐德忠:《佤山文化23年》,《佤山文化》2005年3、4合刊。

才短短的几年时间,研究会就参与了狂欢节的筹备工作,组织编写了《中国·沧源佤文化丛书》,撰写了《沧源佤族自治县民族民间文化研究开发总体方案》《沧源佤族自治县佤文化研究开发总体方案》,配合县文化局进行民族民间文化和民间文化传承人、民间艺人普查申报工作;会员们在《佤山文化》开辟的佤族文化研究专栏上发表了大量文章,如果研究会梳理的三大类共93个参考课题会员们都能逐一涉猎,[①]对佤族传统文化的研究会更加全面和深入。

具体到佤文化的传承问题上,之所以强调少数民族自己的文化精英的参与,是因为尽管还有许多沧源本地的汉族,包括傣族文化精英做出了自己的贡献,如云南民族研究所的王敬骝研究员、在临沧从事地方志编纂工作的段世琳先生等,但在民族文化的保护问题上,如果脱离了民族文化主体,除非是进行博物馆式的文化封存,少数民族文化主体自身诉求对民族文化发展的影响是最大的。特别地,由于越来越多接受过现代教育的佤族知识分子的出现,他们对自身文化的体验、反思逐渐深入到内在精神的层面,文化现代转型进程中民族文化主体面临着精神家园缺失的困窘,这集中表现为祛魅与复魅的矛盾。

祛魅是进入现代社会以后经常出现的字眼,这是摆脱神灵对人类精神上的禁锢,弘扬人之主体地位的巨大进步,但面对文化转型进程中民族文化传统不断消解的状况,只有民族文化主体上升到文化自觉的高度审视自身的文化,保有强烈的民族认同意识,一个民族的文化才真正具有凝聚力和创造力。可是,无论对哪个民族来说,这个过程都是艰辛而又漫长的,尤其是佤族这样的原始民

---

① 《佤山文化》2006年3、4合刊,第10页。

族,在精神上经历的也是跨越式的转变,在原有的精神家园被彻底颠覆之后,如何复魅或者说如何调节、修复民族的精神生态以重建精神家园,是一个民族不得不直面的问题。

在临沧调研时,笔者与佤族女作家袁智中的见面颇有些匆忙,与之潜心的交流是在静下来反复阅读其《远古部落的访问》才开始的,她用一种全新的解读方式,任笔触划开一个民族上千年尘封的历史,在时空交叠中寻找自己的文化身份。袁智中在此书的后记——《一种文化的梦想》中对这份艰苦的探寻做了具体阐释:

> 我感谢在过去的很多年里,成就这本书的梦想让我平凡世俗的生活始终充满着梦想、充满着激情,并在这种梦想和激情的推动下,让我在推杯换盏觥筹交错的生活中,始终保持着一份孤独、一份痛感、一份为自己民族文化献身的激情,并在这种超越功利目的的写作状态下,让自己的思想翻越一个又一个难以逾越的高峰,使自己的生命走向完美……
>
> 至今我还清晰地记得,2001年著名作家彭荆风到沧源采风跟我讲起佤族作家董秀英时说的那段话:"佤族几十万人才培养出她这么一个作家,在她生命的最后几年,她却用在了开佤族饭庄上!"在这之前,当我看到文学在一片繁忙而又繁荣的景象中日益衰落的命运时,当我看到在市场经济背景下如雨后春笋般崛起的作家群时,一种力不从心的绝望和恐慌让我不止一次地想到过放弃,梦想着像许多人那样平静而又现实地生活。但是,每次当车翻过连绵的群山向佤山腹地滑行的时候,当我的眼睛、我的肌肤触摸着那里的土地、那里的人民、那里的空气,感受着那里的气息的时候,当佤族的黑头发

在我眼前再一次飘起来、厚重的木鼓声再一次在我耳边响起的时候,对于自己民族那种难以言说的情感就会在我的内心奔涌。

也许,正如彭老所说的那样,作为一名作家,特别是一名佤族作家,无论生活在怎样的时代,都不应该也没有理由放弃梦想和责任。历史上佤族没有文字,其文化传承大多是靠口耳相传的歌谣、富有动感的舞蹈、充满神秘色彩的宗教祭祀活动来传承。用文字的方式让这些传承了上千年的文化传承下去便是我的梦想和责任。①

对我来说,"孤独"、"疼痛"是在这部书的阅读过程中最具震撼力的字眼。在《牛的葬礼》部分,袁智中写道:

> 在我的理解中,佤族的牛文化一直是与佤族的木鼓文化相依相伴,支撑着阿佤人走过了一段极为漫长的岁月。活跃在今天舞台上的木鼓舞、剽牛舞曾经不止一次地震撼着我,让我体内那份阿佤人的血液一次次沸腾、燃烧。牛对我来说同样具有一种神秘的力量。但是,当这种文化记忆从佤族自然生存状态中抽离出来,丧失了宗教意味,成为一种戏剧化、仪式化、观赏性的文化商品的时候,我的心和那条倒下的牛一样,产生了流血的疼痛。

与此同时,上文对董秀英的质疑也引起笔者格外的关注。董

---

① 袁智中:《远古部落的访问》,云南民族出版社 2007 年版,第 188 页。

秀英于1949年出生在紧临沧源的澜沧县竹池乡,从云南大学中文系毕业后又进中国鲁迅文学院深造,是佤族第一代受过现代大学教育的文化精英。彭荆风是最早随解放大军进入云南的军旅作家,可以说,彭老将自己毕生的精力、心血都倾注在云南这块红土地上,单是阿佤山他就多次深入探访,与林予、姚冷合作创作了《寨上风烟》(后改编成电影《边寨烽火》),还与苏策、陈希平合作创作了话剧《阿佤姐妹》。也正是在这些外来优秀作家的影响、带动下,佤族自己的作家才成长起来,因此彭老为董秀英惋惜是在情理之中的,老一辈作家对精神家园的执着守护也让后辈崇敬。但换一个角度看,笔者对董秀英亦有一份深深的敬意,这份敬意来自她对自己民族深挚的爱和深切的痛。依笔者的理解,由祛魅与复魅的矛盾而引发的痛楚在董秀英身上表现得尤为突出,而作为佤族的第一个作家,她比新一代作家的疼痛更深切、也更复杂。这些痛楚具体表现在以下层面:

第一种痛楚是一个民族精神层面上的。同样是剽牛,在董秀英小说《九颗牛头》中,佤族老人岩嘎拉倾其毕生精力,就是为了剽杀更多的牛以证明自己的"富裕",为此他一生贫穷、终身未娶,当他的茅屋顶上终于挂上八颗牛头,寨子里的人们轰轰烈烈剽杀了他苦心喂养的第九头牛,并将第九颗牛头送来时,老人的生命已走到了终点。在我的推想中,董秀英在写到老人在微笑中逝去时,在面对自己民族在神灵禁锢下心灵的处境时,内心一定经历着难以言表的熬煎,并努力担当起一个佤族文化精英启蒙的重任。为此,她成了一个"追魂女人",在之后的中、短篇小说集《马桑部落的三代女人》、佤族百科全书式的长篇小说《摄魂之地》中,董秀英紧随自己民族进入"追魂"的苦旅,展示了一个粗犷、彪悍、勤劳、善良的民族通过"祛魅",努力摆脱历史重负、转变思想观念的艰难而又痛苦的历程。

然而,随着文化的转型特别是市场对文化传统的冲击,祛魅之后民族成员又不得不面对文化身份失落的苦痛,这在董秀英身上具体表现为民族的自我认同意识越来越强烈:在其后期作品《背阴山》《摄魂之地》中,她开始尝试颠覆汉语书面语言的规范,用一种"疙疙瘩瘩"的言语来表达佤族的思维,演绎阿佤人的母语。

> 董秀英有一番充满自信的辩解,她说,她早就蓄谋这样的反叛了。因为她作为一个职业记者和编辑,一直受到标准书面汉语语言的包围,在无数规范的训练和制约中,她一直向一个陌生的梦境走去。突然,她在一个深夜醒来,那种种险怪的梦境仍如鬼魅缠绕,但那纯然是她的阿佤山,她的阿佤民族,她的歌声,她的咒语,她的咿呀,她的喃呢,她的"砍头英雄",她的小米雀……她相信,她的民族的生存界面是水泥高楼的风景替代不了的,她的民族的语境是一种规范化的语言"规范"不了的——而佤族的存在,必是世界存在的一部分,如果世界的神祇不虚,那么阿佤山的触天云雾,木鼓声声,必是"通神"的最近天梯!如果她还打算将"文学"作为一种自由的呼吸方式的话,她将返归阿佤的呼吸方式,返归"司岗里",作一次寻觅灵魂的苦旅,因为,阿佤丢失了自己……①

董秀英的第二层痛楚是现实中佤族在物质上触目惊心的贫

---

① 黄尧:《世纪木鼓》,云南人民出版社 1998 年版,第 510~511 页。

困。虽然国家经过几十年的扶持,当地历届自治政府也殚精竭虑一直将脱贫致富作为头等大事来抓,但直到21世纪,阿佤山的贫困人口还占总人口的一半。1995年,在董秀英的佤山饭庄开张之时,她已经罹患肝癌,呕血、疼痛如影相随,但心底的痛苦比身体上经受的折磨更让她感到凄迷。1988年澜沧—耿马"11·6"大地震,她的家乡和沧源东部的好几个乡镇几乎被夷为平地,仅董秀英自己的亲属就死了三个,地震还造就了大批孤儿,这对贫穷的乡亲来说无疑是雪上加霜,她在写作长篇报告文学《大蛇摇动的土地》时,心灵必定也经历了一次强烈的地震。"要想法子挣钱"是董秀英此时最迫切的愿望,她在旅游区几个景点的交叉路口开起佤山饭庄,收养了十多个佤族大孩子,忍受着疾病的折磨苦心经营,还用赚来的第一笔钱资助一个佤族歌手出了第一张佤族歌曲专辑。在董秀英的理想中,她要将饭庄的招牌大大方方地竖起来,用佤族的小红米酒、鸡肉烂饭款待八方宾客,让整个世界都沉醉在阿佤山的醇香中,同时也让一个苦难的民族享有极贫之后的富足。而让人痛心的是,1997年10月的一个早晨,年仅48岁的董秀英大口大口地吐着血永远倒下了……之前她要求"不要告诉任何一个朋友","不要让他们看见我现在的样子",想必她也知道,站在"客位"立场诚心诚意帮助一个原始民族"翻身解放"的人们,很难理解背负着精神和物质双重重负的阿佤人内心深处承受着的苦痛。

事实上,中国的传统宗教无论是巫术性的还是祭典性的,供奉献祭的是神灵,指向却是世俗的功利需求,"供奉他们为的是风调雨顺,为的是免灾避祸。我们的祭祀很有点像请客、疏通、贿赂。我们的祈祷是许愿、行乞"。[①] 同样,少数民族传统文化作为一种

---

① 费孝通:《中国人与美国人》,生活·读书·新知三联书店1985年版,第110页。

自在自为的、长期受神灵观念禁锢的文化,其生成的根本原因是先民具有互渗性思维方式,而其主要指向则是一个民族最为现实的物质生存需求。

因此在现代社会也同样重要的是,一个历经苦难的民族既渴望精神关怀,也需要现实关怀。可以说,在外来文化的冲击叠压之下,民族文化主体复魅的诉求,是一个民族屹立于世界民族之林的重要基础。当然,回归不是简单地回到过去、回到原始,又去经受物质上的贫困和精神上神灵的统辖,而应该是在文化自觉的高度上,以对民族传统文化的保护为前提进行文化的重组和转换,于是在少数民族文化现代转型的进程中,与民族精神层面祛魅与复魅的悖论相应的是保护与开发的矛盾。下文将就如何看待这些矛盾和悖论,中国少数民族文化在现代转型进程中的方向和路径问题展开讨论。

第五章　对中国少数民族文化与艺术发展问题的探讨

通过前边的分析可以看出,少数民族文化艺术的现代转型是被动的、外源性的,在全球现代化浪潮中,我们面临的严峻现实是:并不是每一个民族都能成功地实现转型,于是不断有流逝了的文化和消失了的民族,源自民族生活的民族艺术当然也就无以为继。但面对冲击,对民族文化艺术封存式的保护显然行不通,无论怎样落后和居于边缘,由传统走向现代是每一个企望生存的民族必须做出的选择。特别地,除了外力的作用,在改革开放以来加速转型的过程中,民族文化艺术自身也有明显的分化,以往局限在对民族民间的、日常的文化艺术存续状况的分析也是不够的。因此,在面对少数民族文化艺术发展中出现的诸多困难和问题时,努力的基本方向应该是找到传统与现代互动的契合点,并在具体实践中探寻内在与外在各种文化力量融合的契机。

第一节　由巫术文化走向现代审美文化

由于世界各民族在物质文化发展上越来越趋同,民族精神文化在维系民族生存上越来越重要。在现代社会,不同的文化正以前所未有的速度在全球范围内传播和交流,而对外的开放与交流在积极意义上也能为民族文化和艺术的存续带来旺盛生机。由于长期以来在发展上的滞后,少数民族自身多有一种边缘心态,其实,传统的未必就是落后的,在文化多元发展的时代,在现代人文化回归、文化寻根的热潮中,一直处在"历史的边界之外"(黑格尔语),居于非主流位置的各少数民族完全可以更好地谋划自己的未来,努力实现文化艺术的跨越式发展。

一、佤族文化符号意义的嬗变

前面在对以佤族为代表的少数民族传统艺术形态进行梳理时,既在共时性解析时突出了人神共舞、实用与审美并置状况,强调了传统文化混融性的特征,又在行文中一直贯穿着对艺术发生内在逻辑的探究,具体做法就是将之放置于动态的文化语境中分析论证,这是一方面是因为,"对任何一种原始造型符号的研究,都不能超越它的共时结构形成的历史逻辑情境",而通过上述分析显然能够说明,对于神话时代的文化艺术创造主体来说,在后人看来充满隐喻的神话完全是一个语义明确的符号系统或者说解释体系,是民族集体意识的约定俗成的感性显现,司岗里、木鼓、葫芦、牛就因其独有的文化蕴涵而成为佤族精神上的皈依之所。但另一方面,"符号共时性结构并不是一个封闭性结构,它作为人类审美意识发生发展和原始人对客体建构的中间环节,既是此前人类审美精神和掌握世界诸能力的积淀,又是其后符号形式和内涵发展的基点和规定。另外,原始造型符号被反复使用的情况也提醒我们,要注意它们在不同文化情境中的变异性。"[①]也就是说,对民族

---

① 张晓凌:《中国原始艺术精神》,重庆出版社1992年11月版,第148页。

文化艺术符号内涵的把握既不能脱离其共时性场域,又要有一个历时态的维度,就如卡西尔指出的那样,在神话的创造者、操演者那里,形象就是事物本身,符号和意义是直接同一的,但一个在当时的文化语境中意义很明晰的符号,一旦脱离了原有文化语境,其意义会变得模糊不清,尤其是经由漫长的历史演进后,符号意义会发生嬗变,后人甚至不得不追本溯源地进行原型分析。

若论符号意义嬗变的原因,主要有以下几个方面:

第一,符号意义的嬗变是由符号本身的特性导致的。佤族在文化艺术上的符号创造主要有象征符号系统和日常经验符号系统两类,在象征符号系统中,无论是寓言式象征如神话、史诗、传说,还是符号式象征如祭祀乐舞、崖画、雕刻,象征符号通常有两层含义:表层是字面意义或形体、物象的意义,深层是隐喻的意义,可以说,越是人类历史发展的早期,象征隐喻手法的运用就越普遍:"在原始人的思维表象中,客体、存在物、现象能够以我们不可思议的方式同时是它自身,又是其他什么东西,它们也以差不多同样不可思议的方式发出和接受那些在它们之外被感觉的、继续留在它们里面的神秘力量、能力、性质、作用。"[①]在此,布留尔连用了两次"不可思议",想必要强调当时那些象征符号的所指,是超越外在形象的初民心目中的"幻象",而一旦脱离原有的文化语境,在后人特别是现代人眼里,其符号意义往往变得模糊难辨。日常经验符号系统主要运用描摹的方式再现先民的各种日常经验,这些经验通常有两种:"一种是包括他们的劳动、社会性观念、前科学意识在内的对客体认识与感悟的经验;另一种则是在人类自身范畴内建立

---

① 列维-布留尔著、丁由译:《原始思维》,商务印书馆1985年版,第69~70页。

起来的,也就是关于有机体生理—心理的各种经验,它包括情绪的培养、情感的陶冶、视知觉的训练等等。"①但事实上,描摹的方式对这些复杂的日常经验的表述是有限的,特别在神灵世界与现实世界纠结在一起时,如各少数民族在众多的风俗性活动中创造、积淀下来的符号也要借助象征的力量。可见,从符号创造的方式上看,无论是抽象还是描摹的方式,只要在符号中渗入原型的特质,就意味着象征隐喻手法的存在。

若进一步探究,原型即是一个民族最早生成也是最核心的文化符号,在之后不同的文化语境中,如《司岗里》神话的口头传承过程中,还有越来越多的讲述者对它进行个性化的整理和再创造,其符号的内涵、功用已相应发生变异,新的艺术形式也不断衍生出来。时至今日,佤族自己对"司岗"含义的解释就有很大差异:西盟佤族认为"司岗"是石洞,沧源佤族多读作"西岗",说"西岗"是葫芦,并且,两地佤族借此对人类起源包括二次起源都有一套形象的解释系统。当然,这还只是居于表层的内涵,学界比较认可的一种观点是,这是佤族包括很多有类似说法的初民对穴居生活的朦胧回忆,同时不少学者亦强调,这个符号的更深寓意是生殖崇拜。如"司岗"据说在缅甸方一个叫"巴格岱"的地方,虽然在缅甸的佤邦的确是有一个叫巴格岱的地方,但佤族学者魏德明指出,佤语中"巴格岱"的准确释义应为"巴拉格岱赫",即人的"下方"和女人的"下身"的意思,巴格岱实际是双关语和暗示语,既指缅甸佤邦巴格岱这个地方,也暗示人类生命产生的根源。②

---

① 张晓凌:《中国原始艺术精神》,重庆出版社1992年11月版,第179页。
② 魏德明:《佤族文化史》,云南民族出版社2001年版,第18页。

现在所能看到的对"司岗"内涵的最新解读是佤族青年学者王学兵的,近年他在民间调研时佤族老人告诉他:"我们把木头钉起来或者用绳子铁丝什么的绑起来成为一个牢固的架子我们就叫'司岗',几个人手勾手围成一个圈也称作'司岗',而很多人组合成一个群体相互帮助、相互支持图谋生存也正是常言说的'司岗保迪'。"王学兵借此认为,"'司岗里'的内涵是佤族先人中的智者,通过他们的经历概括出来的对生存和发展之道的认识,包含了他们的忧虑和期望,是他们教导后人的'警世通言':只有团结才能生存。"[①]王学兵提出"司岗"的内涵是团结,这显然已是一种很"现代"的阐释了,当然这种阐释的确"具有一定的现实依据",也"具有比较深刻的哲理和一定的现实意义",[②]这一来印证了《司岗里》在不同的地域、不同时代口耳相传的过程中,其符号意义会发生蜕化,第二说明神话在现代社会仍然发挥着重要的文化功用,只不过在现代文化多元竞生的状况下,一个民族的传统文化正担当着增强民族凝聚力或者说强化民族认同意识的重任,原有的内涵、功用已被新的内涵、功用遮蔽了。

对上述原因的分析也引发出第二点:时代的发展是文化艺术符号意义嬗变的重要原因,而具体推动其嬗变的是文化主体观念的变化特别是需求的变化。如随着由娱神到娱人的转换,木鼓在功用上就历经了法器—礼器—乐器的演变路径。由前边对以祭祀木鼓为主线的佤族原始宗教祭仪的分析可知,木鼓是生殖崇拜亦即女神崇拜的产物,在功用上最早是巫术仪式中的法器,佤族说:

---

① 王学兵:《"司岗里"论证》,据王学兵提供给笔者的论文打印稿整理。
② 同上书。

"我们敲木鼓,老天就知道我们做什么了。"[1]木鼓是人神沟通的媒介,传递着神的旨意和人的祈愿。佤族视木鼓为"一寨之母",建新寨时除了循着水源定下寨址,第一要务便是建木鼓房供天神木依吉、谷神司欧布栖居,方便她们"在这里宴请各方,在这里召集众神","赐我们丰收,赐我们富有"。[2]

正是由于木鼓具有神圣性,在由神的时代步入人的时代的过程中,除了宗教祭祀活动,围绕佤族社会实践活动的一系列重大礼仪也离不开木鼓。木鼓房一般人不能随便出入,因为木鼓也是掌管木鼓的窝郎手中的权柄,木鼓成为佤族最重要的礼器,只有在祭祀、战争、警报时才能由窝郎和之后的魔巴、头人敲响,具有召集众人、传递信息的作用。后来,在佤族的节庆和婚礼、葬礼中也敲击木鼓以示隆重。佤族婚礼一般举行四天,婚礼第二天是迎接新娘,木鼓就在新娘进门时候敲响,以表达这样几层含义:一是喜庆热闹,二是欢迎新娘成为男方家的新成员,三是祈福禳灾。此外,部落或村寨若有德高望重的老人去世,断气时都要敲木鼓或向日落方向鸣枪数响。木鼓的敲击显示了死者非同一般的地位,因为一般人只是单纯鸣枪,妇女儿童只能敲锣报丧,在此,鼓声一是可以起到讣告作用,通知左邻右舍、亲朋好友前来吊丧,二是可以驱鬼辟邪,使逝者的亡灵顺利回到祖先居住的故地。[3] 当然,木鼓的神圣性在历史发展中不断消解,其世俗性越来越强的表现就是演化为乐器,阿佤人不单在本乡本土载歌载舞时使用它娱乐助兴,还一

---

[1] 云南省编辑委员会编:《佤族社会历史调查(一)》,云南人民出版社1983年版,第154页。
[2] 魏德明(尼嘎):《佤族木鼓祭词》,《民族文学研究》1994年第2期,第91页。
[3] 赵富荣:《中国佤族文化》,民族出版社2005年版,第104页。

路敲着木鼓,用其雄浑深沉的声音伴着刚劲热烈的歌舞跳出大山,在中国的许多城市包括世界舞台上刮起佤乡的黑色旋风。

第三,符号意义嬗变的原因还包括异质文化对传统文化的介入和渗透。如对佤族原始宗教活动的主持人,民间及学界一直沿袭着"魔巴"的称谓,而事实上魔巴是拉祜语,这种专门"做鬼"的人佤语本应叫"奔柴",佤族学者赵富荣又称之为"毕哉",因为这种称谓上的变异由来已久,已得到当地民族的接受和学界的承认,故而为其正名的呼声虽高,但从实际情况看却不得不约定俗成地称呼下去。当然,异文化的影响通常是一个由表及里的渗透过程,在这个过程中符号的意义往往呈现出多种文化叠压的状况,并且这种情况在"文化遗留物"中俯拾皆是。如牛是佤族的图腾,类似牛角的"丫"形、"V"形符号在沧源佤族的文身、用具雕刻中都是牛的象征,祭祀木人的胸前如果刻有"V"形符号,就表示该木人已进行过剽牛祭祀。同样的原因,"丫"形还是佤族寨桩的原生形态,佤族村寨的中心都有一块场地,过去在这个公共活动的场所中心往往栽有一根,偶有三根"丫"形木桩,①佤语叫"考司岗",直译为"司岗桩",在沧源一带的寓意为"木葫芦",据说是把孕生葫芦的母牛角与大神达摆卡木的头、身子组接在一起做成的,正是因为与人的生命源起的紧密联系,寨桩被视作一寨之神,是寨的祖先和寨的心脏,主宰着全村的祸福。相形之下,现存的云南省级非物质文化遗产保护单位翁丁佤寨的寨桩,在形制上已发生很大变化,它不单是佤族自身文化的积淀,还累积着南传佛教(当地称赛玛教)的文化因素,是一个典型的文化叠压物。

---

① 杨兆麟:《原始物象》,云南教育出版社 2000 年版,第 73 页。

翁丁现在的寨桩由四个部分组成：

第一部分木塔是寨桩的主体，记录着《司岗里》的内涵：从上往下的第一个木刻是葫芦把，被视作生命之源，也表明佤族的生殖崇拜已具有父系氏族社会的男根崇拜特征；第二个木刻是葫芦身，在佤族看来这是孕育生命的容器；梁上的木刻既感性直观地诠释了生命诞生之源的内涵，又绘有锅圈、甑子、三角等日常生活用具。

第二部分叫"考筒"，由竹竿、花、经幡、船、鸟、鱼组成，这一组图纹直观地呈现了外来文化叠压的状况：最上面的竹编花圈代表花，意示先有花后有果，经幡祈求风调雨顺，这些方面显然受到南传佛教的影响；下面的椭圆形竹编代表粮仓，祈求粮食丰收。船和小鸟是对司岗里传说中人类二次诞生的释义，鱼代表水，水代表了天神惩治第一批人类放下的天河洪水。

第三部分寨桩台是寨桩的基础，台上有块建寨时便放置的寨心石，代表了寨子的心脏，翁丁的寨心石据说已经有300多年的历史。

第四部分是由寨桩和台板组合成的供台，用来放置祭物祭品。

相形之下，翁丁寨桩的形制之所以远比原生的"丫"形寨桩复杂，一方面是由于不同文化之间的交流互渗导致多重意义在符号能指层面的叠压，另一方面是因为社会越发展，人创造符号的能力越强，表现的内涵也越来越丰富了。当然，在此要强调的是，虽然在少数民族文化发展的进程中，由于文化语境的转变，文化符号原初的意义有时会被新的内涵取代、置换，但如果从这种多重意义叠压的角度来看少数民族文化艺术在现今的存续，更多的情况下文化艺术符号意义的嬗变并不意味着原有符号内涵的完全消解，后人在进行文化符号的组合编码或个性化的整理创造时，须以其初级编码为基础,单纯用消解、置换等词汇并不能涵盖文化现代转型的状貌。在民族文化艺术符号意义漫长的嬗变过程中,原生符号的所指逐渐被压到符号的深层,原真的意义越来越模糊难辨,能指相应越来越简洁、抽象,尤其是进入现代社会之后,现代的"科学"将传统的"迷信"也压制到一个民族集体记忆的深层,司岗、葫芦、木鼓、牛等已演化为佤族精神文化和集体意识的表征之物,成为维系阿佤人文化根脉的精神纽带。

正因如此,近年来在有关民族文化复兴的讨论中,借助特定民族的文化标识唤起文化主体对自身文化"集体记忆"的方法再次被提了出来。①台湾学者王明珂在总结人类学家和心理学家关于"集体记忆"在一个族群的文化传承和延续中的作用时指出:"记忆是一种集体社会行为,人们从社会中得到记忆,也在社会中拾回、重组这些记忆;每一种社会群体皆有其对应的集体记忆,借此集体得以凝聚及延续……集体记忆依赖某种媒介,如实质文化及图像、文献或各种集体活动来保存、强化或重温。"②木鼓和牛于佤族曾经是沟通人神的媒介,现代又因深厚的文化积淀就转而担负着"唤起"佤族集体记忆的功用。传统社会木鼓和牛这两个最具特色的集体表象,通常都在"拉木鼓"这项以村寨为单位的重大集体活动中得到集中展现。由于拉木鼓特有的祭祀仪典将佤族原生文化的主要观念、内涵都形象地演绎出来,就是将之视作一部佤族文化生动鲜活的教科书也并不为过,只是这项重大的集体活动已于上世纪 50 年代以后终止了。为了将这些少数民族文化作为珍贵的资

---

① 左永平编著:《木鼓回归》,云南大学出版社 2008 年版,第 59 页。
② 王明珂:《华夏边缘:历史记忆与族群认同》,社会科学文献出版社 2006 年版,第 27 页。

料保存下来,改革开放后不少学者深入民族地区进行带有抢救性质的图像拍摄,邓启耀就在《鼓灵》中,记录了1992年他和一个摄制组到阿佤山中心区西盟县岳宋乡班帅时的情形和感受。在以前佤族掌管木鼓的大窝郎、西盟老县长隋嘎的帮助下,摄制组在班帅的重要任务是将拉木鼓的过程拍摄下来,虽然村民尤其是魔巴和老人起初对这次"不合时宜"的拉木鼓活动予以抵制,对由此可能造成的不良后果深表忧虑,但经说服动员同意表演后,族人对整个仪式操演的每个细节认真处置,参与的人数之多也让记录者感觉"好像全世界的佤族都来了"。

由于距班帅的上一次拉木鼓已时隔30多年,仪式操演过程中许多人难免生疏,在拉着鼓料回村的路上本应唱《拉木鼓歌》,小伙子们一碰头,拉开嗓子却是一首变了调的"北京的金山上光芒照四方……"就在众人茫然之时,幸而老隋嘎同魔巴打了一会儿佤话,然后一起哼唱起来。

他们跌跌撞撞地唱着,好半天找不着感觉,看来真是许多年没唱了。有几位老人也加入了合唱。一种很奇特的声音在他们喉间滚动,不像唱歌,更像一些苍老的精灵在寻寻觅觅。渐渐地,分离很久的词与音调开始找到对应的联系,它们摸索着、呼应着,慢慢从分离状态中合为一体。

女人们也加入了。她们很快就捉摸到把握到了那个古老的旋律。粗壮的藤子,仿佛成了她们歌的一部分。佤族那富于韵律的线条,被她们梳理得极为流畅。随着拉鼓用劲的节律,她们自然而然形成两个声部,有人悠长地领唱着主旋律,

有人短促地呼应着号子……①

　　此时此境中,族人那不知潜藏于何处的文化记忆显然一点点被唤起,尽管隋嘎和摄制组成员一再向村民说明,"这是表演,不当真的",但在特定的文化情景中,村民都很当真,尤其是老人们生怕说错了什么做漏了什么,唯恐得罪了神灵。记录者事后不由得由衷地感慨:"传统离他们并不遥远,因为一切原来都在他们心中。那些无形的、潜藏于他们心中的东西,只要随便一个契机,就可能被重新唤起。消逝的木鼓之灵,也在这个时候复原了。"②

　　诚然,传统社会以拉木鼓为代表的原生文化的原有功用,是不可能也不需要复原的,但这种"造境"的方式,显然可资现今积极倡导少数民族文化复兴的人们借鉴。而究其实质,这种唤起记忆的方法实际上就是复原、营造特定的文化语境,将以往被遮蔽的符号意义彰显出来,这无疑是强化民族文化主体的文化认同意识,增强文化凝聚力的一种有效手段。

二、走向以艺术为内核的审美文化

　　佤族文化艺术符号意义的嬗变表明,无论文化原始主义者发出怎样的吁求,人类文化的发展都是不可逆转的,特别是随着少数民族文化跨越式的现代转型,少数民族文化艺术也从巫术文化向审美文化跃进。

　　在少数民族的传统文化阶段,社会构成混融不分,人的观念尚

---

　① 邓启耀:《鼓灵》,江西教育出版社、海天出版社1999年版,第118页。
　② 同上书,第148页。

未达到自觉的高度,未形成明晰的自我意识和类意识,人与人、人与土地、人与神灵之间是相互依存的状态;人们因血缘关系、宗法关系和天然情感紧密地联系在一起;土地是人类生存繁衍的依托,人们亲近自然、依从自然的节律从事生产劳动;神灵是人类心灵栖息的居所,人们祈愿在祖先和神灵的呵护下安度人生。相应地,少数民族艺术的原生形态与原始宗教活动、与日常生活混融一体:由于审美意识尚未与其他意识分化开来,审美创造与物质生产劳动、知识传达、记忆保存等实际需求紧密相连。在艺术创造方式上模仿自然,风格上自然拙朴,洋溢着生活气息,具有与日常生活紧密相连的世俗性特征;传统阶段的艺术创造同时又有相当一部分是为了适应巫术活动的需要而产生,并作为巫术活动的组成部分而存在的。人们拜谒神灵敬奉祖先,宗教信仰与审美体验交织,艺术创造充满"诗性智慧","浑身是强旺的感觉力和生动的想象力"(维柯),又具有超越日常生活的神圣性特征。

正是基于少数民族传统艺术的上述特性,站在经典美学、文艺学的立场往往很难给少数民族艺术下一个准确的界定,如在具体的研究中除了文学、音乐、舞蹈、绘画、雕刻等艺术样式,民族传统建筑、传统工艺等植根日常生活的"亚艺术"通常也被纳入少数民族艺术的范畴之内。当然,学界难以界定少数民族艺术概念的最主要原因是:无论从文化艺术存续的总体状况还是从其自身的特性上看,艺术都是一个历史的范畴,仅仅局限在对概念本身的讨论或对少数民族文化艺术文本的静态把握是不够的。

黑格尔曾对艺术做过历史形态学的研究,他在对艺术文本进行解析时发现,在人类艺术发展的不同阶段,理念内容与物质形式之间的关系是不一样的,他以此为据将艺术分为象征型、古典型、浪漫型三种。若以此为参照,少数民族艺术的传统形态与黑格尔的象征型艺术相对应,只是一种"艺术前的艺术"。① 也正是由于这种类别的艺术与黑格尔理想中的艺术——理念的内容与感性的形式相互协调的古典型艺术相悖,各"原始部族"的文化艺术一直被他置于"历史的边界之外"。在传统文化阶段,围绕少数民族神话思维展开的一系列巫术仪式是其文化艺术活动的核心,原始宗教观念不但体现在巫术艺术的操演上,也同时渗透到各民族社会生活的方方面面,所以,严格地说以佤族为代表的少数民族传统文化的内核并不是审美或艺术,而是基于原始宗教中的神灵观念,以巫术祭仪为中心,以日常生活为依托的文化艺术创造,在这个意义上,少数民族的传统文化是一种巫术文化。

由于少数民族文化正经历的是跨越式转型,少数民族艺术尚未演化出一个纯艺术的阶段,于是在整体上表现为在强大的外力作用下直接由巫术文化向审美文化跃进。20世纪90年代以来,随着审美文化成为学界关注的热点,对少数民族审美文化的研究在渐次兴起的文化热、美学热中成为一个亮点。在此,少数民族审美文化似乎是一个更切合少数民族文化艺术存续状况,也更具包容性的概念,如2005年以来沧源县组织工作队曾对佤族传统文化艺术进行深入、广泛调研,并在此基础上颁布了《沧源佤族传统文化保护名录》(参见附录二)。如果把少数民族传统文化大致划分为物质文化、精神文化、行为文化几个部分,这个目录中开列的佤族传统文化类别更偏重精神文化部分,并在现今的研究中都被纳入了少数民族审美文化的范畴。

---

① 黑格尔著、朱光潜译:《美学》第3卷上册,商务印书馆1979年版,第16页。

在现代意义上的少数民族审美文化,又不仅只是民间尚存的少数民族传统文化。在经历了跨越式的现代转型后,民族民间文化经由娱神向娱人的转换,不再以原始宗教观念和巫术祭仪为内核,特别是随着消费主义时代的到来,市场在少数民族地区社会发展中的调控作用越来越大,在外来的消费需求的拉动下,少数民族文化资源在民族地区社会经济发展中的优势凸显出来,少数民族文化艺术呈现出既多元发展有相互渗透的趋势。一方面,在政府、市场、精英、民间力量的作用下文化多元竞生;另一方面,少数民族文化艺术又以官方文化主导,与精英文化、民族民间文化不断融合,最终形成了具有中国特色的,传统与现代、原生与衍生交织,文化多元汇聚、竞生的文化共生系统。

相对于传统的巫术文化,少数民族审美文化在转型进程中主要有以下转变:

首先是由娱神到娱人的转变。少数民族艺术的产生除了源自先民实际功利的需求和日常娱乐消遣的需要,一个重要而直接的动因是人类早期的巫术礼仪活动,这在功用上又被表述为"娱人"与"娱神"。但在新中国成立后的第一个30年中,各少数民族的生产生活方式发生了彻底改变,一些陋习如佤族的猎头习俗被革除,传统的特别是原始的宗教活动逐渐减少,少数民族文化成为国家力量主导下的依附的文化,特别"文革"十年,各民族传统文化已经处于断裂状态。改革开放后是多元发展的竞生文化时期,随着各级政府对社会发展主导方向的调整,文化精英主体意识的觉醒,对民族文化传统的保护、传承问题日益受到重视。但较之传统社会,民族艺术的一个重要转变是其"娱神"的功用趋于消解,"娱人"的特性日益突出。在各民族乡镇、村寨,或出于引导或源自自身的需求,活跃着众多的民间文艺表演队,这些文艺团体在节庆活动、婚丧嫁娶、娱乐休闲等日常性的活动中发挥着重要的作用,而文化精英包括民族自身文化精英的创作更注重的是民族艺术的文化价值和审美价值,其神圣性的一面也逐渐淡化了。

其次是艺术与生活的隔绝。新中国成立时,55个少数民族无论当时的社会状况如何,都跑步进入社会主义,并被纳入到高度一体化的国家行政管理体系中。国家力量渗透到最边远的民族地区,一方面使民族艺术原有的内涵被解构,大量形式被征用为主流意识形态的宣传工具;另一方面就是将民间艺人纳入日益健全的体制中成为体制人,有相当一部分民族民间文化精英被选拔到各级文化事业单位甚至是政府部门,成为专业的"文艺工作者"。这种做法直到今天也还常见,如"青歌赛"原生态组的许多来自民间的获奖者都进入了国家的各级文艺团体,甚至有人还穿上了军装。这固然体现了国家对民族民间艺术的重视和爱护,但从另一方面看却切断了他们与民族民间生活的血肉联系。

再次是市场对文化传统的影响。20世纪90年代后,经济力量逐渐渗透到民族地区,少数民族文化受到市场的巨大冲击,特别在旅游业发展较快的区域,经济力量成为艺术创作重要甚至首要的推动力。较之原生形态,市场形态的民族艺术之最大特点是突出其感性化的一面,强化民族艺术形式上的特征,突出文化的异质性,竭力迎合受众的文化猎奇心理。为了实现利润的最大化,虚假的表演、过度的包装使相当一部分旅游景点成了刻意满足旅游者想象的"伪民俗",少数民族文化失去了原有的含义。正因如此,在少数民族艺术现代转型的进程中,市场形态引起的关注和非议也是最多的。此外,不仅只是立足于本土的旅游产业,在中国以少数民族文化资源为依托的文化产业发展中,民族艺术面临的最大危险,是被大众文化主导的市场同化,最后沦落为大众文化的附庸品甚至文化垃圾,而在市场的作用下,被改造过的所谓民族文化反过来影响原生地民族艺术的保护。

由此可见,在外来文化的裹挟下,少数民族文化传统一方面不得不面临重组的困难和消解的危险,另一方面,无论西方还是中国的一系列文化现代性问题对少数民族也产生了很大影响。如前所述,现代化在给人类带来巨变的同时,传统社会长期构建的相对平衡状态发生了根本的改变。西方在 20 世纪中叶以后,随着消费主义时代的到来,文化的融合成为基本的方向,但无论是文化的分化还是融合,文化转型过程中由于理性被工具化导致的矛盾日益凸显,尤其是具有典型商业文化特性的大众文化对民族传统文化产生了前所未有的冲击。在改革开放之后,西方文化在全球化浪潮中不断介入和渗透,虽然中国 13 亿人口中的绝大部分都居住在乡村,从总体上看大众社会尚未形成,但由于人口基数大并且东南沿海与西部发展不平衡,在东部和南部人口密集、经济文化发达地区已形成庞大的城市消费群体,对文化产品包括以"原生态"为卖点的少数民族文化产品的需求越来越旺盛。与此同时,借助日渐开放的市场和大众传媒的作用,西方大众文化产品甚至日韩的大众文化产品潮水般涌入中国,与本土的大众文化产品合流,甚至已侵袭到中国最边远的民族山寨,潜移默化地影响着民族文化主体的观念和行为。面对这样的境况,中国现代的知识精英深感忧虑,无论在理论研讨上还是文艺创作实践上都体现出文化批判的精神。如 20 世纪 90 年代以来在由文化热、美学热引发的讨论中,学界在对理想的审美文化憧憬之余,更多地着眼于现实,对消费主义时代工具理性肆虐的审美文化境遇展开文化批判。

　　商品市场推动下的所谓大众文化在消费意识形态的形成过程中，人与文化之间那种圆融无间的亲密关系已不复存在，文化已经从目的下降为手段，成为人获取实利的工具和途径，关乎人类命运、社会进步、历史发展的终极价值在大众文化的创造和传播过程中被遮蔽了。大众传媒技术的长足发展大大促进了文化的生产和传播，但是，作为工具和载体的技术手段常常反客为主，变成文化的最高律令，排斥了文化自身的和本体的逻辑，对其个性、风格、品味和深度产生了严重的消解作用。同时，作为主体的人在文化面前丧失了主动性，成为被利用和操纵的对象。大众传媒将大众牢牢地攥在手里，校园民谣、进口大片、微缩景观、明星自传、文化散文等等的走红，无一不是炒作的结果，大众成了商家猎取的商业目标。[①]

　　正如丹尼尔·贝尔所言，当代文化正变成视觉文化，而不再是印刷文化。从书报刊的出版来说，进入了所谓的"读图时代"，文字量在逐渐减少，大量的图片占据着越来越多的篇幅和越来越显著的位置。传统读书看报的想象与思考退让于当下的视觉感受。能否"吸引眼球"、"养眼"成了市场是否接受作品及判别作品优劣的标准。文艺的传播和消费已从传统的口头传播、书写印刷传播转向视听复合传播，过去是音乐与文字（哲学、文学作品）最为高贵，而今它们却日趋边缘化。人们更迷恋直接的影像，它将抽象的概念转换为鲜活的视觉对象，依托影视、音像制品、互联网迅速、广泛地传播，广泛地参与大众的日常生活过程。这一转变使传统划分

[①] 张晶、周雪梅：《论审美文化》，北京广播学院出版社，2003年版。

的各艺术门类日趋综合化,文学样式从最早简单的二元、三元划分扩展为更复杂的多元划分,影视文学、网络文学方兴未艾。这一转变取消了传统艺术的独创性,取消了艺术的精英特征。

特别地,随着科学技术的飞速发展和经济全球化进程的加快,现今大多有影响的艺术作品都是按照文化工业的模式运作的。文化工业作为最具代表性的规模化生产方式,借助大众传播媒介的迅速发展而崛起,在激烈的批评声中,在当代艺术生产中客观地构成了一种特殊的文化生存环境和生存空间:以可视、可听而形象直观的影像手段,大幅度增强了信息来源,它依托产业链更是创造了可观的经济效益——电影《泰坦尼克号》发行的当年,各项收益累积高达18亿美元,《哈利·波特》系列电影在全球电影院热播的同时,全球书店的同名小说也在热销……法兰克福学派的早期学者是文化工业或说大众文化的最激烈的批判者,他们的批判也往往是文化精英对大众文化进行批判的理论圭臬。

从消费者的角度看,大众成了马尔库塞所说的"单向度的人",被技术手段、商家强制与操纵。马尔库塞和霍克海默将这种文化概括为一种"肯定文化",其本质的缺陷在于文化产品"意义"的丧失。表现在工具理性完全凌驾于价值理性之上,文化生产的工厂化、工艺化,使文化产品可量身定做、机械复制、批量生产。而标准化的、大量生产的文化产品必然使受众丧失自己主体的思维和语言乃至思想,取而代之的是感性化、同质化和简易化倾向。阿多诺将之称为意义的危机,指出真正的文化应当是具有否定性的文化,否定的艺术应当具有批判功能。

从生产者的角度来看,文化产品的创造不仅凝聚了艺术家的智慧和心血,而且作为物态化生产过程的产品,还凝聚了其他劳动者所付出的消耗,具有一定的交换价值。但在商品市场,交换价值往往凌驾于使用价值之上。例如文化工业就使使用价值彻底臣服于交换价值,因为任何文化产品的生产者都以实现利润的最大化作为自己的行为目标,迎合文化产品消费者的消费需求就成了文化工业的必然选择。对消费者的过度迎合使文化产品的提供者只能被动地生产,而不可能实现自由创造,这样必然导致超越性的丧失,导致平庸化、非个性化。正因如此,批判者爱引用的一句话就是:"与资本主义生产方式相适应的精神生产,就和中世纪生产方式相适应的精神生产不同……资本主义生产就同某些精神生产部门如艺术和诗歌相敌对。"①

毫无疑问,上述对现代性的批判和质疑是很有深度的。放眼今天的文学艺术界,高雅小说被纪实文学、网络文学和新闻取代,古典音乐被通俗音乐取代,"纯审美"的诗歌被流行歌曲和广告词取代,歌舞剧被时装秀所取代,民俗舞蹈被健美操所取代……文艺的消亡与文艺学研究的边缘化仿佛已是既成事实。

若进一步探究,现代化在推动人类进步的同时,也带来了一系列现代性的矛盾和悖论,与这些危机和困惑相对应,少数民族文化发展主要面临以下两个方面的问题:

第一,在文化的外在层面是保护与开发的矛盾。人类作为地球上的一种生物,与其他生物或者说自然环境之间是相互依存的关系,但现代以来的过度开发使自然环境不断恶化。特别是从半个世纪前的吃"大锅饭","向石头开炮,向土地要粮","向自然进军,向鬼神算账",不顾少数民族地区实际"大战钢铁铜",过分强调

---

① 《马克思恩格斯全集》第 42 卷,人民出版社 1972 年版,第 296 页。

工业化,到近年来国家的西部大开发战略,这对少数民族地区经济社会发展固然有极大的推动作用,但开发过程中对自然生态环境的破坏不容忽视。此外,如果说人类文化是一个母系统,每个民族的文化就是其中的一个子系统,不仅母系统是由各子系统构成的、不断调节以谋求和谐的文化生态整体,各子系统自身也是一个由各种文化构成要素相互作用、努力达到均衡状态的内在生态整体,而全球现代化激化了不同文化之间的矛盾,现代以来文化自身的不断分化也导致了文化的内在冲突。具体从推动少数民族社会转型的外部力量上看,在中华人民共和国成立后的头30年中,由于意识形态在社会发展中的统辖作用,中国社会在现代转型过程中出现了不少问题甚至有过反复,对少数民族传统文化的保护意识不强。虽然在20世纪50年代末期,对少数民族文化的调查、研究工作曾广泛开展,为少数民族文化的抢救和保护做了不少有益的尝试。如在沧源,有关部门还专门派语言工作者对佤语进行研究,以岩帅语音为标准音,以拉丁字母为基础于1957年创制了新佤文,新佤文在民族教育、翻译出版、学术研究方面都发挥了一定作用。但"文革"开始后,意识形态在文化发展中的统辖作用被发挥到极致,阶级斗争愈演愈烈,少数民族传统文化遭受严重破坏。改革开放后面对市场的冲击,如何保护各少数民族的文化,实现文化多元、和谐发展的问题正引起广泛的关注。

第二,在民族文化主体的内在精神层面是祛魅与复魅的悖论。祛魅对应于启蒙,是现代知识分子的重要使命,如前所述,董秀英作为佤族第一代受过现代大学教育的知识女性,最初触及的就是这个问题。祛魅虽然是人类摆脱神灵对精神上的禁锢,弘扬人之主体地位的巨大进步,但祛魅在客观上也加速了少数民族文化传统的消解,而面对文化的跨越式发展,少数民族文化的重组面临一定的困难。事实上,在全球化背景下,无论对哪个民族包括整个中华民族来说,文化现代转型的过程都是艰辛而又漫长的,尤其是佤族这样的原始民族,在精神上经历的也是跨越式的转变。在外来文化的冲击影响下,少数民族文化的自组织系统遭到破坏,民族成员亦不能不面对文化身份失落、精神家园丧失的苦痛,因此,在原有的精神家园被彻底颠覆之后,如何复魅或者说如何通过不断的调节,修复和重建精神家园,也是一个民族不得不直面的问题。

当然,面对保护与开发的矛盾、祛魅与复魅的矛盾,对民族文化封存式的保护显然行不通,无论怎样落后和居于边缘,由传统走向现代是每一个民族必须做出的选择。因此,在文化现代转型的进程中,少数民族以艺术为内核的审美文化建设具有重要现实意义和价值。文化引领民族发展,艺术是文化的重要表征,一个民族的文化记忆通常以符号的方式在艺术中积淀下来,并且艺术创造更注重强化文化的特性、整合文化的各种要素。在全球现代化背景下,世界各民族在物质文化、制度文化上必定越来越趋同,面对西方文化霸权的侵袭,无论在现代民族国家层面、还是对国家内部各少数民族来说,保护民族文化传统,保有民族精神文化上的特性越来越重要。正是在这个意义上,现代社会少数民族艺术作为文化的最重要表征,在传承文化上发挥着不可或缺的功用。

与此同时,人类的文化是在不同文化之间的相互学习、借鉴、交流、传播中慢慢发展起来的,文化不仅对本民族社会有意义,对其他民族社会也有意义,如果这种学习、借鉴、交流、传播在过去还局限在一定的范围、程度之内的话,进入现代社会,文化正以前所未有的速度在全球范围内传播和交流。面对外来强势文化的冲击,一个民族对外能通过交流彰显自身的独特性,于内可唤醒和强化民族文化的自觉意识,为民族文化的存续带来旺盛生机。尤其是少数民族艺术作为民族精神与情感的符号,与其他民族更具有共通性或互通性,在文化交流中具有其他样式无法取代的积极功用:一方面,少数民族以艺术为内核的审美文化在一定程度上仍然保有植根生活、与民族的日常生活紧密相连的特性,这种审美化的"生活事实",或者说是生活化的"艺术事实"与现代社会"日常生活审美化"的现实相互参照,不同于现代以反叛姿态出现、远离生活实际、远离大众需求的精英艺术,既可为少数民族艺术的现代转型找寻内在的契机,又可为具有中国特色的审美文化建设注入生机与活力。另一方面,随着现代化和城市化进程的加快,都市人不仅面临自然生态的危机,而且正经受精神生态遭破坏的痛苦,然而,在现实中本应担当去除遮蔽,使人类走向澄明的艺术却呈现两个极端,形成了大众文化与精英文化的对抗:艺术生产从以往的以生产为本位转向以消费为本位,竭力迎合消费者的感性愉悦需求。作为大众欲望的生产机器,传媒借助图像、声音拼贴出逼真的仿像空间,割裂了人和实际生活的联系;现代艺术虽然向人内心开掘的程度不断加深,但因过于偏重自我审视而抛弃了艺术反映现实的职能,人类文化在生命源头处与自然的血脉联系被切断,艺术越来越形式化、哲学化而缺少鲜活的生命力。与此相反,来自乡土的艺术鲜活生动、充满灵性,可以"使异化的文明重新返回清新健康的生命源头,回到人与自然世界接触时最真实原初的生命体验上去",[①]因而越来越受到现代知识精英的关注和文化市场的欢迎。

---

① 王茜:《现代艺术的生态审美批判》,《云南大学学报(社会科学版)》2006年第4期。

而正是在文化经济化的趋向中,少数民族审美文化正成为文化产业中可资开发的资源,这无疑为少数民族地区立足自身实际发展文化产业提供了机遇。

总之,尽管少数民族文化艺术现代转型进程中面临很多矛盾和问题,但在挑战中也蕴含着发展的机遇,而建设理想高度上的少数民族审美文化,既要坚持文化批判的立场,揭示现实中存在的问题,又要着眼于少数民族的未来发展,对少数民族审美文化的价值有全面充分的认识。虽然少数民族地区尚处于文化转型的初级阶段,文化发展所面临的问题比国内发达地区更加严峻,但落实科学发展观,因地制宜引导产业结构向合理化方向调整,建立以保护为前提、开发与保护并重,以开发促保护的良性循环模式,站在文化自觉的高度建设少数民族审美文化,促进多元文化的和谐发展,已成为21世纪少数民族地区可持续发展的主导方向。

第二节 对佤族文化艺术发展路径的讨论

对民族文化的保护以及民族文化主体的复魅的诉求或者说回归意识,是一个民族屹立于世界民族之林的重要基础,但同样重要的是,回归不是简单地回到过去、回到原始,又去经受物质上的贫困和精神上神灵的统辖,而应该是在文化自觉的高度上,以对民族传统文化的保护为前提进行文化的重组和转换,这其中就包括在现代市场经济条件下,依托市场这个重要路径,拓展民族文化发展的空间。

一、经济搭台，文化唱戏：一种文化市场化发展的方式

在全球现代化背景下，经济发展与文化保护的矛盾、经济发展与环境保护的矛盾、求同与尚异的矛盾、永恒与变化的矛盾也被称作世界经济文化发展的四大难题，这样的问题在中国少数民族地区经济文化的发展中同样存在。在具有中国特色的文化转型进程中，这些矛盾的背后实际是多元力量之间的冲突，其中意识形态、市场无疑起着主导作用。在发展观念上，"文化搭台，经济唱戏"曾是以经济发展为导向的各级政府最经典的表述，而其背后凸显的是一种经济文化化的趋向，此时的文化是作为"附加值"助推地方经济发展的，由于如此的经济发展策略极具操作性，经由政府、企业的倡导、践行，"文化搭台，经济唱戏"已成为言及地方经济发展时一个耳熟能详的口号。

虽然无数事实已经证明，少数民族文化资源在文化市场上具有差异性优势，对文化资源的开发对于民族地区加快脱贫致富步伐、避免盲目走工业化道路有积极的意义。但与此同时，市场经济条件下少数民族文化发展的一些不和谐因素也凸显出来：文化资源的特性与自然资源有所不同，民族文化资源是一种活的、具有生展性的资源，它不会因发掘、利用而减少或损耗，但民族文化资源同时还具有易变性，它可能因环境的改变而改变甚至消失，特别是随着少数民族社会的现代转型，存在于民族成员中的传统价值观念、行为方式正在不断丧失，民族文化即便在原生地也成了稀缺之物。如沧源县在旅游发展规划中的定位是"边地原生态民族文化旅游"，但严格说来，这里强调的原生态大多是市场化的包装。较

之原生形态,以市场为导向的少数民族文化通常突出其感性化的一面,强化民族文化在形式上的特征,突出文化的异质性,以迎合消费者的文化猎奇心理,少数民族文化原有的内涵或被遮蔽、或遭置换,其原有的意义已趋于消解。

究其实质,这实际凸显的是文化艺术被工具化的状况,引发的是发展导向和发展观念的问题——到底是文化为经济发展服务,还是经济为文化发展服务?如果是以文化发展为导向,那么显然文化是根本,否则就是本末倒置。在与经济文化化相应的文化经济化趋向下,要克服体制化、市场化等工具理性的弊端,就必须转变观念,坚持以文化发展为导向,确立"经济搭台,文化唱戏"的发展方略:一方面,切实加强对少数民族文化的保护,作为中国当代文化格局中一支重要的力量,少数民族传统文化既是其文化形态的根基,又在民族民间的日常生活中继续发挥着功用,所以,除了不得不封存的一部分文化遗存,对民族文化艺术特别是民间"活态"艺术的保护是当务之急;另一方面,也只有保护好文化,经济的发展才有真正的依托。从可持续发展的角度看,民族文化必须在其"用"中才能保护,只有在不断的创造中才能更好地得以延续。因此,应该尊重民族文化主体自己的选择,将民族文化的保护放置在现代转型的进程中,包括市场开发步伐加快的大背景下加以考量。

从少数民族社会的现实状况看,要由传统迈向现代,必须努力改变民族地区经济上贫穷落后的状况,大力发展社会主义市场经济,这对于改变少数民族地区贫困落后面貌,消除民族差距和各民族之间事实上的不平等具有特殊的意义。因此,不断加大力度推进文化体制改革,将文化产业作为国家重要的文化发展战略,是现代市场经济条件下文化发展的基本方向,同时也是中国西部少数民族地区依托在文化资源上的优势促进社会经济发展的必由之路。文化产业有别于其他产业的突出特点在于具有文化与经济的双重属性和双重功能：一方面要注重文化的精神价值，发挥文化的意识形态功能；另一方面文化产业又要体现文化的经济属性，发掘文化的市场潜能，实现文化的经济效用。只不过，市场是双刃剑，在市场这个追逐利润的场所，使用价值与交换价值的冲突日益激化，市场对民族民间艺术原真性的冲击也一直为人诟病。但在此要强调的是，无论市场有怎样的负面影响，在全球经济一体化的趋势下，市场已成为实现少数民族文化艺术现代价值的重要路径。因此，面对市场应该避免两个误区：

第一，市场对民族文化艺术发展的影响只是消极的。无论何时，文化艺术发展的最终决定因素是社会的经济基础，当今的中国，尽管经济发展不平衡，但在市场经济和西方消费文化影响下，文化艺术正经历着从属于市场成为商品的过程，越是民族的，就越是赚钱的这种经济上的诉求，不仅只是以对交换价值的攫取为首要目的的商家才有：为了促进边远落后民族地区的经济发展，文化扶贫已列入民族地区各级政府的规划；各少数民族特别是旅游业较发达地区的民族也因参与到市场中，物质生活条件有了较大的改善；很多不愿受体制束缚的精英已无需靠体制养活，可以在文化市场通过艺术谋生。马克思就曾多次论述在商品化的社会里，艺术产品也会商品化。"在这里，演员对观众说来，是艺术家，但是对自己的企业主来说，是生产工人。"[①]这种艺术家身份的二重性相

---

① 马克思：《资本论》，《马克思恩格斯全集》26卷第1册，人民出版社1972年版，第443页。

应地体现了艺术生产的二重性:它既是生产商品,也是生产艺术品;艺术产品既担负着商品的功能与效用,也具有意识形态性与审美性;艺术消费既具有商品消费的属性,又是一种精神上的享受和创造。如果不再单以美学的标准来衡量艺术品本身的价值,在人类的艺术实践活动中,真正优秀的"艺术杰作通常源于市场在供求两个方面的良好条件",市场"推动技术创新,增加社会财富,大批量生产降低了艺术品的成本,扩大了受众群体,从而有益于艺术创作和艺术消费"。[①]

20世纪60年代以来,以个性化和理性选择为特征,以符号化和象征化为表现形式的消费文化在西方形成,并且对其他发展中国家产生了越来越大的影响,在消费主义时代,文化呈现出既多元发展又相互融合的趋势:一方面,虽然无论何时都需要坚守艺术的纯粹性,但一直以来代表着"大传统"的精英文化的权威性受到挑战,最终不得不沦为多元文化中的一元(当然理应是最重要的一元);另一方面,精英文化与大众文化也呈融合的趋势,"将审美消费置于日常消费的领域的不规范的重新整合,取消了自康德以来一直是高深美学基础的对立:即感官鉴赏与反思鉴赏的对立,以及轻易获得的愉悦与纯粹的愉悦的对立。"[②]在市场的逻辑和产业化运作机制下,文化企业按照工业标准对文化产品和文化服务进行大规模商业运作,由内容创意、生产输入、再生产和交易四个链环相互交融构成的庞大文化生产体系,把不同的文化力量都整合到了一起。

[①] 泰勒・考恩著,严忠志译:《商业文化礼赞》,商务印书馆2005年版,第6页。
[②] 布迪厄:《区分:鉴赏判断的社会批判》,载罗钢、王中忱主编:《消费文化读本》,中国社会科学出版社2003年版,第49页。

当然,致使多元文化力量融合的内在原因在于:在全球化现代化的进程中,艺术的历史就是一部建立市场的竞争史,面对外来大众文化产品对中国文化市场的冲击和西方意识形态的渗透,国家必须投身市场进行文化软实力的竞争。此外,这不仅只是现代民族国家之间在文化底蕴、经济实力、科技水平上的大比拼,也是国家文化精英之间水平的较量,可以说,精英的"人类之心"和价值诉求如果不愿只是局限在形而上的层面,市场可为其价值的实现提供最好的平台。而对少数民族艺术自身来说,只有依托市场借船出海,才能在市场的竞争中体现和保有民族自身的文化特性,最大限度地减小文化同质化的影响,同时,也只有走向市场特别是产业化发展,民族艺术在原生地的保护才有经济的支撑,才能更好地唤醒民族文化主体的自觉意识,民族传统文化也才能真正保有活力。

第二,大众文化产品都是低俗的。较之官方文化与精英文化,大众文化曾被视作低俗的乌合之众的文化。但20世纪60年代以来,这样的情形正在发生改变,在发达国家,注重消费的都市大众生活方式已成为整个社会的主导生活方式,大众文化将商品的逻辑全面渗透到文化领域。在产业化的运作机制下,精英文化与大众文化之间的界限、生活与艺术之间的界限、各门艺术之间的界限被打破了,文化的多元互渗成为这一时代的重要景观。文化产业有别于其他产业的突出特点在于具有文化与经济的双重属性和双重功能:一方面文化产业要体现文化的经济属性,发掘文化的市场潜能,实现文化的经济价值;另一方面又要注重文化的精神价值,发挥文化意识形态功能,实现先进文化对人的精神世界的规范性和对社会精神文明的导向性。市场形态的民族艺术的消费群体是都市大众,虽然对大多数都市大众而言,价值取向更多地还局限在娱乐休闲,满足想象的真实和获取异文化的体验上,这在以需求为导向的文化市场上无疑蕴含巨大商机。但随着文化水平的不断提高,都市大众在消费需求上是有不同层次的,除了满足世俗化的感性愉悦需求,都市人的心灵正渴求一个皈依之所,越来越注重文化产品所蕴含的深层意义。

  在文化市场上,原生态是少数民族艺术的一大卖点,最早推出原生态概念的大型民族舞集《云南映象》就在艺术手法和风格上坚持了这一特色:服装道具的原型都来自于现实生活,舞蹈元素保持田间地头和宗教活动中的本来面目,最吸引眼球的是,占演员总数70%以上的是来自村寨、来自原生歌舞之乡的农民,他们带着实实在在的生活气息和乡土气息走上舞台,用极其朴实的歌声和肢体语言与观众交流。但努力体现原汁原味也好,高科技手段的运用也好,都是市场形态的原生态艺术营造"在场感"的一种必要手段,究其实质,市场化运作中的民族文化通常只是作为文化资源来开发的,与此相应,在民族文化的资本化运作中,文化精英作为文化资本的作用也越来越重要。对于走向市场的少数民族艺术来说,文化资本的重要性就体现在通过文化精英的创意,能够提升文化商品的精神内涵,为文化市场注入新的活力。

  以专业的作家艺术家为代表的文化精英孜孜以求的"意",是人类群体存在的意义,包括真的价值、善的价值和美的价值。在文化市场上,原生态艺术虽然不再保有民族艺术的原真性,但若能通过创意,将回归自然、回到人的原生态作为核心理念,就践行了艺术源于生活、高于生活、美于生活的理论,也体现了精英对至真至善至美的人的本真存在的追求。在一定意义上,这种本真性比原真性更重要,更能彰显文化的自觉意识,也更契合现代都市大众深层次的精神需求,这就是超越了世俗消费需求的一种神圣消费。正因如此,随着旅游业的兴盛,当旅游者走进村寨、走进原生歌舞之乡时,吸引和打动他们的应该不仅只是与异文化的"艳遇",不仅只是感官上的愉悦。如在《云南映象》中,人类找寻太阳,在土地上繁衍生息;自然给予人关怀,家园充满温馨;生命的轮回和升华,对生与死的思考……这是爱与生命的欢歌,这是人在土地上最健康、最本真的生存状态。在舞台上,朴实憨厚的乡民以他们对家乡的理解,纯真地表现着对土地的热爱,观众在粗犷、野性、激烈的舞步和歌声中触摸这感人的真挚,体验久违的神圣的生命激情,也激发出回到自然、回到人的原生态的渴望。

由此可见,对交换价值的牟取是文化市场的基本法则,但在市场竞争中制胜的法宝却是必须切合消费者对文化产品的需求,这才是牟利的根本前提。事实上,随着文化水平的提高,消费者的需求是有不同层次的,除了对世俗感性愉悦的浅表消遣,他们对文化产品所蕴含的深层意义越来越关注,这时市场的竞争就不仅仅是经济资本之间的竞争,文化资本之间的竞争越来越重要。一个成功的、有生命力的民族艺术产品不能完全屈从于市场的运作和表现模式,而应通过精英文化的引领和支撑作用,既满足都市大众的世俗消费需求,又挖掘出少数民族艺术深层的文化内涵和精神内涵,以满足其精神消费需求。

正因如此,在当今文化市场上,活跃着越来越多的专业人士的身影,"我没有编什么,我的工作只是怎样选择他们身上的东西,再把宝石上的灰尘擦干净,让它重放异彩","希望人们能通过这一充满人类智慧结晶的表演闻到云南人的气息,产生一些印象,更希望人们能通过这台原生态歌舞和我们一起寻找艺术的精神,以及对全球化背景下如何发展民族文化的再思考"。杨丽萍的表白发自肺腑,她在这部原生态艺术杰作生产过程中艰苦的付出,既源自对濒临灭绝的民族民间文化的忧虑,又体现出对原生态艺术内在地蕴含着的生态美、人最本真的美的不懈追求。虽然《云南映象》是市场化运作的,经过最现代的舞台表现手段包装的大众文化产品,它已不是原生形态的艺术作品了,而且这种营造"在场感"的仿真的方式"绝不可能解决民族民间艺术的传承问题,然而却能在对原生态的重新考量和打磨中探寻艺术创新的原动力,艺术精神依托的平台,从而展现现代人宏阔的审美视野与深邃的人文关怀"。[①]

可以说,面对市场冲击下文化同质化和大众文化产品媚俗的趋向,远离市场似乎是一个解决困境的办法,现今也有不少用此种方法将文化"封存"起来,但这无疑是宣告某种文化已经消亡,只剩下供后人瞻仰的标本。因此,除了加强对原生地"活态"文化艺术的保护,面对欧美大众文化产品甚至日韩大众文化产品对文化市场的冲击,走向市场是实现少数民族文化艺术价值的一条重要路径。当然,在历经了从单纯保护到文化创新、从注重文化对民族成员自身的价值到依托市场平台,努力实现国家、精英、民族文化主体、都市大众对少数民族文化的多元诉求的观念转变之后,怎样实现这样的转变或者说如何对少数民族文化进行现代重组,既融入全球经济一体化的潮流又保有民族文化的特性,让文化在民族社区生活的"水"中存续,在现代社会日趋开放、多元的"用"中发展是少数民族文化面临的最大难题。

---

① 张海超、卢成仁:《舞台展演与文化存续》,《云南社会科学》2006 年第 6 期。

二、翁丁"原始部落":少数民族文化的活态保护与开发

近年来,"原生态"一词的使用频率越来越高,在互联网上"百度一下",竟有400多万个查询结果。这其中有两点表现突出,其一是原生态成为文化市场的卖点,有原生态旅游网、原生态购物网,具体有原生态装修、原生态餐饮、原生态服饰甚至原生态美女,大有炒作概念、滥用概念的嫌疑;其二原生态艺术是原生态热中的亮点:从2004年推出的大型民族原生态舞《云南映象》、2007年举办的中国原生民歌大赛,到2006年和2008年央视"青歌赛"两次设立原生态唱法组,这种具有浓郁乡土气息和民族特色的艺术形态受到观众的普遍欢迎。但与此相应,原生态艺术的提法却遭到质疑,如青歌赛后不少学者就什么才是真正的原生态民歌展开了热烈的讨论。总的看来,学者们尤为关心原生态艺术的真实性,并由此将民族民间艺术的保护传承问题推到了理论研讨的前沿。事实上,就在学界对原生态问题展开热烈讨论时,少数民族社会已经发生剧烈转型,特别在以市场为导向的现代社会发展进程中,存在于民族成员中的传统价值观念、行为方式正在不断丧失,少数民族文化即便在原生地也成了稀缺之物。为了应对这样的境况,不脱离文化主体和文化存续环境,在少数民族社区生活之"水"中对文化进行活态保护的方式,无论在理论上还是实践上都日益受到重视,然而在市场经济条件下,对少数民族文化的单纯保护事实上也遇到很大的困难。

因此,有必要探寻一条保护与开发并重,既注重对少数民族文化的活态保护,又不囿于民族文化主体自身之"用",针对现代社会

日趋开放、多元的价值诉求,在少数民族地区的文化旅游业发展中依托市场平台、借助市场力量促进少数民族文化发展的路径,而提出这一设想的现实依据是沧源县的云南省第一批非物质文化单位——翁丁佤族原生态民族文化村经过几年的探索和实践,已经取得了较大的成效。

(一)翁丁:中国最后的佤族"原始部落"

翁丁是沧源打造"世界佤乡"文化品牌,宣传佤文化的重要窗口,"中国最后的佤族原生态村落"是翁丁在文化旅游业发展中的定位。翁丁村位于沧源县中西部的勐角乡,距县城勐董镇33公里,翁丁村下辖老寨、新寨、永榕、大寨、桥头寨、新牙寨六个村民小组,共有238户,1094人。在近年来的对外宣传和旅游开发中所说的翁丁通常是指翁丁大寨,有105户,526人,坐落在距国道(沧源至孟定公路)仅3公里处的山腰上,有公路直达村寨。虽然随着时代的变迁,一些传统习俗有所变化乃至消失,但翁丁在社会公德、饮食起居、节庆活动、宗教信仰等领域,佤族的传统文化仍然得到了传承和发展,在旅游开发前就吸引了不少游人前往观光。鉴于翁丁佤寨对研究佤族原始宗教、社会经济状况、歌舞艺术、文化心理等方面的重要价值,包括在旅游开发中的重要价值,2001年,沧源把翁丁定为"佤族原始部落"加以规划保护。

可以说,若不加以保护而任其自然发展,翁丁的佤族传统文化特色用不了多少年就会消亡:直到2004年,翁丁大寨村民的年人均纯收入仅为520元,为了脱离贫困,有100多名青壮年常年在外打工,占总人口的1/4。年轻人接受现代信息快,对民族传统文化的保护意识越来越淡薄,村中只有少部分老人会讲述佤族的历史传说、故事,传承独特的佤族民俗礼仪,如不及时挖掘整理、引导保护,民族传统文化将要失传;较之市场上物美价廉的现代生活用品,民族手工艺品制作劳动强度大、成本高,年轻人已不愿学不愿做,如一套传统佤族服饰价值现已上千元,远没有汉族服饰方便实惠,大多村民只在节庆活动时才穿,其他民族传统工艺也面临同样的境遇而濒临灭绝;优美的自然景观和传统民居曾是翁丁的一大特色,但由于人口增加,为增产增收,部分村民将自家的茅草地退耕还林或开田种粮,原始草顶吊脚楼所需的茅草来源减少,且茅草房每年都要更换草片,防火性能又差,越来越多的农户宁愿多投资也不愿再年年修房顶。因此,在开发前已有30%的屋顶铺上了石棉瓦,还有部分是油毛毡房。

作为重点开发的一个旅游景点,沧源专门成立了翁丁原始村落保护与开发管理委员会,为保有原生态的特色,对翁丁采取了不同于其他景区的开发方式,如沧源崖画谷景区的几个村落已用红色挂瓦等现代建筑材料建成了佤族新村,而对翁丁的保护与开发工作则是从对其民居的"复茅"开始的。由于这项举措在施行之初就遭到村民的抵制,管委会不得不在2004年底组织专门的驻村工作组做村民的工作,工作组在村组干部的帮助下先转变寨中权威老人的观念,然后挨家挨户座谈,以丽江等地旅游致富的例子耐心讲解全县的发展思路。结合翁丁的实际,政府还对茅草房的恢复工作给予资金上物质上的支持:石棉瓦房改造户每户补助4000元,油毛毡房改造户每户补贴1000斤大米。从2005年起,寨中所有农户连续五年每户每年还有500元的补助。

当然,"复茅"只是最外在层面的保护。2005年8月,沧源县将翁丁列入第一批县级传统文化保护名录,拟定了《翁丁佤族传统文化保护区管理暂行办法》,组织工作队对翁丁传统文化进行全面的调查,并以此为依据对村寨文化进行科学的保护与管理。经过几年的努力,2006年5月翁丁被云南省列入第一批非物质文化保护名录,2007年又被评为云南省历史文化名村。

被列入非物质文化保护名录也就是打出了旅游的金字招牌,越来越多的旅游者长途跋涉,到翁丁体味佤族原生态的乡风古韵。根据沧源县旅游局的统计,1998年翁丁接待旅游者仅为300人次,整个景区不收取门票,而2005年,到翁丁的旅游者就已达到14000人次,创造了约350万元的旅游收入。这一年翁丁村民靠从事农业生产及制作一些传统的特色手工艺品,经济总产值仅有30.97万元,人均纯收入才612元,仍属于贫困的少数民族聚居区,相形之下,旅游收入是翁丁经济总产值的十倍以上。特别在随后的几年,在"司岗里"狂欢节的带动下,到翁丁的旅游人数逐年递增,村民因参与到市场中,物质生活条件有了较大的改善,发展旅游业带来的经济效益已初步显现出来。

(二)一种以文化保护为前提的开发方式

从翁丁文化旅游业发展的情况看,文化资源是少数民族地区的比较优势,结合少数民族地区实际合理开发文化资源,既有利于繁荣少数民族文化市场,满足人们的精神文化需求,又有利于发展民族地区经济,不断满足人们的物质利益的需求。翁丁对佤族传统文化保护与开发方式的借鉴意义在于,以民族文化的活态保护为前提,发挥政府在民族文化保护与开发中的主导作用,对文化资源进行适度、有序的开发。具体表现在:尊重民族文化主体自己的选择,组织文化精英对传统文化进行全面整理、抢救和引导,并在此基础上针对民族地区贫困落后的实际,由政府提供资金上的扶持、搭建市场的平台,努力让少数民族文化在民族社区生活的"水"

中存续,在现代社会日趋多元的"用"中发展。

对少数民族传统文化的保护具有重要的现实意义:民族是文化的共同体,在长期的历史发展过程中,一个民族在民族性格、价值观念、伦理习俗等方面会形成自己的特点,并为本民族成员共同接受或遵循,它既影响着民族外在的行为方式,又在民族的深层心理上起到支配作用,因此,特定文化的功用在于从根本上维系一个民族的稳定和引领民族的发展。当然,文化的功用在现代社会已日趋开放和多元,作为传统文化的载体,民间文化已成为文化精英的"寻根"之所,艺术家从民族传统文化中汲取滋养,理论家则从人类的精神需求出发,在文化回归或与异文化的对话中寻找具有超越性的精神资源,以革新自己的文化观念。在现代民族国家层面上,为提升文化的软实力,抵御外来文化的冲击,减少文化同质化的影响,推进整个中华民族文化多元、和谐发展,对少数民族文化的保护也纳入了各级政府的发展规划。于是在现实中,上述价值诉求不仅引发了对少数民族文化保护问题的理论研讨,也促生了不同的保护方式。

最先参与少数民族传统文化保护的是文化精英群体:如早在1993年,作曲家田丰就在昆明郊县一个废弃的农场创立"云南民族文化传习馆",把云南边远村落中一些民族老人和他们有歌舞天赋的孩子集中到馆内,传教濒临失传的古老歌舞;1994年后,音乐家陈哲在"中国音乐西行计划"实施的过程中,为了更好地抢救、保护民族民间文化资源,倡导发起了以"普米族传统文化传习小组"为代表的"土风计划"。在此之后,各级政府也推出了一系列保护民族传统文化的举措:2007年,与沧源相邻的西盟佤族自治县政府成立佤族传统文化传习所,出资聘请本县的两位民间文化传承人,为从各乡镇招募的几十名青少年教授佤族传统艺术,2008年北京召开联合国第四届音乐理事会时,这支队伍就出现在专门为会议设置的"原生态艺术板块"上;2008年,云南省政府在《关于建设民族文化强省的实施意见》中,明确提出要进一步加强少数民族文化遗产的保护,营建少数民族文化保护区,有计划地保护少数民族文化遗产和保存完整的少数民族自然与文化生态区,努力在原有基础上,创建特有的民族文化保护区16个,特色文化保护区9个,省级民族民间文化艺术之乡50个,培养民间大师级的非物质文化遗产传承人100人。

无论是文化精英的倾情付出还是各级政府的倡导扶持,十多年来,对少数民族文化的保护经历了从只保护文化,到既保护文化又保护人,从完全封闭的保护,到文化的活态传承。如田丰创办"云南民族文化传习馆"的初衷是原汁原味地传承云南民族濒临灭绝的艺术,为了远离商业社会的影响,选址在偏僻的山区,靠社会的捐助艰难地维系基本的运作,他不让孩子们看电视、听广播,流行音乐更在禁止的范畴以内。但随着传习馆影响的扩大,市场的力量不断介入,在经济利益的驱使下,田丰和孩子们在坚持了七年后以一种极端的方式决裂,传习馆成为传统文化与商业文化对决的牺牲品。与田丰远离市场、封闭式传承的理念不同的是,陈哲强调对民间文化的活态保护,认为过去中国传统艺术往往是静态抢救,若要让传统艺术永具活力地发展下去,不但要将文化赖以生存的环境保护下来,而且要对文化持有者加以保护和引导,并不断为传统文化注入新的血液,包括让民族成员对主流社会有所认识,既不排斥也不屈从,在与其他文化的交流中建立民族的文化自信。

陈哲的尝试将少数民族文化放置在动态、开放的语境中传习,无疑具有现实价值和开拓意义,但若要切实使民族传统文化"活化",需要政府、文化精英、民族民间乃至市场力量的共同推动。在现实中,面对外来文化的影响特别是市场的冲击,在政府、社会、个人多元力量的干预下激活传统文化的某些运作机制,增强民族成员的文化自信,包括投入资金抢救文化遗存,虽然都是行之有效的保护办法,但随着理论研讨的不断深入和具体实践中不得不加大的保护力度,民族文化主体的诉求和市场的作用对民族民间文化保护的影响越来越凸显出来,若要避免田丰"云南民族文化传习馆"的悲剧重演,就必须重视这两种力量。

2008年8月,笔者在翁丁做过一次问卷调查,佤族传统文化的存续状况和民族文化主体的价值取向是关注的重点。从此次调查对象的情况看,由于一个外县汉族姑娘嫁入,翁丁已不再全部是佤族,故而问卷调查的对象有:佤族37人,汉族1人;其中男17人,女21人;9~12岁1人,13~17岁10人,18~25岁1人(这个年龄段的人多外出打工),25~45岁12人,45~60岁8人,60岁以上6人;被调查者年龄最大的83岁,年龄最小的9岁。从调查的结果上看,由于外来文化的侵蚀,民族传统文化的传承受到冲击,存在于民族成员中的那些传统行为方式、价值取向等都有所改变;与十年前相比,认为自己家佤族的传统生活方式保留得很好的有8人,没有太大改变的有4人,改变很大的则有26人;喜欢住本民族房子的只有10人,想住汉族平顶砖房的有24人,有4个小学生想住电视里的高楼;所有人都表示很喜欢现代的家用电器,有23人更倾向过现代的生活,有一半人更喜欢穿汉族服装;从村民日常的娱乐休闲方式上看,除了民族歌舞、喝茶聊天等传统方式,广播电视这样的大众传媒对村民的生活有很大影响,佤族年轻一代喜欢看录像、上网游戏,他们的追求和都市年轻一代的追求虽然在程度上有较大差异,但方向上越来越趋同。

如果任其自然发展,翁丁的佤族传统文化用不了多少年就会消解,而以传统建筑的"复茅"为代表的一系列保护措施最终之所以能够推行,与旅游开发或者说与村民脱贫致富、享受现代生活的意愿有密切关联。佤族虽然是一个典型的跨越式进入现代社会的"直过"民族,新中国成立之初,阿佤山的中心区还处于原始社会末期,但由于国家力量在建国后对佤族社会进行了彻底的改造,传统文化赖以生存的土壤不断丧失,特别在改革开放后,消费文化的强大示范作用拉动民族传统文化向同质化方向发展,存在于民族成员中的传统价值观念、行为方式、审美取向、情感认同等都发生了不同程度的转变。可以说,传统文化与商业文化的对决、保护与开发的矛盾只是外在表现,或者说市场对民族传统文化的冲击只是外在的表现,少数民族社会的现代转型才是民族文化消解的最根本原因,而民族文化主体诉求的改变是最直接的原因。

正因如此,在少数民族文化保护与开发的问题上,各级政府和文化精英的扶持、引导固然重要,但同时还应该强调,少数民族群体是民族文化保护与开发的主体,对民族文化的保护也好,开发也好,如果脱离拥有这个文化的民族群体本身,除非只是进行博物馆式的封闭,仅凭外部力量的作用不能切实保护少数民族文化,更谈不上全面推动少数民族社会文化的可持续发展。此外,这里所说的少数民族文化之"用",既包括现代社会日趋开放、多元的使用价值,也包括少数民族文化的交换价值。市场经济条件下,越是民族的,就越是赚钱的这种经济上的诉求,不仅只是以对交换价值的攫取为首要目的商家才有,为了促进边远落后民族地区的经济发展,

"文化扶贫"已列入民族地区各级政府的规划,各少数民族特别是旅游业较发达地区的民族也因参与到市场中,物质生活条件有了较大的改善。而上述文化的现实功用,既是少数民族文化活态传承的内在依据,也是少数民族文化可持续发展的动力。

(三)原真与仿真:对翁丁"原生态"内涵的审思

"原生态"是佤族文化活态传承的直观表述,也是翁丁在文化市场上的亮点。在沧源的旅游宣传中,对翁丁有以下描述:

> 佤族在翁丁这块神奇的土地上已经居住了 200 多年的历史。这里是中国佤族历史文化保留最完整的地方,是佤民族特色传统建造技术保留最完整的原生态村落。
>
> 翁丁佤族住的是传统干栏式结构的茅草竹木房,用的制品也是竹木器具居多。保留寨门、寨桩、撒拉房、祭祀房、龙潭、古榕等文物古迹,新建有木鼓房、牛头桩、图腾柱、佤王府等建筑,沿袭佤族父系氏族时期的头人制,居住民全部是佤族,以家族姓氏为单位连片而居。在这里可以寻觅得到佤族古老独特的婚恋习俗梳头情,感受得到播种节、新米节、护寨节等的热闹气氛,翁丁生态村落具有浓郁的历史文化特色。①

从词源上看,"原生态"一词与生态学有一定关联,生态学研究生物与自然物的特性与规律,特别重视生物与环境之间、生物与生物之间的相互依存关系,当运用生态学的方法来看待自然界之外的问题时,会有一个独特的视角:一方面,原生态突出的是尚未受

---

① 《佤山文化》编辑室:《佤文化现象解说手册》;第 58 页。

到现代文明影响,在自然状况下、在特定环境中留存下来的,原生的甚至是原始的东西;另一方面,原生态强调在社会构成混融不分、人的观念尚未达到自觉的高度的前提下,人与人、人与土地、人与神之间相互依存、圆融一体的状态。但事实上,没有任何一种文化可以处于封闭的状态,不受外来文化的影响,在原生地原封不动地保存下来。即便是在传统社会,如翁丁在建寨后的200多年中,与周边民族特别是傣族就有较多的交流,村民大多信奉赛玛教(属南传上座部佛教),这最为直观地表现在村寨的灵魂——寨桩的形制与传统的"丫"型已大为不同,佤族传统的猎人头、拉木鼓、剽牛习俗在新中国成立前就已基本革除。进入现代社会,文化传播的力量更是异常强大,这种文化的原生地已经发生剧烈的变迁,少数民族文化正失去赖以生存的土壤。

若在现代社会动态、开放的语境中探究翁丁原生态的内涵,其真实性包括原真与仿真两个方面。所谓原真性首先强调的应该是在原生地民族社区生活中存续的活态文化。这里所说的活态文化已不是原封不动保存下来的文化,如果在一个封闭的环境中长期缺乏刺激,民族文化的许多内容在自然传承过程中会衰减直至失传,这是学者们在田野调查中经常发现的事实。从我们实际调研的情况看,作为云南省非物质文化遗产,佤族传统文化在翁丁村民的日常生活中仍然较好地保存下来,民族文化在增强民族凝聚力,为民族的生存提供意义方面仍然发挥着重要作用。其次,翁丁的原真性还表现在人与人、人与土地之间相互依存、圆融一体的状态。翁丁处于县域内海拔最高的窝坎大山(海拔2605米)以及翁黑大山、公旱大山、公劳大山的环抱之中,山上常年云雾缭绕,山脚的主要河流叫新牙河,新牙河水库又称为翁丁白云湖。这里土地肥沃，年平均温度为 24℃，降雨量为 900～1000 毫米，适宜多种动植物生长，植被覆盖率达 90%，自然生态状况良好，浓郁的民族风情与优美的自然景观营构出一幅人与自然和谐发展的图景。

从市场情况看，乡村文化旅游市场主要是由有一定消费能力的城市人口所构成的。旅游者长途跋涉到翁丁，除了追求原汁原味的异文化体验，就是对返璞归真、回归自然的渴望，与此相应，"原生态"也是翁丁针对现代都市人的需求设置的一个卖点。游客到翁丁可以参观原生态村落、神林、寨桩、佤王府等佤寨佤风，亦可近距离感受原始古朴的佤俗佤情，在司岗里狂欢节期间，翁丁还有迎宾拉木鼓、剽牛、打歌、射弩、叫魂取佤名、打陀螺、取新火、游寨等活动，这些活动虽然大部分源自村民的现实生活，但是，一是活动的时间完全根据市场需求安排，二是拉木鼓、剽牛等项目已纯然属于表演性质，佤王府、人头桩等设施也是后来添加的仿真之物。

在现代旅游业特别是乡村文化旅游业中，寻求"真实"是旅游者的普遍诉求，既然没有真正的原生态，就需要根据旅游者需求、满足旅游者想象进行仿拟。而上文中之所以一再表明对少数民族文化资源的开发要适度、有序，就是因为市场是双刃剑，在市场这个追逐利润的场所，使用价值与交换价值的冲突日益激化，市场对少数民族文化的冲击一直为人诟病。在旅游市场上，少数民族文化最大的特点是强化其形式上的特征，突出文化的异质性，竭力迎合大多数消费者的文化猎奇心理。为了实现利润的最大化，虚假的表演、过度的包装使相当一部分旅游景点成了刻意满足旅游者想象的"伪民俗"，民族文化失去了原有的含义。在中国以少数民族文化资源为依托的文化产业发展中，民族文化面临的最大危险，是被大众文化主导的市场同化，最后沦落为大众文化的附庸品甚至文化垃圾,而在市场的作用下,被改造过的所谓民族文化反过来影响原生地文化的保护。

当然,由于政府、文化精英、民族文化主体多元力量的介入,在一定程度上避免了市场的无序开发。作为云南省非物质文化遗产单位,翁丁的仿真更注重对佤族传统文化的复原,在其未来的发展规划中,原始手工艺作坊、民风民俗展览室、佤族民间体育竞技设施和民族博物馆的建设既极大地丰富和提升传统文化的内涵,也为佤族文化的开发奠定了坚实的基础。对交换价值的牟取是文化市场的基本法则,但在市场竞争中的制胜法宝却是必须切合消费者对文化产品的需求。事实上,随着文化水平的提高,消费者的需求是有不同层次的,除了对世俗化感性愉悦的浅表消遣,他们对旅游产品所蕴含的文化价值越来越关注,因此,单纯迎合消费者文化猎奇心理的旅游产品没有生命力的,只有在多元文化力量的合力作用下,彰显人类至真至美价值诉求的产品才能经受市场的考验,才能经受时间的考验。

关于非物质文化遗产,联合国教科文组织《保护非物质文化遗产国际公约》的解释是:"被各群体、团体、有时为个人视为文化遗产的各种实践、表演、表现形式、知识和技能及其有关的工具、实物、工艺品和文化空间。"在强调对各民族代代传承的精神财富予以保护的同时,该公约还指出:"各个群体和团体随着其所处的环境、与自然界的关系和历史条件的变化不断使这种代代相传的非物质文化遗产得到创新,同时使他们自己具有一种认同感和历史感,从而促进了文化的多样性和人类的创造力。"在翁丁的日常生活中,传统与现代或叠压交织,或不断转换,如大多数村民更喜欢穿简洁方便的汉族服饰,但在举行重大的集体活动时,他们通常穿着佤族的盛装出席;翁丁村村民中年轻人都会汉语,少数老年人通傣语,除了日常交流用佤语,依语境的不同和交流的需要,用熟练的汉语、傣语甚至简单的英语交流在这个偏远的民族山寨并不鲜见。翁丁佤族原始宗教的掌门人、大魔巴肖尼不勒说:"翁丁在佤语中的意思是两条河水交汇的地方。"这就注定了翁丁只有在不断的接受与放弃中、在传统与现代的张力作用下壮大。

三、"司岗里"狂欢节:少数民族文化空间的现代重组

翁丁佤族文化的存续状况也昭示着这样的事实:人类文化是一种动态的、复杂的结构性存在,在发展问题上,文化不是单一线性的进程,而是在时间的连续性与空间的同存性交互作用下演进的。正因为文化的创造有赖于一定的时空条件,联合国教科文组织在致力于非物质文化遗产保护的时候,提出了文化空间的概念,并将其定义为"具有特殊价值的非物质文化遗产的集中表现"以及"一个集中举行民间传统文化的场所"。对这一概念的认识,学界以往更多在物理意义上将其等同于"场所"或"地域",有学者指出:"任何民俗文化的创造、享用和传承固然都离不开特定的空间,但更重要的还在于它们依赖此空间内长期积淀而成的文化传统。当某一空间内的文化传统受到破坏而消失的时候,民俗文化也必将随之消失。"① 相应的,国务院办公厅在《关于加强我国非物质文化遗产保护工作的意见》中对文化空间的解释是:"定期举行传统文

---

① 王诗愉:《文化空间中的民俗》,载中国民俗学会、北京民俗博物馆编:《传统节日与文化空间》,学苑出版社2007年版,第122页。

化活动或集中展现传统文化表现形式的场所,兼具时间性和空间性。"由此看来,文化空间应包括两个方面的内涵:周期性或季节性举行传统文化活动的场所及其在这个空间中代代传承、积淀下来的文化传统。

如果对此做进一步的探究,一个民族在特定空间中进行的文化传承,如翁丁佤族原生态民族文化村的"活态"传承还有两种不同的状态:一种是常态的、在文化主体日常生活中自在自为地传承文化,另一种则是处于非常状态的、在具有岁时性特征的民族节庆活动中得到充分体现的文化传承活动。节日作为"一个民族的文化心理积淀、民族性格形成的主要的文化积淀场",[1]作为文化空间在时间维度上的重要节点,"以其公共的时间性、空间性以及独特的行为方式构成了一种特殊的文化空间,其意义在于建立集体的文化认同和加固文化记忆"。[2] 因此,对民族传统节日的研究一直是学界的重要课题,而相关研究正经历着由惯常单一线性的时间维度转向同时关照历史与地理、时间与空间,强调二者交互作用的转向。

显然,少数民族文化存续的时空条件又不是一成不变的,如果说传统社会文化更多是由特定社会群体在一个相对封闭的空间中进行创造和自我传承,进入现代社会,由于民族之间文化交流范围的扩大和程度的加深,文化空间日趋开放、不断拓展,这具体表现在:一方面,即便在像翁丁这样作为非物质文化遗产单位着重予以的保护的边疆少数民族社区,对文化的需求和社会成员的文化交

---

[1] 黄泽:《神圣的解构》,广西教育出版社1998年版,第155页。
[2] 王霄冰:《节日:一种特殊的公共文化空间》,载中国民俗学会、北京民俗博物馆编:《传统节日与文化空间》,学苑出版社2007年版,第14页。

往已不再仅限于民族文化主体自身;另一方面,随着现代国家的建立和城市化进程的加快,文化的中心区域逐渐由民族村寨向城镇转移。如在新中国成立之前,沧源辖境无一座城镇,当然也没有一个城市人口,建国后沧源最早的城镇人口是入驻自治县首府勐董镇的干部职工及家属,还有就是经商的盲流。在城市建设上,当时只有政府的办公用房是土木结构的瓦房,其余单位的办公用房和宿舍都是茅草房,直到1964年自治县成立时,县农林科盖了钢筋混凝土结构的仓库,县境内才首次出现钢筋混凝土结构的建筑。经过40多年的市政建设,一座功能齐全、环境优美的边境园林城市已初具规模,小城镇建设也相应得到发展,虽然非农业人口只占全县总人口的12.6%,但由于农村人口向城镇的流动不断加大,全县人口的1/3已集中到城镇。相应的,研究如何在城市这个新的文化空间中通过民族节庆的现代建构实现文化共享,既营造出传统文化的保护传承场域,又满足不同族群社会成员日趋多元的文化诉求,具有一定的理论价值和现实意义。

诚如一位致力于后现代地理学研究的学者所言:"现代化是社会重构一种连续不断的过程,这种过程的速度周期性地加快,对处于具体形式中的空间—时间—存在进行有意义的重构,这是在现代性的本质和体验方面的一种变化,主要产生于生产方式的历史和地理的动态。"[①]伴随着城市化的进程,不单是节日的举办地发生了位移,节日的表现方式也发生很大改变,由于经济力量的介入和外来族群特别是旅游者的参与,现代文化空间的构建方式也发

---

① 爱德华·W.苏贾著、王文斌译:《后现代地理学》,商务印书馆2004年版,第42页。

生了相应的变革。以下就以沧源的司岗里摸你黑狂欢节为例,讨论以节日为平台的少数民族文化空间的现代重组问题。

(一)激情司岗里:现代建构型的少数民族节日

在对少数民族节日文化的研究中,最有代表性的一种观点是根据内容及节日活动的表象、仪式将西南少数民族传统节日分为五种类型:祭天、祭祖、祭最高神及年节,此类往往是各民族最盛大节日;农事祭祀节日;男女交游节日;集贸节日;综合性节日或演化性节日。① 这种分类法加入了历史的向度,而佤族节庆活动由祭最高神、祭祖到综合性、演化性节日的演变就印证了这种观点。如前所述,由于在社会发展上比较滞后,佤族没有形成独立完整的节日形式和传统,其最早具有一定节日色彩的活动源自拉木鼓、砍人头祭鬼、砍牛尾巴等原始宗教祭仪,具有典型的自然崇拜、神灵崇拜特征。随着时代的发展,佤族与周边的彝族、傣族等民族的交往日益频繁,外来的大乘佛教、小乘佛教、基督教也相继传入佤山,越来越多的节日被佤族接纳。

除了带有神灵崇拜特征的新水节、新火节、播种节等,春节是佤族比较有代表性的综合性、演化性节日。据考证,佤族的春节与大乘佛教的传入有关系。② 清咸丰年间,云南大理鸡足山和尚达董保率弟子十余人到沧源岩帅一带传播大乘佛教,他劝说当地佤族革除猎人头祭木鼓习俗,同时把春节、火把节、中秋节带到该地区。经过文化整合,佤族春节打上了自身的文化印记,如已有上千年历史的新水节是在每年农历的十一月二十八至三十日(佤历一

---

① 黄泽:《神圣的解构》,广西教育出版社1998年版,第143页。
② 魏德明:《佤族文化史》,云南民族出版社2001年版,第209页。

月初一至初三），是为感谢水神安永和树神桑洛的，自从春节传入后，原本在新水节才进行的修挖水沟、搭水槽、清理村寨等也成为此间的基本工作，除夕之夜鸡鸣头遍之后，人们还要点着火把用竹筒去接新水，祈求新的一年风调雨顺。除此之外，佤族传统的祭神、祭祖活动和打歌、打陀螺、荡秋千、射弓弩等文体活动也悉数登场，整个节庆活动具有综合性特征，是典型的演化型的节日。

当然，以上是就佤族传统节日文化而言的，近半个世纪以来，在外来文化的影响下，佤族村寨原有的木鼓房、牛头桩基本已经绝迹，随着佤族文化的重要传承人魔巴的过世或职能的淡化，不少村寨的节庆活动已经消解，很多佤族青年对传统节日缺乏了解也不感兴趣，到 20 世纪末，佤族传统节日如新米节、春节虽然还统一过，但其原有的文化内涵和表现方式都已发生蜕变。2000 年，由云南大学组织的云南民族村寨调查佤族调查组对沧源勐董镇帕良村的春节做过一次完整的调查，①发现帕良佤族对于自己民族岁时节祭的起始流变大都一无所知，当然这并不妨碍他们满心欢喜地去欢度那些与现实相去甚远的传统节日，只是节日中调剂身心已成为最为实用的需求。帕良佤族仍然非常重视过春节，认为"一年 365 天，只有春节这几天才能吃得舒服，玩得开心"，由于原始宗教的祭仪活动已经消解，春节的主要内容是打歌和串亲戚。调查组在对打歌进行全程实录时发现，帕良的打歌和往年相比有很大变化：以往打歌时都要串寨，人们每到一个寨子的寨口，所有男子都要一起向天鸣枪，已示打歌串寨开始，而今年各家各户的猎枪已

---

① 李兵主编：《佤族——沧源勐董镇帕良村》，云南大学出版社 2001 年版，第 131～136 页。

被没收,打歌的气氛受到很大影响,由于各寨单独打歌不再串寨,打歌的规模大大减小,时间也大大缩短。按照传统要求,过春节特别是打歌时必须穿佤族服饰,但如今穿现代服装的人随处可见,参加打歌的人尤其是男性几乎都不穿佤族传统服装了。年轻人对打歌等传统仪式的兴趣已大大降低,据调查,一、二社打歌的当晚,很多年轻人都在家里看电视、打牌或与伙伴玩耍,即便来到打歌场也只是远远地在一旁观望。

正是为了保护和抢救佤族传统文化,西盟和沧源两个佤族自治县分别在2003年、2004年创设了一年一度的"木鼓文化节"和"司岗里狂欢节",这两个节日都属于现代建构型、综合性的少数民族节日。2004年是沧源佤族自治县成立40周年大庆,县委县政府决定以此为契机搭建沧源与外界文化交流、经济合作的平台,推动文化旅游业和歌舞演艺业的发展。作为建构型的现代民族节日,组织方充分发挥佤文化研究会的作用,追源溯流汲取佤族文化传统之精粹,努力打造"世界佤乡"旅游品牌:沧源是佤文化发源地,"司岗里"与佤族的起源有密切关联,司岗里神话传说涵盖了全部的佤族文化,司岗里既是佤文化的百科全书,又是佤民族精神、传统文化的象征;佤族文化具有典型的酒神文化特征,在以往的节庆活动中,"卧"是一种重要的表现形式(在佤语中"卧"即"狂欢"之意),每当节日来临,阿佤人都要通宵达旦地歌舞狂欢,尽情释放情感。无论是对少数民族文化传统的传承保护,还是推动当地文化旅游业的发展,以艺术为内核的少数民族审美文化都发挥着重要的功用。因此,将这个节日庆典命名为司岗里狂欢节能更好地体现佤文化的内涵,并给这个活动一个较准确的定位。

2004年沧源佤族自治县40年县庆暨首届中国佤族司岗里狂

欢节当时是阿佤山有史以来规模最大、规格最高的一次活动,阿佤山也是第一次以如此开放的姿态打开山门迎接各方宾客。国家民委致贺电并派代表出席庆典,云南省组织了专门的祝贺团,临沧地委书记、行署专员亦到会祝贺,除了官方在经济文化上与国内外的交流往来,民间的交流也非常活跃,缅甸佤山边民、周边各民族、旅游者涌入沧源参加节日庆典。在官方例行的庆祝大会议程之后,佤文化的篇章渐次打开:剽牛和千人拉木鼓活动再现了原本在山林村落间进行的传统祭仪,由专业人员编创,阿佤山歌舞团、司岗里艺术团、黑旋风艺术团参演的大型音乐舞蹈史诗《激情司岗里》依托司岗里神秘传说,汇聚了佤族传统艺术的精华,把木鼓舞尤其是木鼓甩发舞搬上舞台,拓展了传统文化的表现空间。佤族斗牛、摔跤、打陀螺、射弩等体育竞技活动则激发了人们的参与热情,夜幕降临,数万人在木鼓、芦笙、木笛、竹箫的伴奏下围着篝火纵情歌舞,把狂欢活动推向了高潮。

  2005年第二届司岗里狂欢节在继承第一届狂热气氛的基础上,又创造性地加入了《摸你黑》主题活动和拜祭崖画民俗活动,把剽牛、拉木鼓等民俗活动安排在翁丁原生态民族文化村举行,大型音乐舞蹈史诗《激情司岗里》则不断完善,以展示佤族丰富多彩的纺织文化、服饰文化为重点,将具有浓郁民族特色的服饰与歌舞艺术完美融合在一起。严格地说,《摸你黑》更多的是一个文化创意,初衷是营造一种文化共享的氛围,让游人与以黑为美的阿佤人"抹"成一片,获取抛弃一切烦恼、回归自然的体验。在对外宣传中,对"摸你黑"的文化内涵是这样进行解说的:

  佤族是一个以黑为美的民族,佤族认为黑色是勤劳的象征,是健康的象征。因此,阿佤人的服饰几乎都是以黑色为基调。早在过去,佤族人民就有染牙的习俗,他们认为黑亮的牙齿和健康的黑皮肤相配才能保持阿佤人步调一致。至今有一句谚语说:步调一致我们才好一起跳舞,牙齿黑亮我们才好一起说笑。那么,在"摸你黑"活动中,谁最黑谁就是最美的。

"摸你黑"是从佤语 moh nin hei 音译过来的,意思是"这正是我们追求的、我们所期待的,坚持下去吧,坚持到永久永久"。佤族是一个把精神生活看得比物质生活还重要的民族。因此,佤族人民总是乐观豁达、无忧无虑的。他们利用空余时间尽情地享受歌舞所带来的欢乐。他们认为,今生只有一次,不管是贫富贵贱,结果都要面对相同的轮回。因此,一定要珍惜仅有的一次人生,快乐的生存下去,这就是音译佤语的"摸你黑"。

佤族的传统观念认为:"摸在姑娘脸上,希望姑娘越来越漂亮;摸在老人的脸上,祝福老人长寿健康;摸在小孩脸上,希望小孩平安吉祥;摸在朋友脸上,期待友谊地久天长;摸黑满脸,代表开心永久、快乐永久;摸得越多,意味着幸福就越多。"憧憬未来、向往美好、追求幸福、祈求平安和吉祥,是阿佤人积极向上的人生真谛。如今,随着人们生活水平的提高和时代的发展进步,"摸你黑"早已不用泥土了,而是专门请化妆品公司,研制了特种护肤品所代替。

人生何其短,不过数十载!在数十年当中,我们又能够"黑"上几回,能够忘我地狂欢几回呢?那么就让我们珍惜这个机会,在"中国佤族司岗里狂欢节摸你黑"活动中,用"摸你黑"荡涤我们风风雨雨的人间沧桑，消除我们的辛苦和疲劳。①

也就是从2005年起，中国佤族《摸你黑》狂欢节基本形成了"六个一"的运作模式：一个《摸你黑》主题活动、一台大型文艺演出、一个篝火狂欢夜、一条特色商贸街、一场民族文化竞技比赛、一次难忘的佤山之行。之后的每年都在这"六个一"的基础上不断创新，如继2005年的佤族民间体育竞技后，又举办了各乡镇的民间打歌竞艺、佤族民歌大赛、服饰大赛、佤族传统乐器制作演奏大赛等，大型文艺演出迄今已出演《激情司岗里》《风情司岗里》《重彩佤山》等。特别是自2006年起，司岗里狂欢节确立了"政府主导、社会参与、市场协作、部门服务"的原则，开始步入市场。部分民俗活动如祭崖画、翁丁民俗活动游览、民族体育竞技、大型民族歌舞艺术欣赏、"摸你黑"服饰、百米佤王宴等采取市场化运作手段，后来还与昆明新天意广告有限公司洽谈协商，狂欢节由公司市场化运作与政府组织相结合举办，整个活动的外围宣传、舞台灯光、商贸展销等项目由昆明新天意广告有限公司承办，像民歌大赛等前期组织工作及群众的参与由政府组织，举办场地由政府提供，部分文体活动项目由政府组织承办，通过合作，进一步提升了狂欢节活动内容，加大了宣传力度，达到了提高佤山沧源知名度、打造佤文化品牌之目的。几年来，每逢节假日，沧源宾馆爆满，旅游景点游人大增，记者、学者、作家纷纷前来探秘、采访，司岗里狂欢节的品牌效应已经彰显出来，并在第五届"中国国际会展文化节"上获得中

---

① 由沧源县委宣传部杨水清撰文。

国会展界最高奖"金海豚奖",成为 2008 至 2009 年度中国十大魅力节庆活动之一。

(二)少数民族审美文化的现代价值

节日是一个临时的"庆祝共同体",现今各种建构型的少数民族节庆活动都有很强的公共性和开放性,这些特殊文化空间的建构,源自政府、市场、文化精英、旅游者、民族民间的多元诉求:以司岗里狂欢节为代表的少数民族节日的建构,虽然最外在的表现是要依托少数民族文化资源优势发展旅游业、推动地方经济,但究其实质又不是单纯的现代旅游节庆活动,狂欢节与每年的自治县县庆结合在一起,"反映了一个国家或地方突显自身特色,巩固自身合法性、正当性并试图与世界接轨的努力"。[①] 同时,当初沧源佤文化研究会提出举办司岗里狂欢节的初衷,也包括了要借助节日这个特殊的文化空间,追忆民族历史,展现民族文化事象,表达民族意识,折射民族精神,进行文化交流,增强民族凝聚力与民族认同感的价值取向。由此可见,"空间在其本身也许是原始赐予的,但空间的组织和意义却是社会变化、社会转型和社会经验的产物"。[②]

公共节日的活动方式都带有很强的仪式表演性,活动的组织方在之前就要对活动的形式和程序进行策划并安排专人组织和编导,每个节目不但有自己的一套程序,而且所有的程序安排、表演方式都有极强的象征意味,司岗里狂欢节的开幕仪式就直观地呈

[①] 张勃:《政策过程视角下的建构型节日》。载中国民俗学会、北京民俗博物馆编:《传统节日与文化空间》,学苑出版社 2007 年版,第 170 页。

[②] 爱德华·W. 苏贾著、王文斌译:《后现代地理学》,商务印书馆 2004 年版,第 121 页。

现了佤族文化空间现代重组的基本状况。2009年是沧源县第六次举办司岗里狂欢节,组织方为了在全城范围内营造更大的狂欢场面,不断提高本土观众和外来游客的参与度,让他们真正体验到狂欢节的内涵,在开幕式的前夜就在摸你黑广场(县文体广场)燃放焰火营造节日气氛,并将前几届开幕式例行的、在广场上举行的入场仪式,改为在县城的主要街道进行"民族艺术游演"。

以下是2009年5月2日上午开幕式的议程:

——百名老人祭牛魂:

7:30—8:30,百名老人在街心花园的九头牛县标前摆放贡品,举行祭拜仪式并清洗县标。

——开幕式暨《重彩佤山》文艺演出:

8:00开始,游演方阵及观众按指定位置进入摸你黑广场;9:00—9:30,在剽牛祭仪之后,领导讲话并宣布2009年狂欢节开幕;9:30—10:20,《重彩佤山》广场大型文艺演出。

——开幕式民族艺术游演《狂欢浪漫曲》:

大型文艺演出结束后,由2500人组成的游演队伍从司岗里大道文体广场段出发,逆时针方向绕到广允路至街心花园至广场路,然后沿广场路进到加林路口,后改走加林路,最后回到司岗里大道结束。检阅台设在政府大楼前,游演队伍经过广场路县政府大楼前检阅台时进行两分钟的表演。

游演内容包括六个部分:

序:七彩飞扬(仪仗组合)

解说词:沧源,一块神奇的土地,祖国西南边陲一颗璀璨的明珠。佤山,一个神秘的地方,一年四季总是花的海洋。让沧源走向世界,让世界了解沧源。

游演顺序:国旗护卫队、节徽队、十八王子彩车、十二女神彩车、木鼓竹楼彩车、佤乡风情彩车。

第一篇 古崖神韵(古崖文化组合)

解说词:哦,崖画,你是古老事象的记忆和传述。你以浪漫的手法、超常的画面和独特的品味,传述着人神交流的时况,记载着现代人梦寐以求的那种人与自然和谐发展的信息……

(阿佤山歌舞团、黑旋风旅游艺术团、阿佤山歌舞团培训班。全体演员以崖画人物、图像化装、着装,道具模仿崖画图案。)

第二篇 山水狂情(佤族传统文化组合)

解说词:我知道司岗里古老的传说,我记得祖先的嘱托,啊,神圣的木鼓,你是通天的神器,你唤醒了千山万水、你染红了满天的彩霞……

游演顺序:岩帅镇木鼓方阵、勐省镇弓弩方阵、糯良乡牛铃方阵、单甲乡竹吧方阵、勐来乡曼来蜂桶鼓方阵、勐董镇帕良、永和铜炮枪方阵、老年艺术方阵。

第三篇 风情佤山(傣、彝、拉祜、汉族传统文化组合)

解说词:今天的佤山为什么这么美丽?那是因为有了各族儿女的热情打扮。今天的佤山为什么如此和谐?那是因为各族人民的精心呵护。

游演顺序:勐董镇傣族象脚鼓方阵、勐角乡彝族方阵、勐角乡拉祜族芦笙方阵、芒卡镇汉族三弦方阵。

第四篇 和谐佤山(人与自然组合)

解说词:五月的沧源,洒满阳光;神奇的佤山,鸟语花香。

大象点头喜迎宾朋,远方的客人请你留下来;梅花鹿放声歌唱,这是美丽的地方……看不够象吼鹿鸣云飞扬,唱不完山欢水笑人欢乐。

游演顺序:班老乡大象游演方阵、班洪乡马鹿游演方阵。

尾声:佤山云霞(服饰文化组合)

解说词:一片片美丽的彩云,是阿佤姑娘的筒裙;

一首首动人的诗,是阿佤小伙的新衣。

一种服饰一部好书、一套服装一束画卷,

阿佤人把历史穿在身上,

阿佤人把山水人情绣在身上……①

仪式是人类学研究社会文化变迁的一个有效视角,仅从开幕式的状况就可看出,司岗里狂欢节的建构经历了大幅度的空间转换和空间文化意义的增值,节日已成为多元文化力量渗透、各种社会关系交互作用的结点。与传统社会文化空间自然形成的状况不同,在自觉的、"政府主导、社会参与、市场协作、部门服务"的原则指导下,或者说国家和地方政府、民族民间、旅游消费者、文化精英等多元文化力量,都参与了在节日这个平台上进行的文化再生产。

作为少数民族文化现代转型的表征之物,国家、当地政府一直在"民族艺术游演"中发挥主导作用,国家借助国旗护卫队、国徽队等仪仗隆重出场,在这里,国家不单是想象的共同体,同时也是实践的和控制的。正是由于现代民族国家的形成,佤族才由一个自

---

① 根据沧源县文体局 2009 年司岗里狂欢节开幕式细化方案(内部资料)整理。

然的族群变成一个国有的民族，而现代国家也必定会在民族自治政府成立的庆典仪式这一类重大活动中，利用节日的公共性和神圣性，借助仪式中的象征体系，将生存的世界和想象的世界融合为一体，不断强化一个民族在国家层面上的文化认同意识。与此相应，傣、彝、拉祜、汉族传统文化组合在"风情佤山"中形象地呈现出民族团结的景象，而人与自然组合之"和谐佤山"进一步强化了和谐发展的理念。

由开幕式还可瞥见文化空间建构的不同方式，如果说在国家层面上的民族认同是一个抽象的意识空间，须通过一系列象征系统在仪式操演中潜移默化地对表演者和观众施加影响，那么，围绕着仪式的另一条主线——佤族传统文化更多使用的是展演的方式。在这场展演中对佤族文化或偏重复原、或偏重对其文化内涵的挖掘：木鼓竹楼彩车、佤乡风情彩车、崖画组合"古崖神韵"和服饰组合"佤山云霞"就偏重对传统文化的复原，民族艺术游演之前的百名老人祭牛魂、《重彩佤山》文艺演出、佤族传统文化组合"山水狂情"则偏重对历史、文化的整理、挖掘，对民族精神的提升、表现。与此相应，游演活动中的另外两支重要的文化力量——文化精英的力量和民族民间的力量也渐次彰显出来：整个活动的编排由县文体局具体负责组织，而创意则有赖于众多佤文化研究者长期以来的研究成果，几年来，精英们通过狂欢节上的祭牛魂、拉木鼓、剽牛等佤族传统祭仪举行，对崖画、传统建筑、服饰、民族工艺等的复原，力求全面展示佤文化的原型、表征物，各种比赛的评判工作也主要由他们担纲。与文化精英幕后的、隐性的作用不同，来自各乡镇的佤族民众穿着节日的盛装，直接出现在浩浩荡荡的游演队伍中。当然，经过文化精英的精心编排，每个乡镇方队的道具:木鼓、蜂桶鼓、弓弩、牛铃、竹扒、标枪、铜炮枪(火枪)都有特定的文化内涵,而为了彰显其寓意,每次的游演都配有相应的解说词。以下是部分解说词:

男:下面是单甲乡百人竹吧方阵。

女:竹吧又叫响吧,是一种用竹子制作用来吓雀、保护庄稼的工具,敲击时会发出强烈的响声。

男:今天,热爱生活的阿佤人,把它作为打击乐器,搬上舞台。

合:你听,那"叭叭"的响声,似大海的波涛,排山倒海,似滚滚春雷,地动山摇。

女:现在走来的是班洪百人镖枪方阵。

男:提起班洪,人们总是想到 70 多年前的抗英斗争,昔日古战场,早已烟消云散。

女:你可知道,镖枪在当年抗英斗争中的分量?

男:你可曾记得,剽牛盟誓,保土保厂?

女:万众一心,镖枪刺向侵略者的胸膛。

……

男:一百支见证抗英斗争历史的火枪;

女:一百把威风凛凛的大刀;

男:一百张见证佤族渔猎生活的弓弩;

女:一百杆闪亮的镖枪;

男:一个木鼓、一首优美的史诗;

女:一百把充满诗意的三弦;

男:一百个响亮的竹吧;

女:一百个回响在田野山间的牛铃;

男：一百个盛满清泉的竹筒；

女：一百个象征团结向上的蜂桶鼓。

合：在时代的脚步声中向前涌动，在阳光的照耀下向前翻腾！①

在不断加快的城市化进程中，民族民间文化的存续状况是一个亟待深入探究的问题，其中就包括传统乡场上的民间文化力量是以怎样的方式介入现代文化空间的建构。有学者指出，"现代的民间是指国家给普通民众留下的一种空间，人们在这种空间中享有一定的自主性"，并且"民间仪式进入国家的场合，不可能采取闯入的方式，而大都受到某种征召"。② 为了体现民族团结的理念，打造世界佤乡的品牌，当地政府充分调动各乡镇、各民间团体参与的积极性，并主要对剽牛、祭牛魂、拉木鼓等以佤族为主体的各民族文化进行征用，而事实上，处于被征用一方的民族文化主体也期待着这种征召，因为这通常意味着某种非正式的承认。为了在司岗里狂欢节这个平台上展示自身的存在，表达来自民间的诉求，在节日的表演、竞技，如木鼓舞大赛、民歌大赛、农民文艺汇演中取得好成绩，乡民们认真对待节前的各种筹备工作，对狂欢节更是表现出极大的参与热情。

随着市场力量的介入，旅游者的诉求也成为影响仪式编排的一支重要力量，为了迎合大众的审美需要，开幕式上的大型文艺演出和民族艺术展演将各种佤族文化符号拼贴，为了营造古老、神秘

---

① 杨国元：《〈司岗里神韵〉解说词》，《佤山文化》2008年第1期。

② 高丙中：《民间的仪式与国家的在场》，载郭于华主编：《仪式与社会变迁》，北京社科文献出版社2000年版，第326~327页。

的氛围和达到使人震撼、惊艳的效果,在形式上大量征用木鼓、牛、葫芦等原型意象,彩车上由歌舞团演员扮演的十八王子、十二女神都精心装扮,表演者穿着的佤族服饰经过加工更加多姿多彩……无论参演的乡民、乡民手中的道具,还是演员的服饰、演员的歌舞表演,都是连续的视觉轰炸,给旅游者带来新奇的异文化体验,整个仪式活动无疑还起着广告宣传的作用。在现今的旅游文化展演中,这样的表演往往号称是原生态的,而究其实质,这只是为了满足旅游者想象的"真实"实施的一种旅游产品的营销方式和包装策略。

当然,司岗里狂欢节所营构的又不是一个单纯的旅游文化空间,从总体上看,这是一个在多元文化力量共同作用下的后现代"异位"空间。福柯早在1967年就在一次题为《关于其他的空间》的演讲中阐释了他对"异位"的看法:"异位"是现代社会典型的具有异质性空间,这种空间"彼此无法还原,也绝对不能彼此叠加",是人们实际使用的(而且是由社会生产的)场址空间以及场址之间的诸种关系,"异位能将几个空间组合到一种单一的真实地点,这些空间就是场址,它们本身彼此不能兼容……它们在与遗留下来的一切空间的关系中发挥作用。这种作用在两个极端之间展开,任何一端的作用都会创造一种幻想的空间,将每一种真实的空间,即人类生活在其中被分割的一切场址,暴露得更具幻想性"。具体看,原始的篝火与现代的焰火、古老的歌谣与现代的摇滚、乡民的原生舞蹈与大型专业的综艺演出、传统体育竞技与奥运的五环都汇聚一堂,激情狂欢,极具梦幻感但又真真切切、触手可及。福柯因此强调这是"真正的地方","这种空间应该就是异位,不是幻想,而是补偿。我怀疑某些殖民地是不是在某种程度上也以这种方式起作用"。① 这正是现代转型进程中以佤族为代表的中国少数民族正置身其中的文化空间,在国家和各级政府、文化市场、文化精英、民族民间多元力量作用下,司岗里狂欢节体现出时空压缩、符号拼贴的特征,经由现代重组的文化空间日趋开放,传统与现代、乡土与外来、现实与想象的各种文化都悉数登场、交互作用,空间的文化意义在大幅度的时空转换中不断增殖。

可以说,司岗里狂欢节是佤族审美文化汇聚的舞台,佤族神话中的集体表象、古老的崖画、不同门类的歌舞,包括最具佤族文化特质的民俗都在其中得到了艺术化的展现。与此同时,在这个建构型的民族节日中,适应现代需求的一些表现形式大量出现,有明星参演的大型综艺演出起到了为节庆活动造势的作用,人们在佤族现代摇滚曲《摸你黑》的伴奏下纵情涂抹。虽然狂欢型节日最基本也最实用的功能仍然没有什么变化,在节日中,"人们得到最充分的感情宣泄,参与丰富多彩的民俗活动,体会平日不易体会的人生乐趣,举凡吃、穿、唱、跳等能给人们带来欢愉的所有节日都被运用、创造出来,这是一个欢乐的时间凝结点,消除了一年中一段时间为生计奔波所积下的辛劳、哀怨,为他们迎接新的挑战,承载更加繁重的生活负担注入了强心剂",②但节日的规模在阿佤山是前所未有的,以村寨为单位的打歌现已演变成数万人参与的歌舞大联欢。更重要的是,作为现代社会多元文化力量交互作用的场址,新的文化意义和价值诉求在现今的少数民族节庆中正借助仪式化、艺术化的方式体现出来。

---

① 引自爱德华·W. 苏贾著、王文斌译,《后现代地理学》,商务印书馆2004年版,第121页。

② 黄泽:《西南民族节日文化》,云南教育出版社,1995年版,第382页。

如果说节日最基本的娱乐和情感宣泄功能主要是针对个体需求而言的,那么,当站在现代民族国家的高度,"作为一种公共的文化行为,节日的最终目的并不在于娱乐或审美,而是在于社会教育和社会融合,是为了通过集体的庆祝活动和人人参与,来建立一套公共的精神信仰和价值观念"。① 从现代民族国家的高度上看,加强各民族对中华民族文化的认同意识或者强调国家内部各民族的团结对中华民族走向世界,在全球化时代抵御西方文化霸权,减少文化同质化的影响,体现国家文化的软实力具有重要意义。当地政府主办一系列节日的仪典时努力彰显民族团结、文化和谐发展的理念,就正是为了实现节日的公共教育价值。

与此相应,司岗里狂欢节的另一个教育主题是建立佤族的文化认同,而教育的方式主要是艺术地呈现佤族的集体表象,唤起一个民族的文化记忆,具体看,对佤族神话《司岗里》中的牛、木鼓、葫芦等原型内涵的阐释具有重要意义。荣格就曾强调过神话在原始文化中的核心地位和作用,认为神话"不仅代表而且确实是原始氏族的心理生活。这种原始氏族失去了它的神话遗产,即会像一个失去了灵魂的人那样立即粉碎灭亡。一个氏族的神话集是这个氏族的活的宗教,失掉了神话,不论在哪里,即便在文明社会,也总是一场道德灾难"。② 从少数民族节日的存续状况看,最早在祭天、祭祖节日中尚能清晰地追溯一个民族的神话原型,但随着节日的演化,其娱乐性不断增强而神圣性日趋消解,最具民族文化特质的符号意义或发生蜕变或被遮蔽。正因如此,文化精英本着复魅的

---

① 王霄冰:《节日:一种特殊的公共文化空间》,载中国民俗学会、北京民俗博物馆编:《传统节日与文化空间》,学苑出版社 2007 年版,第 12 页。
② 荣格著,冯川、苏克译:《文学与心理学》,三联书店 1989 年版,第 9 页。

诉求,在狂欢节上通过拉木鼓、剽牛、祭牛魂等神圣的祭仪和对一系列文化符号原生含义的诠释,努力去除这些在漫长历史发展中被遮蔽的符号的深层内涵,达到对民族成员进行教育以促进佤文化的传承。当然,这种文化自觉还体现在赋予这些符号新时代的内涵,彰显现代新佤山团结、和谐的价值取向。

如果对少数民族文化主体来说,拉木鼓、剽牛等文化情境的复原特别是对集体表象之深层内涵的诠释有助于唤起民族的文化记忆,增强民族的认同意识,那么对节日中异文化的参与者尤其是旅游者而言,同样具有"文化寻根"功用。现代社会动摇和侵蚀了从前把人们结合在一起的社会结构和价值结构,传统社群和道德崩溃了,个体变成了孤独的、疏远的缺乏归属感的存在,现代生活的瞬间性和偶然性取代了完整的、静态的、恬淡的传统生活,于是乡土成为都市人象征性的"乡愁"之所。"我们的祖先有过一个宗教的归宿,这个归宿给了他们根基,不管他们求索彷徨到多远,根基被斩断,个人只能是无家可归的漂泊者。"① 现代人应该追索远去的家园,恢复完满和谐的本真性的生存状态,这样的观点一直贯穿现代化的演进过程。洞悉现代文明弊端的卢梭最早发出了"回到自然"的呼吁,认为原始人保有自然的本性,他们自由自在地劳作,拥有丰富、完整的精神世界,生活充满勃勃生机。斯宾格勒对此亦有着强烈的迷恋与向往,并将这一时期喻作文化的春天,认为文化的春天充满活力,人与大地是一种原初的亲昵关系,而艺术也保留了原始质朴的本性,是具有乡野直觉的梦幻心灵的伟大创造。事

---

① 丹尼尔·贝尔著,赵一凡等译:《资本主义文化矛盾》,生活·读书·新知三联书店1989年版,第158页。

实上，旅游者的文化消费诉求包括世俗消费和神圣消费，随着旅游消费者文化素质的提高，对文化艺术产品的生态蕴含和深层意义也越来越关注。

除了旅游消费者对异文化体验和文化寻根的诉求，司岗里狂欢节最具吸引力的是"摸你黑"主题活动。节日是特殊的庆典，是狂喜的时间，自由的时间，洋溢着从平日的艰苦谋生中暂时解脱出来的快乐，而在巴赫金的历史文化学中，节日更是一场彰显民间力量，颠倒社会地位、打破原有社会规范的仪式。"在狂欢节上，人们不是袖手旁观，而是就在其中生活，而且是大家一起生活，因为从观念上说，它是全民的。在狂欢节进行当中，除了狂欢节的生活，谁也没有另一种生活。人们无处躲避它，因为狂欢节没有空间界限。在狂欢节期间，人们只能按照狂欢节的法律生活，亦即按照狂欢节自由的法律生活。狂欢节具有宇宙性质，这是整个世界的一种特殊状态，这是人人参与的世界的再生和更新。这就是狂欢节的观念和本质，这种本质是所有参加者都活生生地感觉到的。"[①] 由于"摸你黑"狂欢的广场性质，没有专门的舞台，没有观众和演员的区分，也没有等级的区分，政府官员、游人、乡民都参与到自由而充满活力的狂欢中。在日常生活中，人们被不可逾越的等级、财产、职位、家庭和年龄的壁垒所分割，而在节日的非常状态中，人们之间这种不分彼此、不拘形迹的自由接触，给人以格外强烈的感受，成为整个狂欢节的世界感受的本质部分。

尽管巴赫金讨论的是传统社会的文化，但由于他提出的狂欢

[①] 巴赫金著、佟景韩译:《巴赫金文论选》，中国社会科学出版社1996年版，第102页。

化的四大特征:全民性、取消等级、正反同体与逻辑颠倒、粗鄙化对现实具有否定性和超越性。继巴赫金之后,以列斐伏尔为代表的学者从狂欢节文化中汲取资源,强调应把城市变成"游戏的城市",通过节庆、狂欢等形式对备受商品化和物化压抑的现代人实施感性拯救。在游戏中,异化暂时消失,人回到了自身。这种真正的人性的关系,不是想象或抽象的思考对象,而是现实实现的,在活生生的感性物质接触中体验到的。乌托邦的理想同现实通过这种绝无仅有的狂欢节世界感受,暂时融为一体,而在狂欢中建立起来的文化共同体也打破了文化之间的壁垒,化解了现实中官方与民间的博弈、精英与大众的对峙。当然,在司岗里激情狂欢、文化共享的氛围中,佤族文化主体也践行着传统与现代、本土文化与异文化的对话交流,在交流中不断强化民族意识、增强文化自信,在交流中激发少数民族文化艺术内在的动力机制和创造机制。

第六章　传统与现代的互动

从现代民族国家的层面上看,全球现代化背景下中国文化的发展面临诸多问题,文化的转型与分化、不同文化传统的碰撞与融合、不同历史阶段的文化现象都纠结在一起,形成了中国错综复杂的现实状况。在如此情势下,中国主张以文化多元化应对文化同质化,超越文化普遍主义和特殊主义的观念,强调文化对话和交流的特征,相应的,国家内部各少数民族的文化应该怎样发展等问题近年来备受学界关注。

从以佤族为代表的少数民族文化发展的实际看,并没有绝对原汁原味、"原生态"的文化,只有随着时代发展而不断演变的文化,惯常所谓的传统,不过是不同生存境遇中民族文化与外来文化的各种因素在时空网络中交互作用的结果。虽然佤族只是中国55个少数民族中的一员,不同民族的文化发展还有各自的特殊性,但通过对佤族文化的形成、变迁,特别是对佤族文化现代发展进程的梳理,还是能够比较清晰地呈示少数民族具有中国特色的文化演变的基本轨迹,这也在一定程度上有助于揭示少数民族文化尤其是艺术在文化转型进程中面临的问题。

第一节　对文化现代性的生态美学批判

依照文化进化论者的观点,人类文化的发展必然经历一个由蒙昧到文明、由低级到高级的演进过程。本书中的文化转型就特指世界各民族已经经历或正在经历着的由传统农业社会向现代工业社会的转换。西方社会的现代转型表现在经济形态上，是以工业化为基础，由封建自然经济向现代商品经济转变；表现在社会形态上，是以世俗化为主导，从封建制度向资本主义制度转变。相应地，文化转型的基本趋向体现在由政教合一的，基督教观念禁锢的"神谕"文化和封建专制的"权谕"文化，转向以理性精神为内核的"理谕"文化。人文主义者倡导的理性是一种价值理性，它追求人的解放，主张人的权益，力求通过文化的复兴，冲破中世纪对人的禁锢。但是，启蒙运动在以科学、理性推动社会发展的同时，理性又因日益工具化而成为宗教衰微之后打着科学主义旗号的新"信仰"。在理性精神的推动下，文化的分化明显加剧，围绕现代人求权、求利、求意的需求，相应有了政治（制度文化）、经济（物质文化）、文化（狭义的精神文化）的区分，现代性的矛盾与悖论也日益显现出来：在经济领域，以获取最大限度的利润为目标的经济活动使人的丰满个性受到严重的压抑；在政治领域，伴随着技术性问题的增多，技术官僚趋势越来越明显；在文化领域，基督教世俗化之后西方文化面临终极意义的缺失，出现了信仰危机。与此同时，这三大领域之间价值理性和工具理性的矛盾也日趋激化，以求意为旨归的文化（精神文化）与经济非人化、政治体制化的模式不断发生冲突，而表现在审美领域，就是大众文化和精英文化的分化和对立。虽然 20 世纪中叶以后，随着消费主义时代的到来，文化的融合成为基本的方向，但无论是文化的分化还是融合，文化转型过程中由于理性被工具化导致的矛盾，引发了对现代性的质疑、批判和解构。

在全球现代化进程中，西方国家将现代性的矛盾和悖论也转嫁到非西方国家，包括非西方国家中的各少数民族头上。如果说在资本的原始积累阶段，西方列强对其他民族的侵略表现为赤裸裸的屠杀和掠夺，时至今日，这种霸权已演化为政治上的干涉、经济上的兼并和文化上的渗透。与欧美发达国家历时态的发展进程不尽相同，现代化对于进入21世纪的中国而言，既是一项在历时态上从传统走向现代的尚未完成的艰巨任务，又须在共时态上以民族自身的"传统"应对西方的"现代"，是中西文化不断对话、交流的过程，同时也是较量的过程。在中国当代文化的基本格局中，大众文化、精英文化是全球化时代西方文化叠压的产物，官方文化是中国意识形态长期渗透的结果。一方面，在官方文化的主导和大众文化的侵蚀下，精英文化和代表传统的一方的中华民族自身的文化，包括各少数民族的传统文化受到了极大的冲击。另一方面，在改革开放后兴起的文化热、美学热引发的讨论中，学界在对理想的审美文化憧憬之余，更多地着眼于现实，对工具理性肆虐的审美文化境遇展开了文化批判。

总的看来，现代化在推动人类进步的同时，也带来了一系列危机和困惑，传统农业社会长期构建的相对平衡状态发生了根本的改变，在一定意义上，这些危机和困惑都可以归结为生态问题，这些问题有的外显，有的内隐，具体表现为以下三个层面：

首先是人与自然的矛盾越来越尖锐。人类作为地球上的一种生物，与其他生物或者说自然环境之间也是相互依存的关系，但在自然祛魅之后，科学技术飞速发展，现代人在享受工业文明、信息文明成果的同时，对自然的掠夺性开发使人类生存的自然环境急速恶化，全球变暖、大气污染、沙漠扩展、森林毁灭、物种灭绝、粮食和能源危机、水资源匮乏……长此以往,启蒙者的所有美好理想即便都能够实现,却不能不面对无处安放的困窘。

其次是文化冲突不断加剧。如果说人类文化是一个母系统,每个民族的文化就是其中的一个子系统,不仅母系统是由各子系统构成的、不断调节以谋求和谐的文化生态整体,各子系统自身也是一个由各种文化构成要素相互作用、努力达到均衡状态的内在生态整体。但一方面,全球现代化激化了不同文化之间的矛盾,资本主义血腥的原始积累和经济文化在全球的扩张使不同文化之间的摩擦不断升级,道德危机、武装冲突、军备竞赛、种族隔离、恐怖主义等严重威胁着人类和地球上所有民族的生存;另一方面,现代社会文化自身也不断分化,导致了文化的内在冲突。

再次是人性分裂异化的困窘。人的内在精神上也有一个小宇宙,西方在宗教衰微之后,面临人的终极关怀需求无处安放的困窘。现代人的感性欲求在市场和高科技营造的"文化"中沉沦,人的生存呈碎片化的状态,在生态哲学的研究中,人性的异化、分裂等精神生态问题也日益凸显出来。现代文化精英虽然打出了审美的大旗,但现代艺术远离生活,越来越抽象化、概念化,并未完全担当起精神"救赎"的重任。

正是针对上述实际,中国在文化发展上以和谐为核心价值取向:和谐的文化是具有包容性的文化,主张建立一种更具包容性、能为不同文明背景中的人们接受的价值观念,让不同文化和文明都和而不同地发展与共赢;和谐的文化是优势互补的文化,认为文化没有绝对的优劣之分,不同文化之间应取长补短,甚至敢于吸纳其他对立因素和有差异的因素;和谐的文化是多元竞生的文化,强调和谐虽然在效果上是要达到一种整体的均衡状态,但要使传统文化焕发新的生命，就必须在与其他文化的竞争中发挥自身的"比较优势"，并通过自身的不断调节和创新，以构建新的和谐。

相形之下，少数民族文化艺术的现代转型是在外来文化的裹挟下进行的，无论西方还是中国的一系列文化现代性问题对国家内部各少数民族也产生了很大影响，在强大的外力作用下，少数民族文化的自组织系统遭到破坏，民族成员亦不能不面对文化身份失落、精神家园丧失的苦痛，如果与上述三个层面对应，少数民族文化发展主要面临以下困扰：

第一是人与自然的关系问题。在现今描述少数民族传统文化时，通常是一幅人与自然和谐相处的美好图景，但事实是，受当时低下的生产力水平和认识能力的限制，大自然对人类包括对一个民族来说是神圣的，更是无力撼动的，人不得不向自然妥协，与自然相互依存、和谐共生。而进入现代社会，随着生产力水平的提高和主体意识的觉醒，人类战胜自然、改造自然的能力不断增强，人与自然的和谐状况被打破了，特别是半个世纪前的吃"大锅饭"，"向石头开炮，向土地要粮"，"向自然进军，向鬼神算账"，不顾少数民族地区实际，过分强调走所谓工业化道路，致使少数民族地区的自然生态环境受到了前所未有的破坏，少数民族文化现代转型进程中保护与开发的矛盾日益凸显。

第二是不同文化之间的关系问题。保护不单是对自然环境的保护，还应包括对民族文化的保护。一个民族的文化在形成与发展的过程中总是会受其他民族影响，但在传统社会，民族文化通常可以经过内在调节以维系文化的和谐平衡。而从少数民族文化现代转型的实际看，在新中国成立后的头 30 年中，由于意识形态在社会发展中的统辖作用，对少数民族传统文化的保护意识不强，特别是"文革"期间,意识形态在文化发展中的统辖作用被发挥到极致,阶级斗争愈演愈烈,少数民族传统文化遭受严重破坏;而改革开放后,在市场的冲击下,少数民族传统文化又不得不面临可能断裂的危险。

第三是少数民族文化主体内在精神的和谐问题。保护民族文化的关键是保护人,而在少数民族文化转型进程中,民族文化主体面临的是祛魅与复魅的悖论。在传统社会,中国大多数少数民族尚处于原始宗教观念的影响之下,民族成员往往把自己交付给神灵,祈求神灵的护佑。现代社会追求的则是人的觉醒和解放,所以,自新中国成立后,科学与迷信的较量一直是民族地区各项工作的重点。对自然的祛魅是人类的进步,文化发展必然经由自发到自觉的转变;但与此同时,祛魅的另一个结果,就是加速了少数民族传统文化的消解,于是越来越多受过现代教育的文化精英在致力于少数民族文化的保护工作,少数民族文化精英复魅的诉求或者说民族文化的回归意识越来越强烈。

虽然"自然的复魅"特别是"回到自然"的倾向很多时候被称作是文化原始主义的,但究其实质这种回归的诉求中蕴含着超越现代性的困境,在更高的层面上创造人类美好未来的希冀。两者的共同之处都在于是着眼人类未来的发展,运用生态智慧阐释宗教内涵,使人类保有对大自然、对生命乃至对整个世界的敬畏之心,恢复对生命存在的价值意义的认识,为俗世的生活重新找到精神的依托,如生态后现代主义者就指出艺术在"自然的复魅"中具有重要的功用,真正的后现代艺术应该回归生活,承担起展现生活的神奇魅力、表现美、探寻人类之本真存在的重任。

与之相应,对中国各少数民族来说,所谓回归、复魅并不是简单地回到过去甚至回到原始时代,因为传统是凭借了集体记忆,在对过去的遗迹和眼下的现实要求的双重借助中,表现为一个重构了的过去的存在。[①] 故而在少数民族文化艺术现代转型的进程中,应该处理好保护与开发的关系,强调既保护自然环境,又保护文化、保护人,在传统与现代的互动中进行文化的传承和超越。在这里,所谓回归是要回到生活,重组民族新的文化空间,构建多元文化的和谐,而复魅则是在文化自觉的高度修复民族文化主体的精神家园,增强文化认同意识和民族文化的凝聚力。正因如此,因地制宜引导产业结构向合理化方向调整,坚持开发与保护并重,建立以保护为前提、以开发促保护的良性循环模式,促进文化的和谐发展,已成为21世纪少数民族地区可持续发展的主导方向。

第二节 中国少数民族艺术发展的愿景

面对文化现代性的矛盾和悖论,西方很多学者曾把目光投向原始文化、少数民族文化、东方文化等一直以来处于文化"边缘"的文明传统,在文化回归或与异文化的对话交流中寻找具有超越性的精神资源,以革新自己的文化观念。具体看,在文化转型进程中,少数民族文化艺术在面临挑战的同时,又蕴含着实现跨越式发展的机遇。

首先,现代人修复、重建失去家园的强烈诉求,引发了遍及全球的生态文化思潮,建设生态文明成为21世纪人类发展的主导方

---

① 陈庆德等著:《人类学的理论预设与建构》,社会科学文献出版社2006年版,第190页。

向。如前所述,"回归自然"甚至"回到原始"是策应人与自然、人与现实生活隔离的状况,疗救现代人精神痛苦的一剂良方,相对于现代人漫漫的回归之路,少数民族文化还保留着很多原始质朴的本性,人与自然、人与生活之间的血脉联系尚未完全割断,这在一定程度上为少数民族文化的跨越式发展奠定了现实基础。

其次,少数民族艺术的传统形态依附于特定的社会环境,具有鲜明的民族特色和地域特色,由非专业人员集体创作,它凝聚着民族的生命体验,在流传过程中为民族的生存与生活提供意义解释和娱乐休闲,形式上淳厚素朴、程式化,较多保留了传统趣味、风尚和习惯。这种艺术形态植根生活,与民族早期的巫术活动或日常生活紧密相连,这种审美化的"生活事实",或者说是生活化的"艺术事实"与现代社会"日常生活审美化"的现实相互参照,不同于现代以反叛姿态出现、远离生活实际、远离大众需求的精英艺术,既可为少数民族艺术的现代转型找寻内在的契机,又可为具有中国特色的审美文化建设注入生机与活力。

再次,原始社会自然环境对文化的影响最大,传统社会政治对文化的制约最深,进入现代社会,经济与文化的关联越来越紧密。现代社会,乡土正成为远离神灵、远离土地的都市人象征性的乡愁之所,同时来自乡土的艺术鲜活生动、充满灵性,可以滋养和慰藉现代人的心灵,在文化市场广受欢迎,正是在文化经济化的趋向中,少数民族审美文化正成为文化产业中可资开发的资源,这无疑为少数民族地区立足自身实际,发展绿色生态的文化产业提供了机遇。

更重要的是,文化引领民族发展,艺术是文化的重要表征。一个民族的文化记忆通常以符号的方式在艺术中积淀下来,并且艺术创造更注重强化文化的特性、整合文化的各种要素。在全球现代化背景下，世界各民族在物质文化、制度文化上必定越来越趋同，面对西方文化的侵袭，无论在现代民族国家层面、还是对国家内部各少数民族来说，保护民族文化传统，保有民族精神文化上的特性越来越重要。正是在这个意义上，现代社会少数民族艺术作为文化的最重要表征，在传承文化上发挥着不可或缺的功用。

当然，由于围绕艺术品的创造、传播、接受的方式在不断变化，艺术是一个历史的范畴，如原生态艺术在近年来兴起的原生态热中备受瞩目，但与少数民族艺术有密切关联的所谓原生态艺术的提法却遭到众多学者的质疑，因为少数民族文化艺术发展的现实已经表明，没有任何一种文化可以处于封闭的状态，在原生地原封不动地保存下来，现代社会也没有绝对"原生态"的民族艺术，应该在民族艺术存续动态的更是开放的现代语境中，对少数民族文化艺术的发展进行全方位的分析论证。

在现代化进程中，文化传播的力量异常地强大，就在学术界对原生态艺术展开热烈讨论时，这种艺术的发源地——少数民族社会正在发生剧烈的变革：一是传统社会向现代社会转型，少数民族传统艺术正失去赖以生存的土壤；二是存在于少数民族成员中的那些传统的价值观念、行为方式正不断丧失；三是社会的开放性增强，商业文化、消费文化的强大示范作用拉动民族传统文化向同质化方向发展，少数民族传统艺术即便在原生地也成了稀缺之物。这其中，少数民族社会的现代转型是最根本的原因，少数民族文化主体文化诉求的缺失是最直接的原因，市场的冲击是外在原因。而在外来力量的渗透、作用下，少数民族艺术已衍生出新的形态，这具体表现在：

第一,官方文化主导下艺术的依附性表达。中华人民共和国成立时,各民族无论当时的社会状况如何,都跑步进入社会主义,并被纳入到高度一体化的国家行政管理体系中。意识形态对少数民族艺术的掌控一方面表现在有相当一部分民间艺人被纳入日益健全的体制中成为"体制人",成为专业的"文艺工作者";另一方面就是少数民族艺术原有的内涵被解构,大量形式被征用,成为主流意识形态的宣传工具。

第二,少数民族传统艺术之民间诉求的变化。少数民族艺术的产生除了源自先民实际功利的需求和日常娱乐消遣的需要,一个重要而直接的动因是人类早期的巫术礼仪活动,这在功用上又被表述为"娱人"与"娱神"。但经由文化之现代转型,少数民族艺术的一个重要转变是其"娱神"的功用趋于消解而"娱人"的特性日益突出,即便这类艺术形态还保有其原真性,但其神圣性的一面已逐渐消解。

第三,少数民族文化精英主体意识的彰显。精英文化的主体是以作家、艺术家为代表的具有良好文化素养和专业技能,接受过现代教育的知识分子,随着大学教育的普及,各民族亦拥有自己受过现代教育的文化精英群体。在专业的文艺创作中,民族文化精英的主体意识觉醒,越来越注重少数民族艺术的文化价值和审美价值,努力创造能够担负起精神引导和文化批判功能,体现人类生存之"本真"追求的作品,与此同时,这在少数民族文化传承和民族认同意识的强化上也发挥着不可或缺的功用。

第四,少数民族艺术在市场的表演化倾向。20世纪90年代后,经济力量逐渐渗透到少数民族地区,特别在旅游业发展较快的区域,经济力量成为艺术活动重要甚至首要的推动力。诚然,少数民族艺术是民族地区文化产业发展的优势资源,对推动该区域脱贫致富具有现实意义,但少数民族艺术在成为大众文化产品后,大量的"仿真"之作片面强化民族艺术形式上的特征,突出文化的异质性,迎合受众的文化猎奇心理,而为了实现利润的最大化,虚假的表演、过度的包装使相当一部分旅游景点沦为刻意满足旅游者想象的伪民俗,成为其"原真"内涵被消解、"本真"意义被抽离的一堆"空符号"。

随着时代的发展,由低级到高级、由简单到复杂是文化艺术发展一般的、外部的规律,但无论文化的发展还是艺术的发展,都不只是单一的、线性的过程,批判继承和革新创造是文化艺术发展的自身规律;各民族之间的交流与传播是文化艺术发展的横向规律;文化艺术发展水平与物质生产水平并不总是成正比,其高峰时期可能是社会发展的低级阶段,这是文化艺术发展的特殊规律。具体地,从文化艺术发展的自身规律上看,文化转型不是凤凰涅槃似地断裂而后重生,也不是既非传统亦非现代的"第三种文化"。一方面,对少数民族艺术赖以生存的民族"根文化"的保护是转型的根本前提,另一方面,"传统失去了创造是要死的,只有不断创造,才能赋予传统以生命"(费孝通语),这已是当今学界的共识;从文化艺术发展的横向规律上看,少数民族艺术由传统形态向现代的大众文化形态、精英文化形态和官方文化形态等多元文化的衍生,既是少数民族文化艺术自身不断分化的基本趋向,更是全球现代化进程中其他民族文化叠压的结果。

在现代社会,不同的文化正以前所未有的速度在全球范围内传播和交流,而对外的开放与交流在积极意义上也能为少数民族文化和艺术的存续带来旺盛生机;从文化艺术发展的特殊规律上看，由于长期以来在发展上的滞后，少数民族自身多有一种边缘心态，其实，传统的未必就是落后的，在文化多元发展的时代，在现代人文化回归、文化寻根的热潮中，一直处在"历史的边界之外"（黑格尔语），居于非主流位置的各少数民族完全可以更好地谋划自己的未来，努力实现文化艺术的跨越式发展。通过这些分析亦不难看出，少数民族文化艺术的转型从总体上是在传统与现代的张力中演进，而具体则是在民族民间文化、官方文化、大众文化、精英文化的交互作用中展开的。所以，在面对少数民族文化艺术发展中出现的诸多困难和问题时，努力的基本方向应该是找到传统与现代互动的契合点，并在具体实践中探寻内在与外在各种文化力量融合的契机，这是因为，只有推动文化重组的内外各种力量之间具有较高的契合性，转型才能有序与平稳地进行；反之，就会出现文化转型的失序与散失方向。[1]

要找到传统与现代的契合点，应该从多元文化力量的动力机制也就是各自的文化价值诉求入手。人类的艺术实践或者说审美实践是人和世界之间一种最具本质性的精神交流，在德国古典美学建立起来的纯艺术、纯审美的范式中，艺术是合目的性的主体自由创造的产物（康德语），古典型艺术是"用恰当的表现方式实现了按照艺术概念的真正的艺术"。[2] 不过，强调艺术的纯粹性和自律性固然很重要，但艺术满足人类精神需求的超功利性质并不是绝对的，事实上，在审美发生之初乃至之后的很多时候，美与实际的功用、美与善、美与真有密切的关联，并且这种功用会随着社会环

---

[1] 万俊人：《"现代性"与"中国知识"》，《学术月刊》2001年第1期
[2] 黑格尔著、朱光潜译：《美学》第2卷，商务印书馆1979年版，第157页。

境的变化而变化。在少数民族艺术现代转型的过程中,除了民族民间的需求,国家、市场(大众)、现代知识精英等外在文化力量都表达着自己的文化诉求,于是少数民族艺术也就不断衍生出新的价值,这在现代人对传统文化的"寻根"之旅中就有不同的表现:①

第一种是大众回归型的寻根。随着工业化、城市化进程的加快,现代人不仅面临自然生态的危机,而且正经受精神生态遭破坏的痛苦,具体表现为个体的原子化和生存的碎片化:原子化过程的核心是传统社会调节机构的衰落。在传统社会,乡村、家庭和教会等社会机构曾经为个体提供心理认同感并进行社会引导和道德上的肯定,现代社会则动摇和侵蚀了从前把人们结合在一起的社会结构和价值结构,传统社群和道德崩溃,个体变成了孤独的、疏远的缺乏归属感的存在;20世纪中叶以来,碎片化成为现代人普遍的生存状态:一方面是生存的破碎性。交通与通讯的便利,极大地缩短了时空的距离,加快了生活的节奏,现代生活的瞬间性和偶然性取代了完整的、静态的、恬淡的传统生活;另一方面是经验的分裂性,"人只能发展他身上的某一种力……成为与整体没有多大关系的、残缺不全的、孤零零的碎片……失去了他的性格的完整性。"②于是,空间意义的家不再重要,精神层面的家园正在消失,乡村成为远离神灵、远离土地的都市大众象征性的乡愁之所,与之相应,来自乡土的民族民间艺术鲜活生动、充满灵性,在文化市场

---

① 周宪主编:《文化现代性与美学问题》,中国人民大学出版社2002年版,第31~44页,在"怀旧"条目中,将现代人的怀旧分为回归型怀旧、反思型怀旧、认同型怀旧三种类型。本文参照了这种分类方法。

② 席勒著,冯至、范大灿译:《审美教育书简》,北京大学出版社1985年版,第78页。

广受欢迎,这无疑也为媚俗逐利的商家带来了牟利的机会。

第二种是精英反思型的寻根。民族艺术内在地蕴含着的生态美、人最本真的美与现代知识精英寻求人类生存意义,对现代人实施审美"救赎"的追求具有内在的一致性:"我们的祖先有过一个宗教的归宿,这个归宿给了他们根基,不管他们求索彷徨到多远,根基被斩断,个人只能是无家可归的漂泊者。"[1]现代人应该追索远去的家园,回归完满和谐的人的原生态,这样的观点一直贯穿现代化的过程。最早洞悉现代文明弊端的卢梭发出了"回到自然"的呼吁,认为原始人保有自然的本性,他们自由自在地劳作,拥有丰富、完整的精神世界,生活充满勃勃生机。斯宾格勒对此亦有着强烈的迷恋与向往,并将这一时期喻作文化的春天,认为文化的春天充满活力,人与大地是一种原初的亲昵关系,文化保留了自身原始质朴的本性,是具有乡野直觉的梦幻心灵的伟大创造。[2] 在西方20世纪中叶以来兴起的生态文化运动中,很多学者把目光投向原始文化、少数民族文化、东方文化等一直以来处于文化"边缘"的文明传统,从人类的精神需求出发,在文化回归或与异文化的对话交流中寻找具有超越性的精神资源,以革新自己的文化观念。这种强烈的怀旧情结和对启蒙理性的质疑也一直是中国当今众多学者反思历史,对现存文化进行批判的内在动力。

第三种是民族认同型的寻根。民族是文化的共同体,在长期的历史发展过程中,一个民族在民族性格、价值观念、伦理习俗等

---

[1] 丹尼尔·贝尔著、赵一凡等译:《资本主义文化矛盾》,生活·读书·新知三联书店1989年版,第158页。

[2] 斯宾格勒著、陈晓林译:《西方的没落》,黑龙江教育出版社1988年版,第20、220页。

方面会形成自己的特点,并为本民族成员共同接受或遵循,它既影响着民族外在的行为方式,又在民族的深层心理上起到支配作用,因此,特定文化的价值在于从根本上维系一个民族的稳定和发展。作为民族文化的重要表征,民族艺术一方面发挥审美娱乐的功用,另一方面,还在民族文化传承和民族文化认同意识的强化上发挥着积极的作用。所以,在民族民间特别在民族文化精英复兴自身民族文化的努力(如艺术创作中),就越来越突出民族特色、强调民族认同意识。虽然与本民族成员表达民族思想情感、增强群体认同的求"意"的活动不同,官方文化更多的是求"权",但站在现代民族国家的高度上,加强民族文化认同意识无论对国家自身文化的多元、和谐发展,还是中华民族走向世界,在全球化时代抵御西方的"文化霸权",减少文化同质化的影响,体现国家文化的软实力和竞争力都具有积极的价值和意义。与此同时,人类的文化是在不同文化之间的相互学习、借鉴、交流、传播中慢慢发展起来的,在文化多元发展的时代,文化不仅对本民族社会有意义,对其他民族社会也有意义,于是不同文化间的交流对话也越来越重要。总之,保护好民族的文化传统于内可唤醒和强化民族文化的自觉意识,对外能通过交流彰显自身的独特性,努力获取其他民族更广泛意义上的文化认同,而从未来的发展上看,对民族文化"母本"的保护是提升国家文化软实力的根本。这其中,民族民间艺术作为民族精神与情感的符号,无论是在增强民族自身凝聚力还是在与其他民族交流上都更具有共通性,具有其他样式无法取代的积极功用。

由此看来,虽然不同文化力量对民族艺术有着不同的诉求,但所有诉求最终都归结到传统,通过现代人对民族文化传统价值诉求的具体分析,一方面是要突出传统与现代之间契合的可能,以更全面、更充分地认识保护民族传统文化艺术的重要性;另一方面也是为民族艺术在现代社会的存续找到内在的依据,毕竟传统文化和艺术都是要在"用"中才有持续发展的动力。虽然少数民族地区尚处于文化转型的初级阶段,文化发展中所面临的问题比国内发达地区更加严峻,但从半个世纪前的过分强调工业化,到落实科学发展观,因地制宜引导产业结构向合理化方向调整,坚持开发与保护并重,建立以保护为前提、以开发促保护的良性循环模式,已成为21世纪少数民族地区可持续发展的主导方向。

在当今的中国,官方文化在整个文化发展中起着主导的作用。长期以来,各级政府是把艺术的创造和发展当做重要的文化事业来抓的,既有的文化体制虽然为艺术创造者提供了物质上的基本保障,但这在无形中也影响了创作主体艺术创造力的发挥,这在民族艺术现代转型的过程中就表现得尤为突出。作为中国当代文化格局中一支重要的力量,民族传统文化既是其他文化形态的根基,又在民族民间的日常生活中继续发挥着功用,所以,除了不得不"封存"的一部分文化遗存,对少数民族文化艺术特别是民间"活形态"艺术的保护是当务之急。事实上,民族文化主体也并不是一味被动地接纳外来的文化,随着现代教育的日益普及,各民族都有自己的知识精英,他们在文化多元发展观念的影响下,往往强化本民族的特性,自觉参与民族文化艺术的抢救、整理和研究工作,在新的文化发展格局中争取本民族的生存权和话语权。另外,在实际生活中,许多民族成员特别是生活在民族社区的民间文化精英也没有停止创作,这种创作除了满足政治的需求、市场的需求,在很大程度上还要满足本民族成员自身的情感需求。之所以存在这样的情况,是因为在中国特别是中国西部的民族地区,还不可能在短期内城市化,乡民的群体大量存在,乡民群体的生活方式一时也不会发生根本的改变,而只要文化主体的基本状态没有完全改变,民族艺术在民间就有存续的空间。正因如此,国家应以一种包容的姿态加强对文化多样性的保护,不再一刀切地将工业化、城市化作为少数民族地区现代化的目标。在实践中,应制定相应的措施切实加强对民族文化的保护,特别应遵循艺术自身的特性和规律,避免把活生生的艺术形式从生活中剥离出来,不再把民间艺人变成体制中的精英来养活,相反要让艺术走出体制,让文化回到民间。对那些不应该也不能市场化的民族民间艺术,可具体参照一些发达国家的做法,将某些"文化事业"的重心下移到民间,加大资助力度,将原先的在体制中养转变为在少数民族社区生活的"水"中养,让民族文化精英在民间传承技艺,这样民族艺术才能真正得以在"水"中存续,在现代社会日趋多元的"用"中发展。

近年来,国家正把原有的一部分文化事业推向市场,改靠体制养活为靠市场养活。不断加大力度推进文化体制改革,将文化产业作为为国家重要的文化发展战略,是现代市场经济条件下文化发展的基本方向,同时也是中国西部少数民族地区经济文化发展的必由之路。文化产业有别于其他产业的突出特点在于具有文化与经济的双重属性和双重功能:一方面要注重文化的精神价值,发挥文化的意识形态功能;另一方面又要体现文化的经济属性,发掘文化的市场潜能,实现文化的经济效用。若不再单以美学的标准来衡量艺术品的价值,在人类的艺术实践活动中,"艺术杰作通常源于市场在供求两个方面的良好条件",市场"推动技术创新,增加社会财富,大批量生产降低了艺术品的成本,扩大了受众群体,从而有益于艺术创作和艺术消费"。① 当然市场是双刃剑,在市场这个追逐利润的场所,使用价值与交换价值的冲突日益激化,市场对民族民间艺术原真性的冲击、对本真性的解构也一直为人诟病。但无论何时,文化艺术发展的最终决定因素是社会的经济基础,在市场经济条件下,越是民族的,就越是赚钱的这种经济上的诉求,不仅只是以对交换价值的攫取为首要目的的商家才有。为了促进边远落后民族地区的经济发展,"文化扶贫"已列入民族地区各级政府的规划;各少数民族特别是旅游业较发达地区的民族也因参与到市场中,物质生活条件有了较大的改善;很多不愿受体制束缚的精英已无需靠体制养活,可以在文化市场通过艺术谋生,当然相应地,就很有必要营造一个和谐、健全的市场环境。

20世纪60年代以来,以个性化和理性选择为特征,以符号化和象征化为表现形式的消费文化在西方形成,并且对其他发展中国家产生了越来越大的影响。在消费主义时代,文化呈现出既多元发展又相互融合的趋势,具体看表现在两个方面:一方面,虽然无论何时都需要坚守艺术的纯粹性,但一直以来代表着"大传统"的精英文化的权威性受到挑战,最终不得不沦为多元文化中的一元(当然理应是最重要的一元);另一方面,精英文化与大众文化也呈融合的趋势,"将审美消费置于日常消费的领域的不规范的重新整合,取消了自康德以来一直是高深美学基础的对立:即感官鉴赏与反思鉴赏的对立,以及轻易获得的愉悦与纯粹的愉悦的对立"。② 在市场的逻辑和产业化运作机制下,文化企业按照工业标

---

① 泰勒·考恩著、严忠志译:《商业文化礼赞》,商务印书馆2005年版,第6页。
② 布迪厄:《区分:鉴赏判断的社会批判》,载罗钢、王中忱主编:《消费文化读本》,中国社会科学出版社2003年版,第49页。

准对文化产品和文化服务进行大规模商业运作,由内容创意、生产输入、再生产和交易四个链环相互交融构成的庞大文化生产体系,把不同的文化力量都整合到了一起。当然,致使多元文化力量融合的内在原因在于:在全球化现代化的进程中,艺术的历史就是一部建立市场的竞争史,面对外来大众文化产品对中国文化市场的冲击和西方意识形态的渗透,国家必须投身市场进行文化软实力的竞争。此外,这不仅只是现代民族国家之间在文化底蕴、经济实力、科技水平上的大比拼,也是国家文化精英之间水平的较量,可以说,精英的"人类之心"和价值诉求如果不愿只是局限在形而上的层面,市场可为其价值的实现提供最好的平台。对少数民族艺术自身来说,只有依托市场借船出海,才能在市场的竞争中体现和保有民族自身的文化特性,最大限度地减小文化同质化的影响,同时,也只有走向市场特别是产业化发展,民族艺术在原生地的保护才有经济的支撑,才能更好地唤醒民族文化主体的自觉意识,民族传统文化也才能真正保有活力。

　　对交换价值的牟取是文化市场的基本法则,但在市场竞争中制胜的法宝却是必须切合消费者对文化产品的需求,这才是牟利的根本前提。事实上,随着文化水平的提高,消费者的需求是有不同层次的,除了对世俗感性愉悦的浅表消遣,他们对文化产品所蕴含的深层意义越来越关注,这时市场的竞争就不仅仅是经济资本之间的竞争,文化资本之间的竞争越来越重要。一个成功的、有生命力的民族艺术产品不能完全屈从于市场的运作和表现模式,而应通过精英文化的引领和支撑作用,既满足都市大众的世俗消费需求,又挖掘出民族艺术深层的文化内涵和精神内涵,以满足其精神消费需求。对于向来忧国忧民的精英来说,上对国家民族,应有传承保护民族文化的自觉意识,尽力做好民族民间艺术的收集整理、传习保护工作,这是一个民族屹立于世界民族之林的根基;下对黎民百姓,应尝试变"俯视"为"平视",像很多前辈那样深入到民族民间生活中汲取艺术创作的源泉,并学习在市场的博弈中体现民族传统文化的特色,变高高在上地教化大众为用艺术内在的"光韵"潜移默化地影响大众。只有这样,才能更好地捍卫艺术的尊严,少数民族艺术也才能在多元文化既充满张力又相互契合而形成的合力推动下发展。

附录一 云南沧源佤族传统文化传承人名录

传承人	类别	地点
陈岩坤	佤族祭祀木雕	达董
肖依门	佤族歌舞	勐董
魏岩那	芦笙舞	勐董
李岩板	蜂桶鼓舞	曼来
肖叶弄	甩发舞	永和
陈尼门	拉木鼓	护俄
赵岩俄、赵叶那	芒锣舞	岩炳
赵依茸	孤儿舞	岩帅
白依相	奇笼笼（舞蹈）	班老
龙赛帕	悼念舞	班老
白老五	白鹇舞	海牙
肖叶茸	拉木鼓	安也
肖尼不勒	摆舞	翁丁
李艾不勒	芦笙舞	民良
田叶拉	佤族民歌	岩帅
肖尼勒	三弦　口弦　芦笙	永和
叶岩桑	加林赛	岩帅
鲍俄舞、鲍尼根	独弦琴	湾刚
龙赛帕	茂隆厂歌谣	上班老
陈岩门	考班格	护俄
鲍尼改	拉木桥	南撒
陈叶娜	月亮亮	班老
鲍叶块	薅秧歌	公播

续　表

田赛惹	民歌小三弦	岩帅
田嘎六	佤族民歌	贺科
赵金刘	佤族民歌	团结
肖金中	民歌乐器	翁丁
赵惹那	阿格弱（乐器）	岩帅
田搞芒	加林赛	东勐
李艾涅	稻秆笛谷魂曲	弯刚
赵菊花	佤族民歌	勐董
陈改保	拉木鼓祭祀活动	建设
肖尼不勒	佤族风俗礼仪	翁丁
肖那拐	佤族风俗礼仪	护俄
钟艾惹	佤族风俗礼仪	岩帅
李有清	文献资料、文物保存人	勐董
保明良	佤族铜铃保存人	班老
王尼翁	佛像保存人	班老
赵岩那	《相》保存人	丁来
娜主	克布（锅）保存人	东米
肖艾少	佤族银饰	单甲
施明忠	佤族木鼓	勐董
贺英岛	傣族篾编	勐卡
卫叶南	佤族织锦	单甲
卫歪洛	佤族纺织	民良
赵桑嘎	佤医佤药	丁来
李嘎保	佤医佤药	和平
王学兵	司岗里传说	勐董
保赛帕	班老史事	上班老
保洪明	抗英史事	上班老
赵如艾	祝祷词	勐董
吴岩拽	达赛玛的传说	海牙新寨
彭建新	动植物故事	班老新寨

附录二　云南沧源佤族传统文化保护名录

濒危民族语言文字类			佤　文
佤族民间口述文学类	神话	人类起源神话	《司岗里传说》
		祖先神话	《崖画的传说》《达瓜和叶里》
	传说	人物传说	《达赛玛的传说》
		史事传说	《班老史事》
		地方传说	《单甲寨的传说》《海牙寨的传说》《央朝的传说》《十八王子舞蹈大赛》
		动植物传说	《娘不洛的传说》
	故事	动植物故事	《母麂子和母老虎》《半节观音》
		生活故事	《一对亲兄弟》
		机智人物故事	《达特外的故事》
		婚恋故事	《葫芦娃》
	谚语		《笋不割成竹,谷不割成土》
	祝祷词		佤族祝祷词

续 表

佤族民间音乐类	民间歌曲	创世叙事古歌	《司岗里》《抗英史诗》
		仪式歌	《剽牛祭祀歌》
		山歌	《一棵竹子不成棚》
		劳动歌	《薅秧歌》《拉木桥》《拉木鼓》
		情歌	《考班格》《洛茸梅》《包西伟》
		儿歌	《黄泡黄》《裹叶子》《团团转》
		舞蹈歌	《甩发歌》《加林赛》《代林拉》
		摇篮曲	《哄娃娃调》
	民间歌舞音乐	打击乐	《跳木鼓房》《跳新房》
		旋律性音乐	《芦笙舞曲》
	曲艺音乐	说唱音乐	《茂隆厂歌谣》《喽艾》
	民间器乐	民间器乐（乐器和准乐器）	佤族独弦琴、小三弦、木鼓、铓锣铜鼓乐、劳勒、竹琴、"得"、毕颂、"V"、稻秆笛（毕哦）、口弦
	宗教音乐	原始信仰和民间宗教音乐	《叫谷魂》
		基督教音乐	《佤族赞美诗》
	民俗音乐	娱乐性音乐	《青年舞》
		丧葬音乐	《悼念舞》

续表

佤族民间舞蹈类	自娱性舞蹈	民间年节舞蹈	孤儿舞
		民间休闲娱乐舞蹈	甩发舞、奇笼舞、拉手舞
	表演性舞蹈	《白鹇舞》	
	祭祀礼仪舞蹈	原始祭祀舞蹈	木鼓舞、剽牛舞、刀舞、叫谷魂
		丧葬祭祀性舞蹈	棒舞、悼念舞
	劳作舞蹈	舂米舞	
佤族民间美术类	绘画类	崖画	沧源崖画
		壁画	佤族"大房子"壁画
		布幡画	佤族布画
		特殊绘画	佤族文身
	雕塑类	木雕	佤族祭祀木雕、翁丁佤族寨桩、佤族牛头粮仓、烟锅、酒杯
	剪纸	佤族剪纸	
佤族民间建筑类	民居建筑	干栏式住屋	佤族干栏式竹楼、佤族寨门（笼）、佤族木板楼房
		"墙—顶"分离式地棚	佤族鸡罩棚草房、佤族四壁落地房
	原始祭祀建筑	佤族木鼓房、翁丁木依吉房	
	其他建筑	戏台"捏西朗"	
佤族民间戏剧类	（沧源空缺。一些受汉文化影响的区域有"清戏"）		

续表

佤族民间曲艺类	少数民族曲艺曲种	佤族曲艺曲种	《洛西整》《司岗里的传说》《洛丁伟》
佤族民间传统工艺类	编织工艺	佤族腰箩	
	酿造工艺	佤族水酒	
	印染色工艺	无花纯染（普染）	曼来服饰、帕秋裙子
	纺织工艺	麻棉纺织	佤族长毛毯
		织锦	岩炳裙子、佤族织锦
	服饰工艺	佤族服饰、佤族饰物布鲁、佤族挂包	
佤族民间传统习俗类	物质民俗	生产习俗	佤族采集习俗、佤族农耕（莫玛）
		商贸习俗	以物换物
		饮食习俗	佤族饮食习俗
		服饰习俗	佤族服饰习俗
		居住习俗	佤族居住习俗
		民间制度习俗	佤族婚丧嫁娶
		岁时节庆习俗	佤族节庆习俗、佤族磨竹取火佤族贡象节
		民间体育习俗	佤族传统体育
		人事礼仪和交往习俗	佤族礼仪习俗
	精神民俗	民间信仰仪式	叫魂习俗、剽牛习俗
		民间巫术观念及巫术类型	占卜习俗

续 表

佤族民间区域性文化类	佤族传统文化保护区	勐来崖画峡谷保护区 翁丁原始村落保护区 护俄传统文化保护区
	民族民间传统文化之乡	民族民间歌舞之乡	蜂桶鼓舞之乡曼来 芦笙舞之乡帕良 铓锣舞之乡岩炳

后　　记

　　本书是在博士论文的基础上修改出版的。在我研习的中国少数民族艺术方向，无论是民族学还是文艺学学科，我们的"田野"正在发生演变：由于传统社会向现代社会转型，社会的开放性增强，存在于少数民族成员中那些传统的价值观念、行为方式正在丧失，商业文化的强大示范作用拉动民族传统文化向同质化方向发展，少数民族传统艺术亦失去赖以生存的土壤。正是出于对这种状况的关注，我用了较多的篇幅力求从总体上梳理少数民族艺术发展的现代文化背景，并相应解析少数民族艺术的现实状况、现代价值和发展趋向。

　　在本书的写作过程中我遇到了不小的困难，除了自身学养的不足，重要的原因还包括少数民族文化在现代化进程中同样面对诸多悖论。而唱着《阿佤人民唱新歌》，站在客位立场诚心诚意帮助一个原始民族翻身解放的人们，很难理解背负着精神和物质双重重负的阿佤人内心深处承受着的苦痛。无论是与佤族作家董秀英、袁智中、王学兵通过作品潜心交流，还是在佤山深处寻访，我都时常触碰到这样的疼痛，但囿于论文的选题，没有把调研所得的一些实证材料呈示出来，这不能不说是一大缺憾。

　　感谢导师施惟达教授对我点拨和鼓励。就读期间，老师给我提供了若干实践锻炼的机会，在这篇论文的选题、田野调查以及整个论文的写作过程中都倾注了老师的智慧和心血，而老师儒雅、亲和、睿智、严谨的风范更是让人受益终生。

感谢段炳昌老师、何明老师、黄泽老师、王卫东老师，以及党圣元老师、金丹元老师、施荣华老师的关心和帮助。感谢学友李立、李炎、肖青、洪颖、王佳、侯云峰、刘红、陆燕、陶书霞、黄毅、晏翎、聂丽君和身边众多朋友、同事对我的支持和鼓励。

感谢我的朋友李保琼，她全程陪同我做田野调研，协助我收集了大量第一手资料。感谢沧源县政府、县文体局的大力支持，感谢我在佤山的朋友赵子杰、袁智中、王学兵、鲍永平、肖高等，他们在内部文献资料的获取、地方性知识的理解上给予了我无私的帮助。

感谢我的朋友袁新，感谢商务印书馆谢仲礼先生，是在他们的帮助下本书才得以顺利出版。

感谢一直在身后默默扶助我、包容我的家人，这段行程结束后我将更多地与他们相伴。